Materia Medica

Autores

Paulo Noleto
Presidente do Incisa/Imam

Xu Ling
Professora da BUCM

Coordenação Geral

Paulo Noleto

Dados Internacionais de Catalogação na Publicação (CIP)
(Câmara Brasileira do Livro, SP, Brasil)

Noleto, Paulo
  Matéria médica / coordenador geral e revisor
Paulo Noleto, Xu Ling. -- São Paulo : Ícone,
2009.

  ISBN 978-85-274-1038-0

  1. Ervas - Uso terapêutico 2. Matéria médica
vegetal 3. Medicina alternativa 4. Medicina
chinesa 5. Plantas medicinais I. Xu Ling. II.
Título.

09-02696   CDD-615.530951

Índices para catálogo sistemático:

1. Fitoterapia chinesa : Medicina alternativa :
     Ciências médicas   615.530951

PAULO NOLETO E XU LING

FITOTERAPIA CHINESA
MATERIA MEDICA

1ª Edição - 2009

© Copyright 2009
Ícone Editora Ltda.

Design e Arte Digital de Capa
Rodnei de Oliveira Medeiros

Diagramação
Meliane Moraes

Revisão
Rosa Maria Cury Cardoso

Coordenação Geral e Revisão
Paulo Noleto

Proibida a reprodução total ou parcial desta obra, de qualquer forma ou meio eletrônico, mecânico, inclusive através de processos xerográficos, sem permissão expressa do editor (Lei nº 9.610/98).

Todos os direitos reservados pela
Ícone Editora Ltda.
Rua Anhanguera, 56 – Barra Funda
CEP 01135-000 – São Paulo – SP
Tel./Fax.: (11) 3392-7771
www.iconeeditora.com.br
e-mail: iconevendas@iconeeditora.com.br

Índice

Préfácio, 21
Nota sobre a transliteração, 23

Parte I, 25
    Introdução geral, 27
     I. O conceito sobre a *Materia Medica*, 27
    II. Conceitos sobre a *Materia Medica* chinesa, 28

    Capítulo I. A origem e a evolução da *Materia Medica*, 31
       I. A origem da *Materia Medica*, 31
      II. A evolução da *Materia Medica*, 31
    Resumo do capítulo I, 41

    Capítulo II. Local de origem e recolhimento de substâncias, 45
      Seção I. Origem dos produtos, 45
        I. Ortodoxia das substâncias, 45
       II. Algumas substâncias ortodoxas e famosas, 45
      Seção II. O recolhimento das substâncias, 48
        I. Recolhimento das substâncias de origem vegetal, 48
       II. Recolhimento das substâncias medicinais das espécies animais, 50
       III. Substâncias minerais, 50

    Capítulo III. Preparação das substâncias, 51
      Seção I. Objetivo das preparações, 51
      Seção II. Métodos de preparação, 52

    Capítulo IV. A natureza medicinal das substâncias chinesas, 55
      Introdução, 55
      Seção I. As quatro energias e os cinco sabores, 56
       I. As quatro energias (quatro naturezas medicinais), 56
       II. Os cinco sabores, 57
      Seção II. 升降沉浮 – Propriedades de Sheng Jiang Cheng Fu (ascensão-descensão, aprofundamento-flutuamento), 63
        I. Conceito, 63
        II. Efeitos terapêuticos, 63

III. Fatores determinantes das tendências de "Sheng Jiang Chen Fu" das substâncias, 64
Seção III. 归经 – Correspondência aos canais Gui Jing, 65
   I. Conceito, 65
   II. Nascimento da teoria de "correspondência", 65
   III. O fundamento da teoria, 66
   IV. Valor da aplicação da teoria de correspondência, 67
   V. Algumas explicações necessárias, 67
Seção IV. Noções sobre toxidade e atoxidade das substâncias, 69
   I. Conceito, 69
   II. O conhecimento sobre "toxidade", 69
   III. Os fatores determinantes da toxidade ou atoxidade, 70

Capítulo V. Utilização das substâncias chinesas, 71
Seção I. Combinação das substâncias, 71
   I. Conceito, 71
   II. Objetivo de fazer combinações, 71
   III. As sete relações de combinação, 72
Seção II. Contraindicação das substâncias, 73
   I. Contra-combinação, 73
   II. Algumas explicações importantes, 74
   III. Contraindicação no período de gestação, 75
   IV. Precauções alimentares durante o uso de substâncias, 76
Seção III. Dosagem e mensuração das substâncias chinesas, 77
   I. Medidas de dosagem, 77
Seção IV. Como usar substâncias chinesas, 79
   I. Vias de aplicação, 79
   II. Tipos de forma tradicional, 79
   III. Cozimento da sopa, 80
   IV. Métodos de tomar sopa, 81

Parte II. Capítulos Particulares, 83
Capítulo I. 解表药 – Jie Biao Yao – Substâncias que eliminam síndromes superficiais, 85
   I. Conceito, 85
   II. Propriedades das substâncias Jie Biao Yao a respeito dos seus sabores e correspondências aos canais, 86
   III. Principais funções e adaptabilidades terapêuticas, 86
   IV. Classificação das substâncias de Jie Biao Yao, 86
   V. Precauções no uso das substâncias Jie Biao Yao, 87

Seção I. 辛温解表药 – Xin Wen Jie Biao Yao – Substâncias picantes e mornas que eliminam síndromes superficiais, 88
   I. Ma Huan 麻黄 Herba Ephedrae, 88
   II. Gui Zhi 桂枝 Ramulus Cinnamomi, 90
   III. **Zi Su 紫苏 Folium Perillae, 92**
      Sinonímia: Zi Su Ye 紫苏叶, ou Su Ye 苏叶

Anexo: Su Geng 苏梗 Caulis Perillae, 94
Sinonímia: Zi Su Geng
Su Zi 苏子 Semen Perillae, 94
  IV. Sheng Jiang 生姜 Rhizoma Zingiberis, 95
  V. Xiang Ru 香薷 Herba Elsholtziae, 97
  VI. Jing Jie 荆芥 Herba Schizonepetae, 98
  VII. Fang Feng 防风 Radix Ledebouriellae, 100
  VIII. Qiang Huo 羌活 Rhizoma et Radix Notopterygii, 102
  IX. Bai Zhi 白芷 Radix Angelicae Dahuricae, 103
  X. Xi Xin 细辛 Herba Asari cum Radice, 105
  XI. Gao Ben 藁本 Rhizoma et Radix Ligustici, 107
  XII. Cang Er Zi 苍耳子 Fructus Xanthii, 108
  XIII. Xin Yi 辛夷 Flos Magnoliae, 110

Seção II. 辛凉解表药 – Xin Liang Jie Biao Yao – Substâncias picantes e frescas que eliminam síndromes superficiais, 111
  I. Bo He 薄荷 Herba Menthae, 112
  II. Niu Bang Zi 牛蒡子 Fructus Arctii – Semente de Bardana, 114
  III. Chan Tui 蝉蜕 Periostracum Cicadae – Casca da Cigarra, 116
  IV. Sang Ye 桑叶 Folium Mori Albae – Folha da amoreira, 118
  V. Ju Hua 菊花 Flos Chrysanthemi – Flor do crisântemo, 120
  VI. Man Jing Zi 蔓荆子 Fructus Viticis, 122
  VII. Dan Dou Chi 淡豆豉 Semen Sojae Preparatum, 123
  VIII. Ge Gen 葛根 Radix Puerariae, 125
  IX. Sheng Ma 升麻 Rhizoma Cimicifugae, 127
  X. Chai Hu 柴胡 Radix Bupleuri, 129

Capítulo II. 清热药 Qing Re Yao – Substâncias antipiréticas, 131
  I. Conceito, 131
  II. Propriedades terapêuticas predominantes, 131
  III. Classificações e respectivas propriedades terapêuticas, 132
  IV. Algumas precauções que devem ser tomadas na aplicação das substâncias antipiréticas, 133

Seção I. 清热泻火药 – Qing Re Xie Huo Yao – Substâncias que eliminam calor e purgam o fogo, 134
  I. Shi Gao 石膏 Gypsum – Gesso cru ou sulfato de cálcio, 135
  II. Zhi Mu 知母 Rhizoma Anemarrhenae, 137
  III. Lu-Gen 芦根 Rhizoma Phragmitis Communis – Raiz de Junco, 139
  IV. Tian Hua Fen 天花粉 Radix Trichosanthis, 141
  V. Zhi Zi 栀子 Fructus Gardeniae, 142
  VI. Xia Ku Cao 夏枯草 Spica Prunellae, 144
  VII. Jue Ming Zi 决明子 Semen Cassiae Torae – Semente de fedegoso, 146
  VIII. Zhu Ye 竹叶 Folium Bambusae – Folha de bambu, 148
      Anexos
      a – Dan Zhu Ye 淡竹叶 Herba Lophatheri Gracilis, 149

b – Zhu Ye Juan Xin 竹叶卷心 Folium Bambusae Recens – Broto de folha de Bambu, 150

Seção II. 清热燥湿药 – Qing Re Zao Shi Yao – Substâncias que eliminam calor e secam umidade, 151
   Introdução, 151
      I. Huang Qin 黄芩 Radix Scutellariae, 152
      II. Huang Lian 黄连 Rhizoma Coptidis, 154
      III. Huang Bai 黄柏 Cortex Phellodendri, 156
      IV. Long Dan Cao 龙胆草 Radix Gentianae Scabrae, 158
      V. Ku Shen 苦参 Radix Sophorae Flavescentis, 160

Seção III. 清热解毒药 – Qing Re Jie Du Yao – Substâncias que eliminam calor e infecções, 162
      I. Jin Yin Hua 金银花 Flos Lonicerae, 163
      II. Lian Qiao 连翘 Fructus Forsythiae Suspensae, 165
      III. Pu Gong Ying 蒲公英 Herba Taraxaci Mongolici cum Radice, 166
      IV. Zi Hua Di Ding 紫花地 Herba Violae, 168
      V. Da Qing Ye 大青叶 Folium Isatidis Tinctoriae, 169
      VI. Qing Dai 紫花地 Indigo Pulverata Levis, 171
      VII. Guan Zhong 贯众 Rhizoma Guan Zhong, 173
      VIII. Yu Xing Cao 鱼腥草 Herba Houttuyniae, 174
      IX. She Gan 射干 Rhizoma Belamcandae Chinensis, 175
      X. Shan Dou Gen 山豆根 Radix Sophorae Subprostatae, 177
         Anexo: Bei Dou Gen 北豆根 Rhizoma Menispermi, 179
      XI. Ma Bo 马勃 Frutificatio Lasiosphaerae, 180
      XII. Bai Tou Weng 白头翁 Radix Pulsatillae, 181
      XIII. Qin Pi 秦皮 Cortex Fraxini, 182
      XIV. Ma Chi Xian 马齿苋 Herba Portulacae Oleraceae, 183
      XV. Bai Xian Pi 白鲜皮 Cortex Dictamni Radicis, 185
      XVI. Tu Fu Ling 土茯苓 Rhizoma Smilacis Glabrae, 186
      XVII. Cao He Che 草河车 Rizhoma Paridis, 187
      XVIII. Niu Huang 牛黄 Calculus Bovis, 188

Seção IV. 清热凉血药 – Qing Re Liang Xue Yao – Substâncias que eliminam calor e refrescam Sangue, 189
      I. Xi Jiao 犀角或犀牛角 Cornu Rhinoceri – chifre de rinoceronte, 191
      II. Sheng Di Huang 生地黄 Radix Rehmanniae, 192
      III. Xuan Shen 玄参 ou Yuan Shen 元参 Radix Scrophulariae Ningpoensis, 194
      IV. Mu Dan Pi 牡丹皮 Cortex Moutan Radicis, 196
      V. Chi Shao 赤勺 Radix Paeoniae Rubra, 198

Seção V. 清虚热药 – Qing Xu Re Yao – Substâncias que eliminam calor deficiente, 200
      I. Qing Hao 青蒿 Herba Artemisiae Annuae, 201
      II. Bai Wei 白薇 Radix Cynanchi Atrati, 203

III. Di Gu Pi 地骨皮 Cortex Lycii Radicis, 205
  IV. Yin Chai Hu 银柴胡 Radix Stellariae, 206
  V. Hu Huang Lian 胡黄连 Rhizoma Picrorhizae, 208

Capítulo III. 泻下药 Xie Xia Yao – Substâncias purgativas, 211
Introdução, 211
  I. Conceito, 211
  II. Principais funções das substâncias purgativas, 211
  III. Adaptabilidade principal, 212
  IV. A classificação das substâncias purgativas e respectivas características, 212
  V. Precauções na aplicação das substâncias purgativas, 212

  Seção I. 攻下药 Gong Xia Yao – Substâncias catárticas, 213
    I. Da Huang 大黄 Radix et Rhizoma Rhei, 214
    II. Mang Xiao 芒硝 Natrii Sulfas, Mirabilitum – Sulfato de Sódio, 217
    III. Lu Hui 芦荟 Herba Aloes – Babosa, 219
    IV. Fan Xie Ye 番泻叶 Folium Sennae, 221

  Seção II. 润下药 Run Xia Yao – Substâncias lubrificantes e laxativas, 222
    I. Huo Ma Ren 火麻仁 Fructus Cannabis Sativae, 223
    II. Yu Li Ren 郁李仁 Semen Pruni, 224

  Seção III. 峻下逐水药 Jun Xia Zhu Shu Yao – Substâncias drásticas e drenadoras, 226
    I. Gan Sui 甘遂, Radix Euphorbiae Kansui, 226
    II. Da Ji 大戟, Radix Euphorbiae seu Knoxiae
       Sinonímia: Jin Da Ji, 227
    III. Yuan Hua 芫花, Flos Genkwa, 227
    IV. Ba Dou 巴豆 Fructus Crotonis, 230
    V. Qian Niu Zi 牵牛子 Semen Pharbitidis, 232

Capítulo IV. 祛风湿药 – Qu Feng Shi Yao – Substâncias que eliminam vento e umidade – Substâncias antirreumáticas, 235
  I. Conceito, 235
  II. Propriedades terapêuticas predominantes, 235
  III. Funções, 235
  IV. Precauções a serem tomadas na aplicação de ervas que eliminam vento e umidade, 236
    I. Du Huo 独活 Radix Angelica Pubescentis, 237
    II. Wei Ling Xian 威灵仙 Radix Clematidis, 238
    III. Fang Ji 防己 Radix Stephaniae Tetrandrae, 239
    IV. Qin Jiao 秦艽 Radix Gentianae Macrophyllae, 241
    V. Mu Gua 木瓜 Fructus Chaenomelis Lagenariae, 242
    VI. Luo Shi Teng 络石藤 Caulis Trachelospermi – Jasmim estrela, 244

Capítulo V. 芳香化湿药 – Fang Xiang Hua Shi Yao – Substâncias aromáticas que transformam umidade, 245
  I. Conceito, 245

II. Propriedades terapêuticas predominantes, 245
III. Algumas precauções que devem ser tomadas na aplicação destas substâncias, 246
    I. Cang Zhu 苍术 Rhizoma Atractyloidis, 246
    II. Hou Po 厚朴 Cortex Magnoliae Officinalis, 248
    III. Huo Xiang 藿香 Herba Agastaches - Patchouli, 249
    IV. Pei Lan 佩兰 Herba Eupatorii Fortunei, 251
    V. Sha Ren 砂仁 Fructus seu Semen Amomi, 252
    VI. Bai Dou Kou 白豆蔻 Fructus Amomi Cardamomi, 253
    VII. Cao Dou Kou 草豆蔻 Semen Alpinaiae Katsumadai, 254
    VIII. Cao Guo 草果 Fructus Amomi Tsao-ko, 255

Capítulo VI. 利水渗湿药 – Li Shui Shen Shi Yao – Substâncias diuréticas e exsudativas (drenam umidade), 257
  I. Conceito, 257
  II. Propriedades terapêuticas predominantes, 257
  III. Algumas precauções que devem ser tomadas na aplicação das substâncias diuréticas e exsudativas, 258
    I. Fu Ling 伏苓 Sclerotium Poriae Cocos, 258
    II. Zhu Ling 猪苓 Sclerotium Polypori Umbellati, 260
    III. Ze Xie 泽泻 Rhizoma Alismatis – Plantago-aquaticae, 261
    IV. Yi Yi Ren 薏苡仁 Semen Coicis, 262
    V. Che Qian Zi 车前子 Semen Plantaginis, 263
    VI. Hua Shi 滑石 Talcum [Mg_3 (Si_4O_{10}) $(OH)_2$] – Silicato de Magnésio, 265
    VII. Mu Tong 滑石 Caulis Akebiae Trifoliatae, 266
    VIII. Tong Cao 通草 Medulla Tetrapanacis, 267
    IX. Jin Qian Cao 金钱草 Herba Glechomae Longitubae, Herba Lysimachiae, 268
    X. Hai Jin Sha 海金沙 Spora Lygodii Japocini, 269
    XI. Shi Wei 石韦 Folium Pyrrosiae, 270
    XII. Bi Xie 萆薢 Rhizoma Dioscoreae Hypoglaucae
    Sinonímia: Fen Bi Xie ou Bei Xie, 271
    XIII. Yin Chen Hao 茵陈蒿 Herba Artemisiae Capillaris
    Sinonímia: Herba Artemisia Scopariae, 272

Capítulo VII. 温里药 – Wen Li Yao – Substâncias que aquecem o interior, 275
  I. Conceito, 275
  II. Propriedades terapêuticas predominantes, 275
  III. Algumas precauções que devem ser tomadas na aplicação das substâncias que aquecem o interior, 276
    I. Fu Zi 附子 Radix Aconiti Carnichaeli Praeparata, 276
    II. Gan Jiang 干姜 Rhizoma Zingiberis Officinalis, 278
    III. Rou Gui 肉桂 Cortex Cinnamomi Cassiae, 280
    IV. Wu Zhu Yu 吴茱萸 Fructus Evodiae Rutaecarpae, 281
    V. Xi Xin 细辛 Herba Asari cum Radice, 283
    VI. Ding Xiang 丁香 Flos Caryophylli – Cravo, 285
    VII. Xiao Hui Xiang 小茴香 Fructus Foeniculi Vulgaris, 286

Capítulo VIII. 理气药 – Li Qi Yao – Substâncias que regulam o Qi, 289
  I. Conceito, 289
  II. Propriedades terapêuticas predominantes, 289
  III. Algumas precauções que devem ser tomadas na aplicação das substâncias que regulam o Qi, 290
     I. Chen Pi 陈皮 Ju Pi 橘皮 Pericarpium Citri Reticulatae, 291
     II. Qing Pi 青皮 Pericarpium Citri Reticulatae Viride, 292
     III. Zhi Shi 枳实 Fructus Aurantii Immaturus
        Sinonímia: Fructus Citri seu Ponciri Immaturus, 294
        Apêndice: a – Zhi Qiao ou Zhi ke 枳壳或枳壳 Fructus Aurantii, 296
                  b – Fo Shou 佛手 Fructus Citri Sarcodactylis – Cidra, 297
     IV. Mu Xiang 木香 Radix Saussureae seu Vladimiriae, 298
     V. Xiang Fu 香附 Rhizoma Cyperi Rotundi – Raiz de tiririca, 299
     VI. Wu Yao 乌药 Radix Linderae Strychnifoliae, 300
     VII. Chuan Lian Zi 川楝子 Fructus Meliae Toosendan, 302
     VIII. Xie Bai 薤白 Bulbus Allii Macrostemi, 303
     IX. Shi Di 柿蒂 Calyx Diospyros Kaki - Cálice do caqui, 304
     X. Mei Gui Hua 玫瑰花 Flos Rosae Rugosae – Rosa, 305
     XI. Lu e Mei 绿萼梅 Flos Mume – Flor da ameixa Wumei, 306

Capítulo IX. 消食药 – Xiao Shi Yao – Substâncias que aliviam estagnação de alimentos – Substâncias digestivas, 307
  I. Conceito, 307
  II. Propriedades terapêuticas predominantes, 307
     I. Shan Zha 山楂 Fructus Crataegi, 308
     II. Shen Qu 神麯 Massa Fermentata Medicinalis, 309
     III. Mai Ya 麦芽 Fructus Hordei Vulgaris Germinatus, 310
     IV. Gu Ya 谷芽 Fructus Setariae Germinatus, 311
     V. Lai Fu Zi 莱菔子 Semen Raphani - Semente de Rabanete, 312
     VI. Ji Nei Jin 鸡内筋 Endothelium Corneum Gigeriae Galli, 314

Capítulo X. 驱虫药 – Qu Chong Yao – Substâncias anti-helmínticas, 315
  I. Conceito, 315
  II. Propriedades terapêuticas predominantes, 315
  III. Algumas precauções que devem ser tomadas na aplicação das substâncias anti-helmínticas, 316
     I. Shi Jun Zi 使君子 Fructus Quisqualis Indicae, 316
     II. Ku Lian Pi 苦楝皮 Cortex Meliae Radicis, 317
     III. Bin Lang 槟榔 Semen Arecae Catechu, 318
     IV. Nan Gua Zi 南瓜子 Semen Cucurbitae Moschatae – Semente de abóbora, 320

Capítulo XI. 止血药 – Zhi Xue Yao – Substâncias anti-hemorrágicas, hemostáticas, 321
  I. Conceito, 321
  II. Propriedades terapêuticas predominantes, 321
  III. Algumas precauções que devem ser tomadas na aplicação das substâncias hemostáticas, 322

I. Da Ji 大蓟 Herba seu Radix Cirsii Japonici, 322
II. Xiao Ji 小蓟 Herba Cirsii Setosi, 323
III. Di Yu 地榆 Radix Sanguisorbae, 325
IV. Bai Mao Gen 白茅根 Rhizoma Imperatae, 326
V. Huai Hua 槐花 Flos Sophorae Japonicae Immaturus, 327
VI. Ce Bai Ye 侧柏叶 Cacumen Biotae Orientalis, 328
VII. Xian He Cao 仙鹤草 Herba Agrimoniae Pilosae, 329
VIII. Bai Ji 白给 Rhizoma Bletillae Striatae, 331
IX. San Qi 三七 Radix Pseudoginseng, 332
X. Xue Yu Tan 血馀碳 Crinis Carbonisatus – (Cabelo humano carbonizado), 333
XI. Pu Huang 蒲黄 Pollen Typhae, 334
XII. Ou Jie 藕节 Nodus Nelumbinis Nuciferae Rhizomatis, 335
XIII. Ai Ye 艾叶 Folium Artemisae Argyi, 336

Capítulo XII. 活血去瘀药 – Huo Xue Qu Yu Yao – Substâncias que ativam a circulação e removem estases de sangue, 339
I. Conceito, 339
II. Propriedades terapêuticas predominantes, 339
III. Algumas precauções que devem ser tomadas na aplicação das substâncias que removem estases de sangue, 340
I. Chuan Xiong 川芎 Radix Ligustici Wallichii
Sinonímia: Rhizoma Chuan Xiong, 341
II. Ru Xiang 乳香 Gummi Olibanum, 343
III. Mo Yao 没药 Myrra, 344
IV. Yu Jin 郁金 Radix Curcumae, 346
V. Yan Hu Suo 延胡索 Rhizoma Corydalis, 347
VI. Jiang Huang 姜黄 Rhizoma Curcumae, 348
VII. E Zhu 莪术 Rhizoma Curcumae Zedoariae, 349
VIII. San Leng 三棱 Rhizoma Sparganii, 350
IX. Dan Shen 丹参 Radix Salviae Miltiorrhizae, 352
X. Yi Mu Cao 益母草 Herba Leonuri – Erva de macaé, 353
XI. Ji Xue Teng 鸡血藤 Radix et Caulis Jixueteng, 354
XII. Tao Ren 桃仁 Semem Persicae – Semente de Pêssego, 355
XIII. Hong Hua 红花 Flos Carthami Tinctorii, 357
XIV. Niu Xi 牛膝 Radix Achyranthis Bidentatae, 358
XV. Shui Zhi 水蛭 Hirudo seu Whitmaniae – Sanguessuga, 360
XVI. Wang Bu Liu Xing 王不留行 Semen Vaccariae Segetalis, 361

Capítulo XIII. 止咳药 – Zhi Ke Yao – Substâncias antitosse, 363
I. Conceito, 363
II. Propriedades terapêuticas predominantes, 363
III. Algumas precauções que devem ser tomadas na aplicação de substâncias que aliviam tosse e eliminam fleuma, 365

Seção I. 化痰止渴药 – Hua Tan Zhi Ke Yao – Substâncias antitosse que eliminam fleuma, 366
I. Ban Xia 半夏 Rhizoma Pinellae Ternatae, 366

II. Tian Nan Xing 天南星 Rhizoma Arisaematis, 368
  III. Bai Jie Zi 白芥子 Semen Sinapsis Albae – Semente de mostarda branca, 369
  IV. Jie Geng 桔梗 Radix Platycodi Grandiflori, 371
  V. Xuan Fu Hua 旋覆花 Flos Inulae, 372
  VI. Qian Hu 前胡 Radix Peucedani, 374
  VII. Gua Lou 瓜蒌 Fructus Trichosanthis, 375
  VIII. Chuan Bei Mu 贝母 Bulbus Fritillariae Thunbergii, 376
  IX. Zhu Ru 竹茹 Caulis Bambusae in Taeniis – Raspa do Caule do Bambu, 378
  X. Zhu Li 竹沥 Succus Bambusae – suco de bambu, 379
  XI. Hai Zao 海藻 Herba Sargassii, 380
  XII. Kun Bu 昆布 Thalus Algae, 381

Seção II. 止咳平喘药 – Zhi Ke Ping Chuan Yao – Substâncias que aliviam tosse e dispneia, 382
  I. Ku Xing Ren 苦杏仁 Semen Pruni Armeniacae, 382
  II. Bai Bu 百部 Radix Stemonae, 383
  III. Zi Wan 紫菀 Radix Asteris Tatarici, 384
  IV. Kuan Dong Hua 款冬花 Flos Tussilagi Farfarae, 385
  V. Su Zi 苏子 Fructus Perillae Frutescentis, 386
  VI. Sang Bai Pi 桑白皮 Cortex Mori Albae Radicis, 387
  VII. Ting Li Zi 葶苈子 Semen Lipidii, 388
  VIII. Pi Pa Ye 枇杷叶 Folium Eriobotryae Japonicae – Folha de Ameixeira Japonesa, 390
  IX. Ma Dou Ling 马兜铃 Fructus Aristolochiae, 391

Capítulo XIV. 重镇安神药 – An Shen Yao – Substâncias que acalmam a mente, 393
  I. Conceito, 393
  II. Propriedades terapêuticas predominantes, 393
  III. Algumas precauções que devem ser tomadas na aplicação das substâncias calmantes, 394

Seção I. 重镇安神药 – Zhong Zhen An Shen Yao – Substâncias sedativas de ação pesada, 394
  I. Zhu Sha 珠砂 Cinnabaris, 394
  II. Ci Shi 慈石 Magnetitum, 396
  III. Long Gu 龙骨 Os Draconis – Osso fóssil de qualquer mamífero, 397

Seção II. 养心安神药 – Yang Xin An Shen Yao – Substâncias sedativas que nutrem o coração e acalmam a mente, 399
  I. Suan Zao Ren 酸枣仁 Semen Ziziphi Spinosae, 399
  II. Bai Zi Ren 柏子仁 Semen Biotae Orientalis, 400
  III. Yuan Zhi 远志 Radix Polygalae Tennifoliae, 401

Capítulo XV. 平肝熄风药 – Ping Gan Xi Feng Yao – Substâncias que pacificam o fígado e dominam o Vento, 403

I. Conceito, 403
II. Propriedades terapêuticas predominantes, 403
III. Algumas precauções que devem ser tomadas na aplicação das substâncias que pacificam o fígado e dominam o vento, 404
    I. Shi Jue Ming 石决明 Concha Haliotidis, 404
    II. Mu Li 牡蛎 Concha Ostreae, 406
    III. Gou Teng 钩藤 Ramulus Uncariae Cum Uncis, 407
    IV. Tian Ma 天麻 Rhizoma Gastrodiae Elatae, 408
    V. Bai Ji Li 白蒺藜 Fructus Tribuli Terrestris, 410
    VI. Jue Ming Zi 决明子 Semen Cassiae Torae – Semente de fedegoso, 411
    VII. Quan Xie 全蝎 Buthus Martensi – Escorpião, 412
    VIII. Wu Gong 蜈蚣 Scolopendra Subspinipes – Centopeia, 414
    IX. Bai Jiang Can 白殭蚕 Bombyx Batryticatus – Bicho-da-seda, 415
    X. Di Long 地龙 Lumbricus – Minhoca, 416
    XI. Luo Bu Ma Ye 罗布麻 Folium Apocyni Veneti, 418
    XII. Dai Zhe Shi 带赭石 Haematitum (Hematita), 419

Capítulo XVI. 开窍药 – Kai Qiao Yao – Substâncias que abrem os orifícios, 421
I. Conceito, 421
II. Propriedades terapêuticas predominantes, 421
III. Algumas precauções que devem ser tomadas na aplicação de substâncias analépticas, 422
    I. She Xiang 麝香 Secretio Moschus Moschiferi – almíscar, 422
    II. Bing Pian 冰片 Borneolum – Borneol, 424
    III. Su He Xiang 苏合香 Styrax Líquido – Bálsamo do Liquidambar orientalis, 425
    IV. Shi Chang Pu 石菖蒲 Rhizoma Acori Graminei, 426

Capítulo XVII. 补虚药 – Bu Xu Yao – Substâncias tônicas, 429
I. Conceito, 429
II. Propriedades terapêuticas predominantes, 429
III. Algumas precauções que devem ser tomadas na aplicação de substâncias tônicas, 431

Seção I. 补气药 – Bu Qi Yao – Substâncias tônicas do Qi, 432
  I. Função, 432
  II. Adaptabilidade, 432
  III. Precauções, 432
    I. Ren Shen 人参 Radix Ginseng, 433
    II. Xi Yang Shen 西洋参 Radix Panacis Quinquefolii – Ginseng americano, 435
    III. Dang Shen 党参 Radix Codonopsis Pilosulae, 436
    IV. Huang Qi 黄芪 Radix Astragali, 437
    V. Bai Zhu 白术 Rhizoma Atractylodis Macrocephalae, 439
    VI. Shan Yao 山药 Rhizoma Dioscoreae Oppositae – Cará do ar, 441
    VII. Bian Dou 扁豆 Semen Dolichoris Lablab, 443
    VIII. Gan Cao 甘草 Radix Glycyrrhizae Uralensis – Raiz de alcaçuz, 444

IX. Da Zao 大枣 Fructus Ziziphi Jujubae, 446
X. Feng Mi – Sinônimo: Bai Mi 白蜜 Mel, 447

Seção II. 补阳药 – Bu Yang Yao – Substâncias tônicas do Yang, 449
I. Função, 449
II. Adaptabilidade, 449
III. Precauções, 449
    I. Lu Rong 鹿茸 Cornu Cervi Parvum, 450
        Apêndice: a – Lu Jiao – Cornu Cervi, 452
                b – Lu Jiao Jiao – Colla Cornu Cervi, 452
                c – Lu Jiao Suang – Cornu Cervi Degelatinatum, 452
    II. Bai Ji Tian 巴戟天 Radix Morindae Officinalis, 453
    III. Rou Cong Rong 肉苁蓉 Herba Cistanches, 454
    IV. Xian Mao 仙茅 Rhizoma Curculiginis Orchioidis, 456
    V. Yin Yang Huo – Sinônimo: (Xian Lin Pi) 淫羊藿 Herba Epimedii, 457
    VI. Xu Duan 续断 Radix Dipsaci, 458
    VII. Du Zhong 续断 Cortex Eucommiae Ulmoidis, 459
    VIII. Gou Ji 狗脊 Rhizoma Cibotii Barometz, 460
    IX. Bu Gu Zhi 补骨脂 Fructus Psoraleae Corylifoliae, 462
    X. Yi Zhi Ren 益智仁 Fructus Alpiniae Oxyphyllae, 463
    XI. Tu Si Zi 菟丝子 Semen Cuscutae, 464

Seção III. 补阴药 – Bu Yin Yao – Substâncias que tonificam (nutrem) o Yin, 466
I. Conceito, 466
II. Propriedades terapêuticas predominantes, 466
III. Algumas precauções que devem ser tomadas na aplicação das substâncias tônicas do Yin, 467
    I. Sha Shen 沙参 Radix Glehniae Littoralis, 467
    II. Mai Dong 麦冬 Radix Ophiopogonis Japonici, 468
    III. Tian Men Dong 天门冬 Radix Asparagi Cochinchinensis – Raiz de aspargo, 470
    IV. Shi Hu 石斛 Herba Dendrobii – Orquídea Dendrobium, 471
    V. Yu Zhu 玉竹 Rhizoma Polygonati Odorati, 472
    VI. Bai He 百合 Bulbus Lilli – Lírio Leopardo, 474
    VII. Gou Qi Zi 枸杞子 Fructus Lycii Chinensis, 475
    VIII. Sang Shen 桑葚 Fructus Mori Albae – Fruto da amoreira, 476
    IX. Mo Han Lian 墨旱莲 Herba Ecliptae Prostratae – Erva de botão, 478
    X. Nu Zhen Zi 女贞子 Fructus Ligustri Lucidi, 479
    XI. Gui Ban 龟板 Plastrum Testudinis – Casco de tartaruga chinesa, 480
    XII. Bie Jia 鳖甲 Carapax Amydae Sinensis – Casco de Tartaruga de Tromba, 482
    XIII. Hei Zhi Ma 黑芝麻 Semen Sesami Gergelim, 483

Seção IV. 补血药 – Bu Xue Yao – Substâncias que tonificam (nutrem) o Sangue, 485
    I. Conceito, 485
    II. Algumas precauções que devem ser tomadas na aplicação das substâncias que tonificam o sangue, 485
        I. Dang Gui 当归 Radix Angelicae Sinensis, 486
        II. Shu Di Huang 熟地黄 Sinonímia: Shu Di – Radix Rehmanniae Preparata, 488
        III. He Shou Wu 何首乌 Sinonímia: Shou Wu – Radix Polygoni Multiflori, 489
        IV. Bai Shao 白芍 Radix Paeoniae Alba, 490
        V. E Jiao 阿胶 Sinônímia: A Jiao – Gelatinum Asini – Colágeno de Jumento, 492
        VI. Long Yan Rou 龙眼肉 Sinonímia: Guia Yuan Rou – Arillus Euphoriae Longanae, 493

Capítulo XVIII. 收涩药 – Shou Se Yao – Substâncias adstringentes, 495
    I. Conceito, 495
    II. Propriedades terapêuticas, 495
    III. Algumas precauções que devem ser tomadas na aplicação das substâncias adstringentes, 495

Seção I. 固标止汗药 – Gu Biao Zhi Han Yao – Substâncias de adstringência superficial e antissudorífera, 496
    I. Fu Xiao Mai 浮小麦 Semen Tritici Aestivi Levis, 496
    II. Ma Huang Gen 麻黄根 Radix Ephedrae, 497

Seção II. 敛肺涩肠药 – Lian Fei Se Chang Yao – Substâncias de adstringência pulmonar e intestinal, 498
    I. Rou Dou Kou 肉豆蔻 Semen Myristicae Fraganticis – Noz-moscada, 498
    II. Wu Mei 乌梅 Fructus Pruni Mume, 499
    III. Wu Wei Zi 五味子 Fructus Schisandrae Chinensis, 501
    IV. He Zi 诃子 Fructus Terminaliae Chebulae, 503

Seção III. 固精缩尿止带药 – Gu Jing Suo Niao Zhi Dai Yao – Substâncias que retêm esperma, condensam a urina e retêm leucorreia, 504
    I. Shan Yu Rou 山萸肉 Sinonímia Shan Zhu Yu 山茱萸 Fructus Corni Officinalis, 504
    II. Qian Shi 芡实 Semen Euryales Ferox, 506
    III. Sang Piao Xiao 桑螵蛸 Ootheca Mantidis – Ovo-de-louva-deus, 507
    IV. Wu Zei Gu 乌贼骨 Sinonímia: Hai Piao Xiao – Os sepiae seu Sepiellae – Osso de lula, 508

Capítulo XIX. 涌吐药 – Yong Tu Yao – Substâncias eméticas, 511
    I. Conceito, 511
    II. Propriedades terapêuticas predominantes, 511

III. Algumas precauções que devem ser tomadas na aplicação das substâncias eméticas, 512
      I. Gua Di 瓜蒂 Pedicellus Cucumeris – pedúnculo de abóbora, 512
      II. Chang Shan 常山 Radix Dichorae Febrifugae, 513
      III. Li Lu 藜芦 Radix et Rhizoma Veratri Nigri, 514

Anexo 1. Cronologia das Dinastias chinesas, 517

Anexo 2. Substâncias que eliminam síndromes superficiais, 519

Anexo 3. Revisão taxonômica, 541

Anexo 4. Substâncias tóxicas, 557

Prefácio

A medicina tradicional chinesa possui uma longa história e um sistema de teoria especial e exclusivo com resultados terapêuticos excelentes, contribuindo na manutenção da saúde e proliferação de gerações do povo chinês, fazendo parte importante do brilhante patrimônio nacional. A Organização Mundial da Saúde dá grande importância à medicina tradicional chinesa e a recomenda a todo o mundo com o objetivo de beneficiar mais países e povos.

O IMAM (Instituto Mineiro de Acupuntura e Massagens), fundado pelo esforço do Dr. Paulo Noleto, mantém cooperação frutuosa com a Universidade de Medicina Chinesa de Beijing (BUCM). O IMAM está organizando a compilação e tradução dos principais livros didáticos, além da formação de recursos humanos com o curso de Medicina Chinesa, o primeiro da América Latina. Através da Ícone Editora, o IMAM está editando os principais livros constituintes da formação profissional em medicina tradicional Chinesa: a Teoria de Base, o Diagnóstico, a *Materia Medica*, as Fórmulas e Receitas, a Massagem Pediátrica, a Medicina Interna, a Ginecologia, a Pediatria, a Medicina Externa etc. Reforçando a cooperação acadêmica, a Universidade de Medicina Chinesa de Beijing manifesta a calorosa congratulação ao IMAM pelos seus grandes e árduos esforços para divulgar e lecionar a medicina chinesa academicamente no Brasil.

Os livros didáticos servem não somente aos cursos, mas também aos amantes da Medicina Chinesa, ajudando-os a estudar e conhecer os seus conceitos básicos. Por isso, acreditamos que a edição desses livros terá um papel muito positivo para a ampla difusão e a fidedigna prática da Medicina Chinesa no Brasil.

Universidade de Medicina Chinesa de Beijing
República Popular da China

Nota sobre a transliteração

Neste livro utilizo o sistema Pinyin de romanização no lugar da antiga transliteração inglesa Wade-Giles. Mesmo que o leitor possa achar este método de transliteração estranho, este sistema reflete mais exatamente a pronúncia chinesa e é o método oficial do governo chinês.

Por exemplo:

Tao Te King (Wade-Giles), Dao De Jing ou Daodejing (Pinyin)

Mao Tse Tung (Wade –Giles), Mao Zi Dong ou Maozidong (Pinyin)

PARTE I

Introdução Geral

I. O conceito sobre a *Materia Medica*.

O que é *Materia Medica*? É a denominação geral de todas as ervas ou substâncias medicinais chinesas destinadas à fitoterapia tradicional; são ervas ou substâncias medicinais reconhecidas e utilizadas sob orientação da teoria da medicina tradicional chinesa, estando sujeitas à sua própria teoria farmacêutica e métodos próprios de aplicação. A ciência da *Materia Medica* constitui uma parte importante da história e cultura geral da China, representando uma característica específica dos recursos naturais chineses.

Quando falamos de ervas ou substâncias medicinais chinesas, estamos nos referindo a todas as ervas ou substâncias com função medicinal, sejam onde forem produzidas e preparadas, nem sempre de origem chinesa desde que tenham funções terapêuticas relacionadas à medicina chinesa.

Contamos com variedades bastante numerosas de substâncias medicinais chinesas. Segundo estatística, o número total registrado nas obras clássicas da *Materia Medica* é superior a 3.000 variedades, atualmente existem mais de 12.888 variedades de substâncias medicinais catalogadas.

II. Conceitos sobre a *Materia Medica* chinesa:

A *Materia Medica*, Ben Cao, é uma denominação antiga chinesa, atualmente se denomina "Estudo das Ervas Medicinais Chinesas" – Ben Cao Xue.

• **Materia medica** *chinesa em sentido amplo:*

É um ramo da ciência médica de grande abrangência, que trata de conhecimentos e tecnologia bastante ampla no que tange aspectos sobre teoria básica da *Materia Medica* chinesa, a origem das substâncias e produtos medicinais, métodos de recolhimento das substâncias medicinais, bem como natureza e funções medicinais e aplicação clínica.

Já nos tempos remotos, desde a primeira obra clássica "Clássico da *Materia Medica* Shen Nong", os chineses começaram a estudar a *Materia Medica* no seu sentido amplo, abrangendo muitos domínios de conhecimentos. Com o desenvolvimento da medicina tradicional chinesa e *Materia Medica* chinesa e da ciência e tecnologia contemporânea, com o acréscimo dos conhecimentos de botânica, zoologia, mineralogia, química e farmacologia, entre outros, houve um enriquecimento progressivo à *Materia Medica* chinesa, fazendo com que a *Materia Medica* fosse dividida em muitos sub-ramos.

• *Em sentido estreito:*

A *Materia Medica* no sentido estreito significa o estudo das substâncias medicinais chinesas com finalidade principal de apresentar e esclarecer a natureza e as funções das substâncias, bem como suas aplicações clínicas, isto é: um estudo da *Materia Medica* para fitoterapia clínica.

• *Em sentido amplo:*

São os seguintes sub-ramos do estudo da Materia Medica *em sentido amplo:*

— Botânica sobre Plantas Medicinais.

— Identificação de Substâncias Medicinais Chinesas.

— Identificação de Substâncias Medicinais Tóxicas.

— Preparações das Substâncias Medicinais Chinesas.

— Química das Substâncias Medicinais Chinesas.

— Fórmulas e Estratégicas das Substâncias Medicinais Chinesas.

— Produção Farmacêutica dos Remédios Patenteados Tradicionais.

— Farmacologia das Substâncias Medicinais Chinesas, etc.

— Identificação de Substâncias Medicinais Chinesas.

— Identificação de Substâncias Medicinais Tóxicas.

— Preparações das Substâncias Medicinais Chinesas.

— Outubro das Substâncias Medicinais Chinesas.

— Fórmulas e Equações das Sub-Stâncias Medicinais Chinesas

— Produção e Armazenamento dos Remédios Patenteados Tradicionais.

— Farmacologia das Substâncias Medicinais Chinesas, etc.

CAPÍTULO I

A origem e evolução da *Materia Medica*

I. A origem da *Materia Medica*.

Segundo contos populares, a *Materia Medica* Chinesa começou no tempo remoto com a prática de "provar cem tipos de ervas pela pessoa lendária de Shen Nong" como um importante marco histórico. A obra clássica "Huai Nan Zhi" (Cronologia de Huai Nan) no seu capítulo "Instruções para Serviços Médicos" fala: "foi o grande homem Shen Nong quem ensinou a população a cultivar cereais...... e foi ele quem provou os sabores dos 100 tipos de ervas medicinais...... e por média em cada dia ficava intoxicado setenta vezes".

II. A evolução da *Materia Medica*.

A *Materia Medica* Chinesa levou um longo curso do seu desenvolvimento baseada no conhecimento prático (empirismo). As diversas dinastias chinesas contribuíram de modo diferente, para o desenvolvimento e o enriquecimento da *Materia Medica*. A história do desenvolvimento pode se dividir em 10 grandes períodos históricos.

Evolução da *Materia Medica* Chinesa, as obras mais destacadas e respectivos autores, principais contribuições.

I. No período Pré-dinastia Qin (先秦) (até 206 a.C.)

•Surgimento inicial da *Materia Medica* Chinesa.

- Invenção da solução terapêutica alcoólica (solução alcoólica era considerada mais eficaz entre todas as fórmulas terapêuticas).
- Yi Yin e sua obra *"Regras Clássicas de Preparar Sopas"* (Tang Ye Jiang Fa), feita aproximadamente 1066 a.C, na Dinastia Shang.
- *"Ritos de Zhou"* (Zhou Li), escrita no século II a.C., tratando cinco variedades de ervas venenosas (Wu Yao).
- *"Clássicos de Poesia"* (Si Jing) com 100 variedades de ervas, aproximadamente.
- *"Clássico da Geografia"* (Shan Hai Jing), com 124 variedades de ervas.
- *"Fórmulas para 52 Doenças"* (52 Bing Fang), nessa obra foram descritas mais de 240 variedades de ervas.

II. No período Qin e Han (秦汉) **(entre 221 a.C. até 220 d.C.)**

"Clássico da Materia Medica *Shen Nong"* (Shen Nong Ben Cao Jing), compilada antes do século II a.C., com 365 substâncias registradas.

Contribuição principal:
- A obra mais antiga da China, que fundamentou a teoria-base da *Materia Medica* Chinesa.
- Determinou a classificação de ervas em três categorias: superior, média e inferior.

III. No período das Dinastias Wei e Jin e Dinastias Sul-Norte (魏金和南北朝) **(entre 220 a 581 d.C)**

"Coleção de Notas sobre Clássicos da Materia Medica*"* (Ben Cao Jing Ji Zhu): compilada em 500 anos d.C. aproximadamente, registrando 730 variedades de substâncias.

Autor: Tao Hong Jing.

Contribuição principal:
- Estabeleceu, pela primeira vez na história, o método mais antigo de compor obras sobre *Materia Medica*, de conteúdo muito abrangente e classificado.

- Determinou a classificação das substâncias segundo suas características naturais.
- Sintetizou a farmacologia chinesa durante mais de 300 anos até então, sendo por isso, uma obra muito famosa.

"Teoria de Lei Gong sobre Preparação de ervas" (Lei Gong Pao Zi Lun), escrita em 420 a 429 d.C., com 300 espécies de substâncias na obra.

Autor: Lei Xiao.

Contribuição:

É a primeira obra na história da China, que descreveu métodos de como preparar substâncias, simbolizando, por isso, surgimento de um novo ramo da *Materia Medica* Chinesa.

IV. No período das Dinastias Sui e Tang (隋唐) (581 a 907 d.C.)

"Nova Revisão da Materia Medica*"* (Xin Xiu Ben Cao), é também chamado *"Materia Medica de Tang"*: compilado em 659 d.C. com 844 variedades de substâncias.

Autores: Sun Wu Ji, Li Ji e mais 24 pessoas.

Contribuição:

- Primeira obra que descreve substâncias com figuras ilustradas correspondentes.
- Primeira obra feita sob orientação da autoridade governamental da época.
- Primeira farmacopeia da China, é também a obra farmacêutica mais antiga do Mundo.

"Os Complementares para Materia Medica*"* (Ben Cao Shi Yi), escrita em 731 a 741 d.C. acrescentou mais de 692 substâncias conhecidas pela população da época.

Autor: Chen Zang Qi.

Contribuição:

- Pela primeira vez determinou a classificação das substâncias em dez efeitos medicinais, é também o método mais antigo para armazenamento clínico de substâncias.
Pela primeira vez descreveu que a placenta humana era muito tonificante ao corpo humano.

"Materia Medica Dietética" (Shi Liao Ben Cao), por Men Xin, revisada por Zhang Ding, primeira obra mais representativa sobre dietética.

"Compêndio de Ervas Ultramares" (Hai Yao Ben Cao), obra que registra substâncias importadas em 124 variedades, e entre as quais, 50 eram substâncias aromáticas.

Resumo sobre contribuições no período de Dinastia Tang

- O início do uso de órgãos humanos e de animais e o uso dos hormônios para curar certas doenças, por exemplo, na "Nova Revisão da *Materia Medica*" (Xin Xiu Ben Cao): o fígado de carneiro era usado para curar cegueira noturna e melhorar a visão; a obra "Os complementares para *Materia Medica*" destacou claramente que a placenta humana podia ser usada como um bom remédio e seria eficaz para tonificar pacientes em certas doenças. Na "Câmara Dourada" existe o registro médico de que a glândula tireoide servia de remédio para curar insuficiência da tireoide.

- Produtos constituídos por enzimas começavam a ser utilizados com finalidade farmacêutica de modo bastante popular.

V. No período da Dinastia Song (宋朝) **(de 960 a 1279 d.C.)**

"Materia Medica de Kai Bao" (Kai Bao Ben Cao); esta obra foi editada em 924 d.C. escrita por Li Fang.

A obra registrou 989 variedades de substâncias medicinais. É também a primeira revisão à *Materia Medica* feita por autoridades da Dinastia Song.

"Materia Medica de Jia You" (Jia You Ben Cao), compilada em 1060 d.C.

Autor: Zhang Yu Xi, Lin Yi e Su Song. Na obra estão registradas 1.082 substâncias medicinais.

"Materia Medica de Ilustrações Clássicas" (Tu Jing Ben Cao), escrita em 1061 d.C. pelo autor Su Song. A obra é a primeira do tipo impresso à máquina, que até o presente momento, é considerada a mais antiga obra impressa.

As duas obras de *"Tu Jing Ben Cao"* e *"Jia You Ben Cao"* são consideradas obras gêmeas, que se comparam e complementam em textos e ilustrações.

"Materia Medica Classificada para Emergência" ou com denominação simples *"Materia Medica Classificada"* (Zheng Lei Ben Cao); compilada em 1082 a 1083 d.C. com 1.558 substâncias registradas e mais de 3.000 fórmulas.

Autor: Tang Shen Wei.

Contribuição:

- Primeira obra que descreve simultaneamente características de substâncias e fórmulas.

- É considerada a obra mais representativa da Dinastia Song, reunindo conteúdo essencial de muitas obras compiladas ou não compiladas antes da Dinastia e muitos conhecimentos históricos desaparecidos até então.

"Interpretações à Materia Medica" (Ben Cao Yan Yi), compilada em 1116 d.C.

Autor: Kou Zong Bi.

Contribuição:

- Comprovação pormenorizada das substâncias registradas anteriormente; descrições teóricas detalhadas sobre efeitos farmacêuticos das substâncias.

  A obra serve como um documento bastante valioso para orientar, até hoje, a identificação do verdadeiro e do falso, da boa e da má qualidade.

Resumo das contribuições da Dinastia Song:

- O estabelecimento da *"Direção Farmacêutica Estatal"* constitui uma iniciativa criadora institucional da Dinastia Song, sendo também um evento mais antigo na história farmacêutica da China e do Mundo.

- Grande desenvolvimento da indústria farmacêutica: primeiro registro na história da humanidade sobre extração do hormônio da urina humana e método de produzir remédios patenteados baseados na matéria-prima de *"Qiu hi"*.

- Invenção da solução alcoólica por meio de destilação e de numerosos métodos farmacêuticos, exercendo grandes influências às gerações posteriores.

- *"Dispensário Farmacêutico para bem-estar do Povo"* (Tai Ping Hui Min He Ji Ju Fang) é a primeira obra de uma Instituição Estatal que definiu direitos reservados às autoridades governamentais na distribuição e fabricação dos remédios patenteados, é também uma das mais antigas obras do gênero no Mundo.

VI. No período das Dinastias Jin e Yuan (金元朝) (1115 a 1368 d.C.)

"Regras Ortodoxas para Alimentação e Dietética" (Yin Shan Zheng Yao): compilada em 1330, com três volumes e 168 figuras, com descrição detalhada sobre métodos de preparação alimentar (dietética) e com eficácia terapêutica de mais 230 alimentos medicinais.

Autor: Hu Si Hui.

A referida obra é a primeira especializada sobre nutrição. Além disso, as obras escritas para orientação clínica são:

- Liu Wan Su: *"Anotações sobre dúvidas mais frequentes à Materia Medica"* (Su Wen Yao Zhu) e *"Tratado sobre Materia Medica"* (Ben Cao Lun).

- Zhang Yuan Su: *"Câmara de Pérola"* (Zheng Zhu Nang) e *"Modo de Anotação para Órgãos e Vísceras"* (Zang Fu Biao Ben Biao Shi).

- Li Dong Heng: "Experiências sobre Aplicação de Ervas" (Yong Yao Xin Fa).
- Wang Hao Gu: "Sopas da *Materia Medica*" (Tang Ye Ben Cao).
- Zhu Dan Xi: "Suplemento para Interpretações à Matéria Médica" (Ben Cao Yan Yi Bu Yi).

Contribuição deste período:

- Desenvolvimento sistemático da teoria básica sobre efeitos farmacêuticos das substâncias, caracterizados por ascensão, descensão, afundamento e flutuação, bem como correspondência aos canais e colaterais, o que veio completar as peculiaridades das substâncias.

VII. No período da Dinastia Ming(明朝) *(1368 a 1644 d.C.)*

"*Compêndio da* Materia Medica", é uma gigantesca obra realizada neste período, finalizada em 1578 d.C. e editada em 1596 d.C. A obra tem 52 volumes, mais de 1.100 figuras, aproximadamente 2.000.000 de caracteres chineses. A obra registrou 1.892 substâncias medicinais (vegetais, animais e minerais) e mais 11.000 fórmulas terapêuticas.

Autor: Li Shi Zhen.

Contribuição principal:

- A obra resumiu os grandes feitos da farmacologia e medicina tradicional da China obtidos antes do século XVI.
- É considerada uma grande enciclopédia da China pela amplitude e profundidade dos conhecimentos na área de cultura, história, geografia, agricultura, botânica, zoologia, mineralogia e metalurgia.
- Os métodos de classificação das substâncias são considerados mais científicos e avançados do Mundo daquela época.

"*Ervas Setentrionais no Sul de Yun Nan*" (Tian Nan Bei Cao): é considerada a melhor obra sobre *Materia Medica* local, com 448 substâncias detalhadamente descritas. *Autor:* Lan Mao.

"Ervas de Emergência para Tempos de Claridades Naturais" (Jiu Huang Ben Cao), com 414 substâncias comestíveis selecionadas. *Autor:* Zhu Su.

Nova Compilação do *"Clássico de* Materia Medica *Shen Nong"* (Shen Nong Ben Cao Jing Fu Ji Ben). É a *"nova compilação"* mais antiga e existente sobre *"Clássicos"*. *Autor:* Lu Fu.

Principais contribuições da Dinastia Ming:
- A obra *"Compêndio da* Materia Medica*"*, escrita por Li Shi Zhen, contribuiu bastante para o desenvolvimento da *Materia Medica* Chinesa, Farmacologia e Patologia, bem como outros ramos, sendo até hoje uma obra de valor orientador fundamental. A obra já foi traduzida em mais de 30 idiomas.

Várias invenções farmacêuticas bateram recorde mundial naquele tempo, por exemplo:
- O remédio patenteado *"Bai Yao Jian"* produzido com *"Wu Bei Zi"*, era uma invenção com mais de 200 anos de antecedência em relação à Europa.
- Segundo o registro da obra *"Bai Yuan Jing"*, século XVII, o cristal de ácido aconítico produzido do acônito fresco, era uma invenção com mais de 100 anos à frente da Europa que só conseguiu extrair morfina do ópio, no século XVII.

VIII. No período da Dinastia Qing (清朝) **(1644 a 1911 d.C.)**

"Os Suplementares ao Compêndio de Materia Medica*"* (Ben Cao Gang Mu Shi Yi): compilada preliminarmente em 1765 d.C. e formalmente em 1803 d.C., com 921 substâncias selecionadas.

Autor: Zhao Xue Ming.

Contribuição principal:
- Muitas substâncias populares e substâncias estrangeiras foram descritas para complementar o "Compêndio"; foram feitas importantes correções e suplementos ao "Compêndio".

- Foram sintetizados novos resultados na área da *Materia Medica* do século XVI até XVIII; foram arquivadas muitas fórmulas estratégicas e livros que hoje já não existem, sendo uma obra de grande valor de arquivo.

"Buscar a Verdade em Relação a Materia Medica" (Ben Cao Qiu Zhen), escrita em 1269 d.C. por autor Huang Guan Xiu, com 520 ervas selecionadas. A obra contribuiu bastante para melhorar os métodos de classificação das substâncias, de acordo com as funções medicinais, dando influência direta e importante ao desenvolvimento posterior da Farmacologia Tradicional Chinesa.

"A Essência da Materia Medica" (Ben Cao Bei Yao), por Wang Ang, é uma obra resumida, compactada e popular.

"Ben Cao Cong Xin" (*Materia Medica* Renovada), por Wa Yi Luo, é uma obra prática e muito utilizada pelo povo.

IX. No período da República da China (民国) (Min Guo, 1912 a 1949 d.C.).

Principais desenvolvimentos:

- *"Grande Dicionário da Farmácia Chinesa"* (Zhong Guo Yao Xue Da Ci Dian). O primeiro grande dicionário chinês sobre farmácia chinesa que deu importante repercussão a nível mundial.

  Autor: Chen Cun Ren.

- O início da pesquisa contemporânea da farmácia chinesa, iniciando a pesquisa científica sobre composição química e estudo farmacológico de muita variedade de substâncias.

- O início da criação de escolas na área da Medicina Tradicional Chinesa, consequentemente foram organizadas e editadas muitas obras didáticas, que impulsionou a educação formal da Medicina Chinesa na China.

X. No período Contemporâneo (近代) *(1949 até o momento)*

As mais importantes publicações contemporâneas que representam grandes conquistas do povo chinês na Medicina Tradicional são:

- "Farmacopeia da República Popular da China".
- "Anais da *Materia Medica* Chinesa".
- "Coleção Nacional das Ervas Medicinais Chinesas".
- "Dicionário da *Materia Medica* Chinesa".

Os nomes em *"Pin Yin"* das quatro obras acima citadas são respectivamente:

- Zhong Hua Ren Min Gong He Guo Yao Dian.
- Zhong Yao Zhi.
- Quan Guo Zhong Cao Yao Hui Ban.
- Zhong Yao Da Ci Dian.

RESUMO DO CAPÍTULO I

"Origem e Evolução da *Materia Medica*"

I. A origem da *Materia Medica* está nas atividades produtivas e sociais dos seres humanos na sociedade primitiva, bem como nos cuidados da saúde nos primeiros tempos da sociedade humana.

II. Evolução da *Materia Medica*.

- A obra farmacêutica mais antiga que fundamentou a base da teoria da *Materia Medica* é *"Shen Nong Ben Cao Jing"* (Clássico da *Materia Medica* Shen Nong), compilada antes de 200 a.C. (Pré-Dinastia Qin e Han). A obra registrou 365 variedades de substâncias, classificadas em três categorias.

- A primeira obra da *Materia Medica* que classifica as substâncias de acordo com características naturais das substâncias, é *"Ben Cao Jing Ji Zhu"* (Coleção de Notas sobre Matéria Médica), obra compilada à volta de 500 d.C. (No período das Dinastias Wei Jin e Dinastias Sul e Norte). O autor é Tao Hong Jing.

- A primeira obra chinesa que trata dos métodos de preparar substâncias é *"Lei Gong Pao Zhi Lun"* (Teoria de Lei Gong sobre Tratamento de Ervas), compilada na Dinastia Wei Jin e Dinastias Sul e Norte, com autoria de Lei Xiao.

- A primeira obra da *Materia Medica*, cuja revisão foi organizada sob orientação da autoridade governamental, é *"Xin Xiu Ben Cao"* (Nova Revisão da *Materia Medica*) ou denominada *"Materia Medica* de Tang" (Tang Ben Cao). A obra foi compilada aos 659 d.C. (Na Dinastia Tang).

- A obra que determinou a classificação das substâncias em dez efeitos medicinais é *"Ben Cao Shi Yi"* (Os Complementares para *Materia Medica*), compilada em 713 a 714 d.C. (Dinastia

Tang). O autor da obra é Chen Zang Qi. É nesta obra que pela primeira vez foi registrada a aplicação da placenta humana como remédio de tonificação.

- As duas obras gêmeas resultadas da revisão da *Materia Medica* e organizadas por autoridade governamental são *"Jia You Ben Cao"* (*Materia Medica* Jia You) e *"Tu Jing Ben Cao"* (*Materia Medica* de Ilustrações Clássicas). A obra *"Tu Jing Ben Cao"* é a mais antiga obra chinesa impressa à máquina.

- A obra mais representativa da Dinastia Song, cuja composição foi feita por iniciativa particular, é *"Zheng Lei Ben Cao"* (*Materia Medica* Classificada), escrita em 1082 d.C. a 1083 d.C. na Dinastia Song. O autor é Tang Shen Wei. A obra *"Ben Cao Gang Mu"* serviu-se de referência fundamental para *"Zheng Lei Ben Cao"*.

- A primeira obra especializada sobre nutrição é *"Yin Shan Zheng Yao"* (Regras Ortodoxas para Alimentação e Dietética), compilada em 1330 d. C., no período Jin Yuan, pelo autor Hu Si Hui.

- A mais gigantesca obra medicinal é *"Ben Cao Gang Mu"* (Compêndio da *Matéria Médica*), considerada Enciclopédia Chinesa no século XIV. A obra é composta de 52 volumes com 2.000.000 de caracteres chineses.

    Autor: O grande farmacêutico Li Shi Zhen (Dinastia Ming). O esboço da obra foi feito em 1578 d.C. e a obra foi editada em 1596.

- As obras mais importantes sobre *Matéria Médica* na Dinastia Qing são:
- *"Ben Cao Gang Mu Shi Yi"* (Os Suplementares ao Compêndio da *Materia Medica*), esboçada em 1765 e concluída em 1803, pelo autor Zhao Xue Ming. A obra completou e revisou, de modo substancial, a *"Ben Cao Gang Mu"*.
- *"Ben Cao Bei Yao"* (A Essência da *Materia Medica*), pelo autor Wang Ang e *"Ben Cao Cong Xin"* (*Materia Medica* Renovada), pelo autor Wu Yi Luo, são duas obras que selecionaram a essência da *"Ben Cao Gang Mu"*, de aplicabilidade prática e clínica, muito utilizadas pelo povo.

- O primeiro grande dicionário da farmácia chinesa é o *"Grande Dicionário da Farmácia Chinesa"* (Zhong Gou Yi Xue Da Ci Dan), escrito por Chen Chun Ren, em 1935.

- As obras mais importantes e conhecidas do período contemporâneo são:

    "Farmacopeia da República Popular da China".
    "Anais da Materia Medica *Chinesa"*.
    "Coleção Nacional das Ervas Medicinais Chinesas".
    "Dicionário da Materia Medica *Chinesa"*.

CAPÍTULO II

Local de origem e recolhimento de substâncias

SEÇÃO I

ORIGEM DOS PRODUTOS

I. Ortodoxia das substâncias

As substâncias autênticas são consideradas substâncias ortodoxas. Ervas ortodoxas surgiram nas atividades médicas ao longo da história, tornando autentificadas pela identificação pública ao longo do curso da prática médica tradicional, reconhecidas por suas características morfológicas e por sua excelente eficácia terapêutica. As substâncias ortodoxas evidentemente possuem peculiaridade endêmica.

II. Algumas substâncias ortodoxas e famosas:

Da província Si Chuan:
- *Chuan Huang Lian;*
- *Chuan Fu Zi;*
- *Chuan Wu;*
- *Chuan Niu Xi;*

- *Chuan Xiong;*
- *Chuan Bei Mu (Chuan Bei);*
- *Chuan Lian Zi;*
- *Chuan Pu;*

Da província Jiang Su:

- *Bo He;*
- *Cang Zhu;*

Da província Yun Nan:

- *San Qi;*

Da província He Nan

- *Huai Di Huang;*
- *Huai Shan Yao;*
- *Huai Niu Xi;*

Da província Guang Dong:

- *Chen Pi;*
- *Sha Ren;*
- *Huo Xiang;*

Da província Shan Dong:

- *E Jiao;*

Da província Ning Xia:

- *Gou Qi Zi;*

Da província Zhe Jiang:

- *Hang Ju Hua;*
- *Hang Bai Shao Yao (Hang Bai Shao);*
- *Zhe Bei Mu (Zhe Bei);*
- *Yu Bai Zhu;*

Da Cidade Lan Zhou:
- *Bai He;*

Da província Qing Hai:
- *Dong Chong Xia Cao;*
- *Da Huang;*

Do Nordeste da China (Dong Bei):
- *Ren Shen;*
- *Xi Xin;*
- *Ru Rong;*
- *Wu Wei Zi.*

A grande maioria das substâncias tradicionais chinesas são oriundas da natureza, do reino vegetal, animal e mineral, e nos tempos antigos, eram quase totalmente de origem natural. Como a China é um país de grande extensão territorial (9.600.000 km², ocupando uma amplitude geográfica bem larga, da longitude leste entre 116° a 78° e da latitude setentrional entre 53° a 4°), existindo grande variedade de clima, ecologia, hidrologia e geologia; do clima tropical com precipitação pluvial acima de 2.500 mm por ano ao semitropical e clima de zona bem fria, a temperatura da China varia de -40° C no inverno a +50° C no verão, com uma região de deserto bem seca com precipitação quase zero; com regiões de altitude 154 metros abaixo do nível do mar até 8.800 metros acima do nível do mar.

Um famoso ditado popular diz: "cada tipo de condição natural cria seu meio cultivando suas plantas e alimentando seus animais de maneira peculiar". Por isso, as plantas chinesas possuem qualidades e efeitos medicinais bem diferentes, dependendo do lugar e das variações climáticas de onde são cultivadas. Somente em típicas condições naturais pode-se cultivar ervas específicas, com efeitos terapêuticos ideais. Daí surgem substâncias medicinais autênticas ou ortodoxas. Por exemplo, a mesma substância Bo He pode ter seu óleo mentol em porcentagem muito diferente, é tão grande a diferença que, na região típica pode ter dez vezes mais óleo que em região imprópria.

Outro exemplo: a substância Chuan Bei Mu da província de Si Chuan (veja p. 35), com sua propriedade umidificante e nutriente ao Yin do pulmão, é muito eficaz para tratar tosse crônica causado por insuficiência do Yin do pulmão, e a mesma planta Bei Mu cultivada na província Zhe Jiang (Zhe Bei Mu) não tem esta propriedade, sendo mais indicada para tratar tosse seca causada por vento quente exterior ou por condensação e acumulação da mucosidade e do fogo endógeno. Isso comprova que substâncias ortodoxas possuem características nitidamente endêmica.

Substâncias ortodoxas são produzidas e cultivadas durante longos anos, no entanto, não permaneceram inalteradas, estão evoluindo e melhorando na medida em que surgem aplicações de novas e apropriadas tecnologias. Com o desenvolvimento social e dos serviços médicos, a demanda sobre substâncias ortodoxas está aumentando a cada dia, por isso, devemos procurar novas fontes de ervas medicinais ideais. Porém, devemos ter a necessidade urgente de proteger ao máximo os recursos naturais provedores de substâncias medicinais.

SEÇÃO II

O RECOLHIMENTO DAS SUBSTÂNCIAS

I. Recolhimento das substâncias de origem vegetal

Substâncias de planta inteira:
A maioria delas deve ser recolhida na fase inicial do florescimento ou na fase do botão da flor tender a abrir, quando a planta está em pleno desenvolvimento com ramos e folhas bem robustas. Certas plantas são recolhidas acima da raiz, por exemplo: Jing Jie, Yi Mu Cao, Zi Su, outras são recolhidas junto com raiz, por exemplo: Pu Gong Ying, Che Qian Cao.

Recolhimento das folhas:
Geralmente são recolhidas na fase do botão pronto a abrir ou na fase de pleno florescimento, pois, é nessa época que a planta está

bem desenvolvida com seus componentes medicinais completos e ricos como: Pi Pa Ye (folha da ameixa japonesa), He Ye (folha da raiz de lótus). Mas Sang Ye, a folha da amoreira deve ser recolhida no final do outono.

Recolhimento das flores:

Em geral, é na época do pleno florescimento que se efetua o recolhimento, por exemplo: Ju Hua (crisântemo), Xuan Fu Hua, Huai Hua, etc. Como as flores abrem umas atrás das outras, o recolhimento deve se organizar na mesma sequência do florescimento. Algumas flores, porém, devem ser recolhidas no momento do botão se abrir, como Jin Yin Hua, Xin Yi Hua e Kuan Dong Hua.

Recolhimento das frutas e sementes:

A maioria das frutas e sementes tem que ser recolhida quando amadurecidas, por exemplo: Gua Lou, Xing Ren, Wu Wei Zi; certas frutas devem ser recolhidas antes do amadurecimento completo a fim de evitar que suas sementes espalhem-se quando ficam amadurecidas completamente, como Zhi Zi, Qing Pi, Wu Mei e Fu Peng Zi.

Recolhimento da parte da raiz ou tubérculo:

Em geral são recolhidos no início da primavera ou no final do outono, pois, é nessa época que o desenvolvimento das plantas se torna lento e as partes acima da terra ainda não começaram a brotar ou encontram-se murchas e secas e as raízes ou tubérculos ficam com as substâncias nutritivas mais condensadas.

Recolhimento da casca ou substâncias semelhantes a casca:

Estes tipos de substâncias medicinais devem ser recolhidas geralmente na primavera ou verão, quando os corpos matriz se encontram em pleno desenvolvimento e em perfeita robustez; durante esse período, os troncos estão com os líquidos orgânicos enriquecidos facilitando o descascamento ou desfolhamento.

Na China existe um ditado popular que diz: *"Recolher Chen Yin na primavera e Gao Ben no verão; enquanto Zhi Mu e Huang Qin até o final do ano; em setembro se recolhem os crisântemos Ju Hua prontidão, e em outubro Lian Qiao já na mão".*

O recolhimento normalmente deve ser efetuado quando os ingredientes ativos da substância medicinal estão mais enriquecidos. A experiência indica que o grau apropriado de amadurecimento — conforme exigência técnica — da parte útil da planta constitui o fator decisivo para o recolhimento.

II. Recolhimento das substâncias medicinais das espécies animais:

O tempo apropriado de recolhimento das substâncias animais depende principalmente do hábito e regras de atividade dos animais. Por exemplo: o Lu Rong (chifre de veado) deve ser recolhido na época entre a primavera e o princípio do verão, pois, se recolher mais tarde, o chifre se tornará ossificado e perde o valor medicinal; o Sang Piao Xiao (ovo de louva deus) deve ser recolhido no final do outono ou no princípio da próxima primavera.

III. Substâncias minerais:

A grande maioria das substâncias minerais podem ser recolhidas em qualquer tempo.

CAPÍTULO III

Preparação das substâncias

SEÇÃO I

OBJETIVO DAS PREPARAÇÕES

Existem cinco objetivos:

- Reduzir ou eliminar a toxicidade das substâncias a fim de garantir a segurança no uso.

Por exemplo:

Algumas substâncias como Fu Zi, Wu Tou, Ban Xia, Nan Xing (Tian Nan Xing e Dan Nan Xing), Xixin podem facilmente causar intoxicação.

- Aumentar as funções medicinais e elevar os efeitos positivos terapêuticos no uso clínico.

Por exemplo:

Dang gui preparado com vinho de arroz fica reforçada em sua função de aquecer os canais e mover o sangue; Dang Gui é uma substância indicada para mover e nutrir o sangue e o vinho de arroz tem bons efeitos para aquecer os canais e os vasos sanguíneos, para extinguir o "vento" e acalmar a dor. Por isso, quando Dang Gui é preparado com vinho, fica potencializado em sua função de aquecimento dos canais e em mover o sangue.

- Mudar a natureza medicinal ou a função da substância de modo a ficar mais adequada no tratamento da doença.

Por exemplo:

A substância Sheng Di crua (Xian Di Huang) é muito amarga e fria possuindo boa função em nutrir o Yin, refrescar o sangue e eliminar a disforia. Quando ela é tratada, "cozida" — Shu Di huang (Di Huang preparada), muda sua natureza, de ação violenta para branda, adquirindo propriedade de nutrir o sangue.

Outro exemplo:

A substância He Shou Wu possui propriedade laxativa quando crua, mas se torna Zhi Shou Wu quando for cozida junto com feijão preto, adquirindo uma propriedade morna, bem apropriada para tonificar o fígado, a Essência e o Sangue, o que é importante para escurecer o cabelo.

- Mudar alguns aspectos exteriores ou características físicas das substâncias a fim de favorecer a conservação e os processos de preparação.

- Purificar as substâncias, garantir qualidade e precisão de dosagem. Certos processos de transformação podem eliminar mau cheiro de substâncias, amolecer ou afofar substâncias, agradando os consumidores ou facilitando os processamentos posteriores.

SEÇÃO II

MÉTODOS DE PREPARAÇÃO

Temos cinco métodos de preparação:

- Fazer poda ou retificação dos ramos (Xiu Zhi): com o objetivo de limpar ou depurar as substâncias permitindo a trituração, fragmentação ou o corte em pedaços.

- *Preparação com auxílio da água (Shui Zhi):*

    – *Men:* molhar e encharcar de água para amolecimento:
    Encharcar de água ou outros líquidos a fim de amolecê-las e torná-las fáceis para cortar.

    – *Piao:* lavar para eliminar substâncias estranhas:
    Pôr as substâncias em água abundante, trocando-a com frequência ou em água corrente durante um determinado tempo, a fim de reduzir ou eliminar mau cheiro, sais minerais ou ingredientes tóxicos.

    – *Shui Fei:* fazer refinação contra água:
    Usa-se este método para refinar substâncias minerais ou conchas de ostras trituradas separando as substâncias insolúveis na água: lavando tais substâncias trituradas contra corrente da água para obter pó refinado.

- *Huo Zhi: Preparação sob efeito do fogo:*

    – *Chao (Chao Huang, Chao Jiao e Chao Tan):* torrar (torrar até ficar amarelinho, tostar e carbonizar):
    Este método implica processos de torrar ou tostar substâncias dentro de um recipiente até ficarem amareladas, amarela escuras ou até carbonizadas conforme exigência técnica. Após torração as substâncias tornam-se quebradiças e abrandadas em suas ações medicinais. A carbonização pode enfraquecer a força medicinal e simultaneamente aumentar a função adstringente das substâncias no sentido de intensificar a absorção e a ação anti-hemorrágica.

    – *Zhi:* torrar substâncias no molho de alguma substância. Este método é muito usado.
    Este tipo de processamento penetra o molho dentro dos tecidos das substâncias, modificando sua natureza medicinal, aumentando seus efeitos ou reduzindo suas desvantagens.

    Os molhos mais usados são: mel, vinho de arroz, vinagre de arroz, molho de gengibre, água salgada e urina infantil. De modo geral, o *Jiu Zhi* (preparar no vinho) dá efeito ascensivo, o *Jiang Zhi* (preparar no molho de gengibre) dá efeito dispersivo e antiemético, o *Yan Zhi* (no sal), efeito penetrante ao rim e amolecimento de nódulos, *Chu Zhi* (no vinagre), efeito penetrante ao fígado e analgésico, *Mi Zhi* (no mel), efeito de abrandar a potência medicinal e acrescentar efeito de tonificar a energia *Zhong Qi*. A urina infantil pode atribuir às substâncias função antipirética e nutritiva ao Yin.

- *Duan:* temperar substâncias sob ação direta ou indireta do fogo.
  O método Duan pode transformar a consistência dura para fofa ou quebradiça, facilitando trituração posterior.

- *Wei:* colocar na cinza (brasa) as substâncias envolvidas em massa de farinha ou papel molhado até a massa de farinha ou papel ficar carbonizado. Este processamento pode reduzir a potência medicinal ou certas desvantagens das substâncias.

- *Shui Huo Gong Zhi:* preparar as substâncias sob ação conjunta da água e do fogo.

  – *Zhu: cozimento:* cozinhar substâncias em água pura ou em certo tipo de molho a fim de reduzir a toxicidade ou reforçar a ação medicinal.

  – *Zheng:* cozinhar em banho-maria, a fim de abrandar a potência da substância e adquirir característica exigida para o tratamento.

  – *Cui: têmpera.* Colocar imediatamente na água fria ou em algum tipo de molho frio a substância aquecida ao fogo, a fim de tornar a erva fofa facilitando o absorvimento da substância dissolvida no molho, adquirindo eficácia desejada.

  – *Chao: escaldar:* passar a substância na água fervida, retirando-a imediatamente. Este método é mais usado para tratar e descascar sementes ou tratar frutas que têm muito suco ou muita polpa, a fim de facilitar secagem.

- *Outros métodos:* cultivo de brotos, fermentação, evaporação ou destilação (para algumas substâncias químicas ou minerais), entre outros.

CAPÍTULO IV

A natureza medicinal das substâncias chinesas

INTRODUÇÃO

A Natureza Medicinal das Substâncias Chinesas abrange as seguintes propriedades medicinais:

- *As quatro energias: natureza morna, quente, fria e fresca.*

- *Os cinco sabores:* picante, doce, amargo, ácido (adstringente) e salgado.

- *As quatro tendências:* ascensão, descensão, flutuamento e aprofundamento.

- *As correspondências aos canais e colaterais.*

- *Toxidade e atoxidade das ervas.*

Ações medicinais das ervas chinesas:

- *Efeitos terapêuticos (funções).*

- *Efeitos indesejados (desvantagens).*

A natureza medicinal das substâncias chinesas constitui um importante conhecimento teórico e farmacêutico da *Materia Medica* chinesa, resultante das sintetizações das experiências baseadas na teoria da medicina tradicional chinesa e concretizadas na prática médica ao longo da história. Através de um longo curso de "praticar — conhecer — voltar a praticar — e voltar a conhecer até adquirir o conhecimento sobre as ervas", de modo cada vez mais correto e comprovado, para finalmente chegar a atingir o nível de formular uma teoria. Este processo é a metodologia praticada pela humanidade em conhecer e explicar o Universo, conhecido e aceito pela ciência contemporânea como senso comum.

Por isso as substâncias medicinais chinesas vêm sendo conhecidas e aplicadas à luz da teoria da medicina tradicional chinesa ao longo de milhares de anos.

Conforme a teoria da medicina tradicional chinesa: o aparecimento e desenvolvimento de todas as doenças são resultado do desequilíbrio entre o Yin e o Yang, caracterizado um por excesso e o outro por insuficiência e por uma desarmonia funcional entre os órgãos, vísceras, o Qi, o Xue, e os Jin Ye, originando as diferentes síndromes patológicas.

As substâncias medicinais chinesas podem exercer suas funções em recuperar os órgãos internos, suas relações de desarmonias, atingindo o objetivo de corrigir relações patológicas de excesso e insuficiência e consequentemente recuperar o equilíbrio entre o Yin e o Yang. É por isso que o "Nei Jing" (Clássico de Medicina Interna de Huang Di) diz: "Quando o Yin está tranquilo e o Yang está conservado o espírito ficará saudável". E o "Shang Han Lu" (Tratado sobre Doenças Febris) diz: "Quando o Yin e o Yang voltam à harmonia a doença ficará curada".

SEÇÃO I

AS QUATRO ENERGIAS E OS CINCO SABORES

I. As quatro energias (quatro naturezas medicinais):

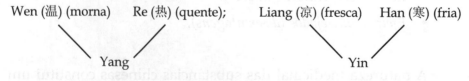

Importância na aplicação clínica:

"Aquentar aquele que está com frio e refrescar aquele que está com calor". (Tese do *"Su Wen: Teoria fundamental para Questões Importantes"*).

"Tratar aquele que está com frio é aquecê-lo e tratar aquele que está com calor é refrescá-lo." (Tese do *"Shen Nong Ben Cao Jin"* (Clássico da Matéria Médica Shen Nong)).

Por isso, devemos aplicar substâncias de natureza quente para tratar doença de síndrome de frio e aplicar substâncias de natureza fria para tratar doenças de síndrome de calor.

Por natureza das quatro energias pertinentes às substâncias se entende: efeito terapêutico que as substâncias exercem sobre o corpo do paciente, é uma conclusão feita em relação às características patológicas, se é de frio ou de calor (fogo), não significando frio ou calor em sentido físico.

II. Os cinco sabores:

- Conceito:

Os cinco sabores são:

- Xin (辛)(picante) – Gan (甘) (doce) – Suan (酸) (ácido) Ku (苦) (amargo) – Xian (咸) (salgado)

Todos são sabores no sentido medicinal, isto é:

- Sabores do paladar
- Sabores medicinais
- Significado da função dos efeitos medicinais

Relação de correspondência:

Cinco sabores:

- Xin
- Gan
- Suan
- Ku
- Xian

Cinco elementos:

- Metal
- Terra
- Madeira
- Fogo
- Água

Cinco órgãos:

- Pulmão
- Baço
- Fígado
- Coração
- Rim

Outros sabores:

- O sabor insípido é um sabor dependente do doce, isto é, um prolongamento do doce.
- O sabor travoso (adstringente) é um derivado do ácido, um prolongamento do ácido.
- O aromático: tem função semelhante ao picante.

Atenção:

— Os cinco sabores nem sempre correspondem rigorosamente às respectivas funções, pois substâncias com o mesmo sabor podem possuir funções bem diferentes. Por exemplo: a substância Shi Gao (gessu cru) tem sabor doce e natureza fria, enquanto a substância Gan Cao (alcaçuz) tem também sabor doce e natureza morna, mas os sabores dessas duas substâncias possuem funções totalmente diferentes. Por isso, o significado dos sabores medicinais às vezes sofre certo limite.

— Os cinco sabores são considerados, desde sempre, os cinco sabores fundamentais, embora existam o sabor insípido, travoso e aromático.

- As respectivas funções:

Xin (picante):

O Xin possui efeitos de dispersar e mover.

Xin San (picante dispersivo) — dispersar fatores exopatogênicos.

Xin Xing (picante e movente) — mover o Qi (energia) e mover o Xue (sangue).

Os derivados do Xin:

Xin Run (Xin umedecente), Xin Zao (Xin secante) e Xin Kai (Xin desobstrutivo).

Desvantagens do Xin:

O Xin San (picante dispersivo) tem propriedade de secura forte, facilmente consome o Qi e prejudica o Yin.

Gan (doce):

O Gan pode tonificar, harmonizar e abrandar.

Gan Bu (Gan tonificante): tonificar e nutrir. A maioria das substâncias tonificantes são de sabor doce.

Gan He (Gan harmonizante): harmonizar o Zhong Qi, isto é harmonizar funções do baço e do estômago; harmonizar as funções de outras substâncias.

Gan Huan (Gan abrandante): abrandar urgência e acalmar dor, reduzir intoxicação e enfraquecer ação violenta de outras substâncias.

Desvantagem do Gan:

A propriedade doce, na sua maioria, é travosa e viscosa e favorece facilmente a umidade, sendo prejudicial à função do baço.

Os médicos chineses antigos diziam: *"deve-se evitar o Gan quando a região Zhong (estômago-baço) estiver com sensação de plenitude"*. Por isso, aos pacientes que sofrem de insuficiência do baço e estagnação úmida não se deve aplicar substâncias tonificantes ou nutrientes com propriedade doce.

Além disso, o sabor Gan geralmente é umedecedor, podendo umedecer a secura. Por isso, para umedecer o pulmão e dissolver catarros, bem como umedecer os intestinos e facilitar a evacuação fecal, utilizamos frequentemente as substâncias de sabor doce.

Suan (ácido):

Pode adstringir e apertar (reter).

Concretamente: adstringir o suor, adstringir o Qi; reter diarreia, hemorragia, reter esperma e leucorreia, podendo ainda reter urina (corrigir incontinência urinária), etc. Por exemplo: Shi Liu Pi, a casca da romã, tem função adstringente, podendo reter diarreia.

Desvantagem: o sabor ácido ao desempenhar a função adstringente pode reter patógenos, por isso, não deve ser utilizado em pacientes que sofrem de síndrome de patógenos de excesso.

Ku (amargo):

Pode drenar, secar umidade e firmar, assim, temos:

Ku Xie (amargo de drenagem):

- Tong Xie (drenagem laxativa), para drenar fogo por evacuação fecal.
- Jiang Xie (impedir e drenar a inversão do Qi que sobe), com função de descender o Qi.

- Qing Xie (Qing Re Xie Huo "eliminar o calor e drenar o fogo"), com função antipirética.

Ku Zao (amargo para secar), usa-se para tratar síndromes de umidade:

- Ku Han Zao Shi (amargo frio para secar umidade), para tratar calor úmido.
- Ku Wen Zao Shi (amargo morno para secar umidade), para tratar frio úmido.

Ku Se (amargo adstringente), com função de firmar o Yin, em particular firmar o Yin do rim. Por exemplo: a erva Huang Bai é amarga, pode firmar o Yin, isto é: reforçar a energia Yin. No entanto, o efeito de reforçar o Yin não é resultado direto do sabor amargo, mas sim o resultado indireto do amargo através do efeito de drenar o fogo.

Xian (salgado)

Pode funcionar para drenar abaixo, amolecer e dissipar nódulos. Por exemplo: a substância Mu Li (concha da ostra) pode amolecer e dissipar Lei He (nódulo linfático) e Lei Li (hipergenesia mamária, ou hiperplasia de glândula mamária), dissipar acumulação pigmentar ou mancha pigmentar, etc.

Além disso, o sabor salgado tem boa penetração no rim, conduzindo outras substâncias a penetrar no rim para curar doenças.

Dan (insípido)

Sem sabor nenhum, tem função de favorecer exsudação e diurese.

Se (adstringente, ou travoso)

É um sabor ácido alterado, tem função adstringente, igual ao ácido.

Xiang (aromático)

Estimula a função do baço e a atividade dispersiva e movente, para desobstruir orifícios, podendo ainda eliminar ou afastar cheiros nocivos ou enjoativos.

III. Regras de integração entre as energias e os sabores

As quatro energias determinam a natureza medicinal da substância, e os cinco sabores determinam as funções medicinais das substâncias.

Princípio:

Entre as quatro energias e os cinco sabores, pode existir interação em qualquer combinação.

Uma substância só tem uma energia, mas pode ter vários sabores.

Tipos de interação:

Interação na qual existe uma energia e um sabor.
Interação na qual existe uma energia e dois ou mais sabores.
A interação terá tanto mais funções quanto existirem mais sabores.

IV. A influência da interação entre energia e sabores sobre efeitos terapêuticos:

Substâncias com interação de energia e sabores iguais têm funções próximas e substâncias com interação de energia e sabores diferentes têm funções diferentes.

SEÇÃO II

升降沉浮 *PROPRIEDADES DE SHENG JIANG CHEN FU*
(ascensão-descensão, aprofundamento-flutuamento)

I. Conceito:

Por "Sheng Jiang Chen Fu" (ascensão-descensão, aprofundamento-flutuamento) se compreende a tendência direcional das funções medicinais.

Yang {
- Sheng (ascensão)
  Com tendência de ascender a ação medicinal.
- Fu (flutuamento)
  Com tendência de ascender a ação medicinal de modo dispersivo.

Ying {
- Jiang (descensão)
  Com tendência de descender ação medicinal.
- Chen (afundamento)
  Com tendência de mover ação medicinal para baixo (drenagem para baixo e fora, e favorecer diurese).

II. Efeitos terapêuticos:

Sheng-Fu

Tendência de ascender e dispersar para o exterior, podendo animar a energia Yang (Sheng Yang) e dispersar síndromes superficiais (Fa Biao), extinguir o "vento" (Que Feng) e dispersar o frio (San Han), promover vômito (Yong Tu) e desobstruir orifícios (Kai Qiao).

Chen-Jiang

Tendência de descender e mover para o interior do corpo, podendo drenar abaixo para eliminar o calor (Xie Xia Qing Re, laxativo e antipirético); favorecer diurese e exsudar umidade (Li Shui Sheng Shi), acalmar e tranquilizar o espírito, restabelecer o Yang e extinguir o "vento", eliminar retenção gástrica (favorecer digestão) e drenar leucorreia, baixar inversão e reter o vômito, adstringir e segurar líquidos orgânicos, curar tosse e abrandar falta de ar, etc.

Segundo a teoria da medicina chinesa, todas as atividades funcionais dos cinco órgãos e seis vísceras representam movimentos fundamentais do Qi que existem dentro do corpo humano, em forma de ascensão e descensão, entrada e saída. Caso não existissem estes movimentos a vida humana terminaria, e todas as doenças, seja de afecção por exopatógenos seja por lesão interna, têm igualmente sua tendência de evolução. Por exemplo: quando um exopatógeno agride o corpo humano, a energia de defesa entra em combate contra o patógeno na camada superficial durante a fase inicial, expulsando a síndrome mórbida em uma tendência de ação de dentro para fora; ao contrário, se a energia de defesa está fraca, o patógeno vence a energia vital e evoluirá de síndrome superficial para síndrome interna, havendo, portanto, penetração do fator patogênico. A tendência de cima para baixo é de modo semelhante. A medicina chinesa apropria as funções das substâncias medicinais de acordo com a força curativa do corpo humano, reforçando a homeostasia.

III. Fatores determinantes das tendências de "Sheng Jiang Chen Fu" das substâncias:

Em geral são:

- Consistência do peso.
- Intensidade do cheiro e sabor.
- Natureza e sabor medicinal.
- Efeitos terapêuticos.

Assim:

— de consistência leve, em geral, tem tendência de ascensão, e a pesada, tem tendência de descensão e aprofundamento;

— de cheiro forte, em geral, tem tendência dispersiva e de flutuamento;

— de natureza morna, quente, de sabor picante, doce e insípido, são Yang e geralmente tem tendência de ascensão e flutuamento, enquanto as de natureza fresca e fria, de sabor ácido e amargo, são Yin, e geralmente têm tendência de descensão e aprofundamento.

SEÇÃO III

归经 CORRESPONDÊNCIA AOS CANAIS GUI JING

I. Conceito:

A "correspondência aos canais (meridianos)" em chinês "Gui Jing". "Gui" significa "corresponder, pertencer", e "Jing" é "Jing Luo" (canais e colaterais) – os Jing Luo dos órgãos e vísceras. Por isso, "Gui Jing" significa que, quando entra em funcionamento dentro do corpo, uma substância deve desempenhar seu efeito medicinal atingindo a um ou a alguns canais dos órgãos e vísceras.

II. Nascimento da teoria de "correspondência":

A teoria de "correspondência" tem sua origem na prática da medicina tradicional chinesa. Ao longo da prática, os médicos descobriram que, quando uma substância era aplicada ao corpo humano produzia seu efeito medicinal bem evidente a um ou a alguns canais, enquanto não produzia ou fracamente produzia seu efeito a outros canais. Assim, durante longos anos de prática, o conhecimento foi sendo sistematizado de acordo com esta "correspondência", daí nasceu a Teoria de Correspondência aos Canais.

III. O fundamento da teoria:

- Teoria básica da medicina tradicional chinesa:

Teoria sobre "aparência dos ocultos", Zang Fu:

Os órgãos e as vísceras constituem unidades fundamentais para manter o funcionamento do corpo humano, aliás, a teoria da "aparência dos ocultos" nos serve de instrumento importante para conhecer o funcionamento do corpo humano e também um instrumento para descobrir deteriorações mórbidas do corpo humano. Os efeitos medicinais são identificados pelo fato das substâncias poderem reverter a deterioração patológica dos órgãos e vísceras, recuperando-lhes o funcionamento normal através do efeito medicinal sobre os canais, estreitamente relacionados com os órgãos e vísceras. Por isso, teoria da "aparência dos ocultos" é a base para fazer "Bian Zheng Lun Zhi" — um processo diagnóstico da medicina chinesa; é também importante base para o entendimento da teoria da "correspondência aos canais" da medicina chinesa.

A função terapêutica das substâncias chinesas é diferente da função farmacêutica dos remédios ocidentais. A Terapia com substâncias formuladas, a fitoterapia, realiza-se pela integração dos efeitos das substâncias, sob a ação medicinal de acordo com a natureza, os sabores e a penetração nos canais.

Teoria dos canais e colaterais:

Os canais e colaterais, em chinês "Jing Luo", são os canais de comunicação entre os órgãos e as vísceras (Zang Fu); entre órgãos—vísceras e os membros (extremidades); entre Zang Fu e outras partes do corpo humano. São os canais de ligação do interior com exterior do corpo, de modo a formar com o corpo humano uma integridade completa.

Os exopatógenos podem agredir o corpo humano penetrando pela superfície e seguindo os Jing Luo para agredir o interior do corpo, e da mesma forma, as deteriorações patológicas podem seguir os Jing Luo para manifestar suas síndromes na superfície do corpo.

- A Natureza Medicinal constitui a lógica para o surgimento da teoria:

Propriedades das substâncias medicinais:

Basicamente é a relação existente entre a propriedade dos cinco sabores e as características dos cinco órgãos, que naturalmente constitui o fundamento desta teoria, por exemplo: o Xin penetra no pulmão, o Gan penetra no baço, o Suan penetra no fígado, o Ku penetra no coração e o Xian penetra no rim.

Embora em certo sentido esta teoria aparenta ser uma regra rígida, ela é a conclusão feita pela história e comprovada na prática durante longos anos.

Efeitos terapêuticos:

O fundamento para definir as regras de correspondência aos canais é o efeito terapêutico das substâncias no corpo humano, compreendendo um método exato e perfeito, sendo, portanto, uma metodologia atualmente mais aplicada nas pesquisas farmacológicas sobre a natureza medicinal das substâncias na China.

IV. Valor de aplicação da teoria de correspondência:

Obviamente, a aplicação desta teoria nos proporciona uma maior possibilidade de precisão na aplicação das substâncias e nos permite obter melhor eficácia no tratamento, evitando esforços cegos ou riscos desnecessários.

V. Algumas explicações necessárias:

- Predileções das substâncias pela correspondência (aos canais) e pelo impacto aos órgãos e vísceras:

    O sistema de órgãos-vísceras comunica-se com o sistema dos canais, os dois sistemas possuem características diferentes e consequentemente, em caso de deterioração patológica, o Bian Zheng (processo de diferenciar síndromes) também se diferenciam.

Simultaneamente, as substâncias possuem suas predileções, umas com tendência para sistema de órgãos e outras com tendência para sistema dos canais. Durante o período pré-dinastias Jin e Yuan, acentuava-se a concepção sobre Jing Luo e, depois de Jin e Yuan surgiu uma concepção sobre predileção das substâncias por Zang Fu. Efetivamente, predileções diferentes geram efeitos desiguais.

- Uma substância pode ter correspondência a um canal, mas pode também ter correspondências a vários canais.

- Ao analisar a propriedade de correspondência aos canais é imperioso fazer combinação com as propriedades das energias, dos sabores e das tendências (as quatro energias e os cinco sabores servem para determinar natureza e funções, as tendências para determinar a direção da função medicinal e, a correspondência para determinar a localização). É impossível conhecer e dominar efetivamente o efeito terapêutico das substâncias quando não se consegue definir os três fatores acima referidos — é através desta integridade que se pode conhecer por completo as características das substâncias.

- A localização definida pela correspondência é um conceito que diz respeito aos canais (meridianos), uma das peculiaridades da medicina chinesa, não deve se confundir com a localização anatômica dos órgãos e vísceras da medicina ocidental.

- O fundamento para certificar-se do resultado da correspondência consiste em verificar o efeito terapêutico no corpo humano após ter tomado o remédio e não verificar a maneira de distribuição do remédio no corpo humano.

SEÇÃO IV

NOÇÕES SOBRE TOXIDADE E ATOXIDADE DAS SUBSTÂNCIAS

I. Conceito

Nos livros de *materia medica* estão sempre escritas as palavras "tóxica", "levemente tóxica" ou "atóxica" para indicar o grau de toxidade das substâncias.

Até a Dinastia Han Oeste, "ervas tóxicas" indicavam todas as substâncias para uso medicinal, isso é correto no sentido amplo, pois, as substâncias que podem ser utilizadas para curar uma doença são necessariamente "tóxicas" em algum grau, e que, por predileção medicinal, atingem ou digamos, corrigem síndromes de insuficiência ou de excesso. Por esse sentido, as predileções das substâncias são consideradas "propriedades de impacto medicinal sobre alvos mórbidos". Por isso, as predileções medicinais são manifestações concretas da "toxidade" das substâncias.

E a partir da Dinastia Han Leste, "ervas tóxicas" começavam a ter seu sentido determinado, significando todas as substâncias medicinais que podem intoxicar o corpo humano, tratando-se do sentido estreito de "toxicidade".

II. O conhecimento sobre "toxidade":

A teoria sobre toxidade ou atoxidade nasce da prática da vida, da prática médica e dos testes de laboratório. Antigamente, a conclusão sobre toxidade era quase exclusivamente feita através da prática e raramente de testes laboratoriais. Hoje em dia, os testes efetuados em laboratórios já constituem um meio convencional e importante para definir o grau da toxidade ou atoxidade das substâncias, importantes meios para identificar os resultados dos trabalhos científicos da farmacologia.

III. Os fatores determinantes da toxidade ou atoxidade:

- Variedades ou espécies de substâncias podem determinar o grau de toxicidade: por exemplo, a dosagem de 1 grama do Ku Xin Ren (amêndoa de damasco) corresponde a 2.5 mg de ácido hidrocânico (uma substância muito tóxica), podendo paralisar o sistema nervoso, um pouquinho a mais desta dosagem pode causar a morte, enquanto o Xin Ren não amargo, da mesma família, é um tipo de amêndoa muito gostosa e não causa intoxicação.

- Métodos de preparação podem reduzir ou eliminar a toxidade das substâncias. Substâncias mesmo muito tóxicas se forem submetidas a certos métodos de preparação, podem reduzir sensivelmente a toxidade e passando a ser uma substância útil para tratar doenças.

CAPÍTULO V

Utilização das substâncias chinesas

SEÇÃO I

COMBINAÇÃO DAS SUBSTÂNCIAS

I. Conceito:

Por combinação das substâncias se entende utilizar em integração mais de duas substâncias, propositadamente selecionadas, após ter analisado o quadro da doença, o método de tratamento e a natureza medicinal das substâncias.

II. Objetivo de fazer combinações:

- Reforçar o efeito terapêutico.
- Eliminar ou restringir desvantagens/reação tóxica da monosubstância.
- Permite-se obter resultado desejado quando se tratar de uma doença complicada, no qual tratamento, por um lado, tem de ser estratégico, com efeito imediato, perante a situação urgente da doença, e por outro lado, tem de atender o outro aspecto de situação não urgente da doença. A utilização de mono-erva muitas vezes não pode conseguir tal efeito.

III. As sete relações de combinação:

1. Mono-erva

Simplesmente é a utilização de uma só substância.

2. Relação de necessidade recíproca (Xiang Xu):

É o tipo de utilização de mais de duas substâncias, cujas naturezas e funções medicinais são semelhantes, e nesse tipo de combinação as funções terapêuticas de cada uma das substâncias serão reforçadas.

3. Relação de benefício (Xiang Shi):

É o tipo de utilização de duas substâncias que têm certas características semelhantes, na qual uma substância empenha a função principal e a outra exerce a função secundária e, a secundária pode ajudar para reforçar a função da principal.

4. Relação de sofrer restrição (Xiang Wei):

É o tipo de combinação das substâncias, na qual a toxicidade ou desvantagem de uma substância pode ser abatida ou reduzida por outra substância.

5. Relação de efetuar restrição (Xiang Sha):

É o tipo de combinação de substâncias, na qual uma substância pode abater ou reduzir a toxicidade ou desvantagem de outra substância.

6. Relação antagônica (Xiang Wu):

É o tipo de utilização de duas substâncias, na qual uma substância pode reduzir ou destruir o efeito terapêutico de outra substância.

7. Relação contraditória (Xiang Fan):

O tipo de utilização de duas substâncias, pode reforçar ou produzir toxicidade ou desvantagem.

SEÇÃO II

CONTRAINDICAÇÃO DAS SUBSTÂNCIAS

I. Contra-combinação:

São 18 (dezoito) substâncias antagônicas e 19 (dezenove) substâncias contraditórias que, de modo geral, não podem ser utilizadas em forma de combinação.

São as seguintes substâncias antagônicas:

- Gan Cao contra:
  - *Gan Sui,*
  - *Jing Da Ji,*
  - *Hai Zao (alga)*
  - *Yuan Hua*
- Wu Tou (Chuan Wu, Fu Zi, Cao Wu) contra:
  - *Ban Xia*
- Gua Lou (Gua Lou completo, Gua Lou Pi, Gua Lou Ren) contra:
  - *Bei Mu (Chuan Bei, Zhe Bei)*
  - *Bai Lian, Bai Ji*
- Li Lu contra
  - *Ren Shen*
  - *Nan Sha Shen (Bei Sha shen)*
  - *Dan Shen*
  - *Xuan Shen (outro nome: Yuan Shen),*
  - *Ku Shen*
  - *Xi Xin,*
  - *Shao Yao (Chi Shao, Bai Shao),*
  - *Dang Shen.*

São as seguintes substâncias contraditórias:

- *Liu Huang contra Pu Xiao*
- *Shui Yin contra Pi Shuang*
- *Lang Du contra Mi Tuo Seng*
- *Ba Dou contra Xi Niu*
- *Ding Xiang contra Yu Jin*
- *Chuan Cao Wu contra Xi Jiao (ou Xi Niu Jiao)*
- *Ya Xiao contra San Leng*
- *Guan Gui contra Shi Zhi*
- *Ren Shen contra Wu Ling Zhi.*

II. Algumas explicações importantes:

- A teoria sobre "18 ervas antagônicas e 19 contraditórias" (uma denominação genérica: substâncias de contraindicação) tem a origem mais antiga no "Shen Nong Ben Cao Jing", e no decorrer do tempo, substâncias de contraindicação vêm aumentando, e na "farmacopeia da República Popular da China" estão registradas 27 substâncias, mas a denominação fica mantida a mesma.

  A teoria de "18 ervas antagônicas e 19 contraditórias" é a sintetização das experiências feitas pelos médicos chineses ao longo da história, constitui uma orientação bastante importante para garantia de segurança na utilização das substâncias, até hoje esta sintetização ainda tem seu valor magistral.

- Na história chinesa, a grande maioria dos médicos tem observado esta sintetização; existem, porém, não poucos médicos que possuem opiniões diferentes. Há médicos que comentam que as substâncias na lista de contraindicação são antagônicas, mas podem ter funções de grande complementaridade caso forem adequadamente utilizadas, podem obter uma eficácia mágica capaz de curar certas doenças de difícil tratamento.

- Hoje em dia, a grande maioria dos especialistas observam que, não é absolutamente proibido o uso destas substâncias de contraindicação, pois, mesmo no tempo antigo não faltaram médicos que usavam estas substâncias de modo muito amplo e obtiveram bons resultados.

- São, sem dúvida, substâncias tóxicas ou que produzem toxicidade. Nas combinações com substâncias contraditórias / antagônicas é preciso ter muita cautela.

III. Contraindicação no período de gestação:

As mulheres em gestação encontram-se em um período muito sensível, no qual surgem grandes alterações fisiológicas tanto no Qi Xue e Jin Ye quanto nos órgãos e vísceras, sendo estas condições necessárias para o desenvolvimento saudável do embrião. Por isso é preciso ter muita cautela ao aplicar substâncias ou remédios a mulheres gestantes.

Os princípios de contraindicação a mulheres gestantes são os seguintes:

- *Substâncias proibidas:*

    Todas as substâncias muito tóxicas ou de ações medicinais muito potentes, tais como: Shui Yin (mercúrio), Pi Shuan (arsênio branco), Ma Qian Zi, Shang Lu, She Xiang (almíscar), Shui Zhi (sanguessuga), Mang Chong, San Leng, E Zhu, etc.

- *Substâncias que devem ser utilizadas com muita cautela:*

    Substâncias que movem o sangue e substâncias que dissipam estase sanguínea, tais como:

    – Niu Xi, Chuan Xiong, Tao Ren, Hong Hua, Jiang Huang, Dan Pi, etc.

    Substâncias para desbloquear o Qi e que movem estagnação, tais como:

    – Zhi Shi, Zhi Qiao;

Substâncias laxativas para drenar a parte inferior do corpo, tais como:
– Da Huang, Mang Xiao, Fan Xie Ye, Lu Hui, etc.

Substâncias picantes de natureza quente, tais como:
– Fu Zi, Rou Gui, Dong Gui Zhi, etc.

IV. Precauções alimentares durante o uso de substâncias:

Durante o período do uso de substâncias é preciso ter algumas precauções alimentares; na linguagem do povo chinês diz-se "abstenção alimentar". Muitas substâncias medicinais têm origem ou de plantas ou de alimentos, podendo entrar em choque com certos alimentos que são da mesma origem, e para evitar reação de intoxicação é preciso observar algumas precauções alimentares a fim de garantir boa eficácia terapêutica.

Além disso, para garantir as funções medicinais no corpo, de um modo geral, devem se observar os seguintes princípios:

- Evitar comidas frias e picantes, ou muito quentes.
- Evitar comidas gordurosas, viscosas ou rançosas.
- Evitar comidas muito irritantes.
- Evitar bebidas frias e alcoólicas.
- Evitar chá escuro ou muito denso, não comer nabo e feijão verde (inclusive broto de feijão verde).

SEÇÃO III

DOSAGEM E MENSURAÇÃO DAS SUBSTÂNCIAS CHINESAS

I. Medidas de dosagem:

No tempo antigo, as medidas de dosagem eram: em peso, em volume e em unidade natural.

Medida em Peso: Jin, Liang, Qian.

Relação: 1 Jin = 16 Liang.

(1 Jin = 500 g, e 1 Liang aproximadamente 31g.).

1 Liang = 10 Qian.

(1 Qian aproximadamente 3.1 g).

1 Qian = 10 Fen.

1 Fen = 10 Li.

Em 1979, o governo chinês decretou uma lei, internacionalizando as medidas chinesas:

1 kg = 2 Jin.

1 Jin = 500g = 10 Liang.

1 Liang = 50g = 10 Qian.

1 Qian = 5g.

Hoje, em toda a China usa-se exclusivamente a medida internacional de peso.

II. Regras que determinam a dosagem:

De acordo com as características técnicas:

- Pela qualidade do material medicinal:

Qualidade boa ou excelente, usa menos dosagem e, ao contrário, aumenta-se a dosagem.

- Pela consistência do material medicinal:

  De consistência bem leve, menos dosagem, por exemplo: Bo He, ao máximo 6g; de consistência pesada, por exemplo: Sheng Shi Gao, pelo menos: 30 g.

- Pela intensidade do cheiro: forte — menos dosagem; fraco — mais dosagem.

- Pelo preço do material: muito caro — menor dosagem, por exemplo: Ren Shen, Lu Rong, etc., barato — maior dosagem.

- Por toxicidade ou atoxicidade: é preciso manter controle bem rigoroso quando se trata de substâncias tóxicas, isto é, sempre dentro da dosagem de segurança.

De acordo com os métodos de aplicação:

• Pode usar mais dosagem se a aplicação é de mono-erva.

• Forma de uso oral: em forma de sopa pode ser de dosagem relativamente maior, e em forma de glóbulos a dosagem deve ser menor, e em forma de pó para uso oral direto, a dosagem ainda menor.

• De acordo com o objetivo do uso, por exemplo: a substância areca (Bing Lan) 6 a 15 g. é suficiente para tratar anorexia, mas para matar o parasita tênia, a dosagem tem de ser 60 a 120 g.

De acordo com a condição física do paciente:

Forte: mais dosagem, e fraco: menos dosagem.

Em caso de insuficiência do estômago e do baço: menos dosagem ou até não usar.

De acordo a idade:

Idosos e crianças possuem menos resistência à ação medicinal, a dosagem deve ser menor; para criança com menos de 5 anos, a dosagem é de ¼ da do adulto; e para criança com mais de 6 anos, ½ da do adulto e para acima de 16 anos pode usar dosagem de adulto.

De acordo com o sexo:

Para mulheres, em particular gestantes, deve reduzir dosagem ou aplicar uma dosagem muito cautelosa.

De acordo com o curso da doença:

Para tratar uma doença cujo curso de tratamento é curto, a dosagem pode ser maior e, para tratar uma doença cujo curso é longo, a dosagem deve ser menor.

Segundo a tendência da doença:

Quando se trata de uma doença urgente e aguda, deve-se usar dosagem maior e para doença crônica e ausência de perigo urgente, pode usar menor dosagem.

SEÇÃO IV

COMO USAR SUBSTÂNCIAS CHINESAS

I. Vias de aplicação:

Vias de aplicação de substâncias podem trazer eficácia terapêutica muito diferente e, as vias de uso, porém, depende da situação da doença.

A via mais usada e mais tradicional é a de uso oral e a aplicação cutânea. Além disso, existem ainda vias de aplicação sublingual, via respiratória, via adesiva e introdução retal, etc. Ultimamente foram inventadas novas vias de uso, como: via endovenosa, subcutânea, aplicação de injeção em pontos de acupuntura, etc.

II. Tipos de forma tradicional:

Os tipos mais tradicionais de uso são: em forma de sopa, glóbulo (de mel e de água), em pó, em solução alcoólica, em creme e pomada, em glóbulos pequenos, em solução para esfregaço, em solução de banho, em defumação; tem ainda em forma de supositório, em forma de tiras medicinais e em solução de tintura de iodo, etc. Ultimamente surgiram cápsulas, comprimidos, grânulos solúveis e ampolas para injeção.

III. Cozimento da sopa:

A sopa produzida por meio de cozimento é a forma mais antiga e tradicional.

Recipientes de cozimento:

Podem ser de diferentes materiais, mas as condições básicas de exigência técnica são materiais quimicamente estáveis que não entram em reação química com as ervas durante o cozimento. De modo geral, pode ser de material cerâmico, vidro, recipiente esmaltado, e a melhor forma de recipiente é o de tipo chaleira que tem a "boca" pequena e a "barriga" grande, com tampa. É absolutamente proibido usar recipientes de ferro, alumínio, cobre, estanho, etc., pois estes materiais facilmente entram em reação química no cozimento.

Água:

Deve-se usar água bem límpida sem nenhuma substância estranha ou nociva.

Quantidade de água:

Depende da densidade, grau de absorção e tempo de cozimento das ervas. De modo geral, a água deve ter quantidade suficiente para molhar e submergir as ervas, formando uma camada de 3 a 4 cm acima das substâncias.

Molhar:

Antes do início do cozimento é preciso manter as substâncias de molho durante 30 a 40 minutos, a fim de dissolver suficientemente as substâncias medicinais, que podem tornar-se indissolúvel quando apanharem o calor da fervura. Geralmente, no início, usa-se o fogo violento (chama alta) e assim que começar a ferver, deve reduzir o fogo e passar a usar o moderado (chama branda) durante

20 a 30 minutos. Mas para cozinhar substâncias dispersivas nas síndromes superficiais ou substâncias aromáticas, 10 a 15 minutos são suficientes, enquanto cozinhar substâncias minerais ou concha ostra, deve gastar mais tempo, por volta de 30 a 40 minutos.

Quantidade de cozimento:

Deve-se cozinhar um pacote de substâncias 2 a 3 vezes. O primeiro cozimento dura mais e o segundo e o terceiro cozimentos duram apenas 2/3 do tempo do primeiro cozimento.

No final do cozimento, as sopas adquiridas devem ser misturadas e filtradas para serem tomadas em duas vezes (geralmente 30 minutos após o café da manhã e 30 minutos após o jantar).

IV. Métodos de tomar sopa:

A maneira como tomar a sopa implica grande importância sobre o resultado do tratamento.

Tomar com o estômago vazio:

De manhã cedo, a sopa pode desempenhar melhor função terapêutica quando o estômago e intestinos estão vazios. A sopa de substâncias laxativas, substâncias para drenar umidade e matar parasitas devem ser tomadas na manhãzinha.

Tomar antes das refeições:

A sopa será mais facilmente absorvida quando o estômago estiver vazio, normalmente as substâncias de função tonificante devem ser tomadas neste espaço de tempo.

Tomar depois das refeições:

Os alimentos no estômago podem abrandar a irritação medicinal sobre as membranas gástricas. Geralmente as substâncias que estimulam a digestão ou substâncias estimulantes à função gástrica devem ser tomadas depois das refeições, geralmente, 30 a 40 minutos após as refeições.

Tomar antes de dormir:

Tomar antes de dormir é indicado para coordenar os ritmos fisiológicos do corpo humano. Substâncias para "An Shen" (função calmante) se tomam 30 a 60 minutos antes de dormir, e substâncias para reforçar o rim em sua função de reter o esperma, devem também ser tomadas antes de dormir.

PARTE II

CAPÍTULOS PARTICULARES

CAPÍTULO I

解表药 – Jie Biao Yao
Substâncias que eliminam síndromes superficiais

I. Conceito:

São denominadas substâncias para eliminar síndromes superficiais (Jie Biao Yao) todas as substâncias medicinais que funcionam principalmente para dispersar fatores patogênicos superficiais (Biao Xie) conseguindo eliminar síndromes na superfície do corpo (Biao Zheng).

Biao Xie:

Chamam-se patógenos superficiais (Biao Xie) os seis excessos exopatogênicos (Liu Yin) que agridem a camada superficial e muscular do corpo humano.

Biao Zheng:

Denominam-se "Biao Zheng" as síndromes mórbidas causadas pela agressão dos exopatógenos à camada superficial e muscular do corpo humano. Os Biao Zheng possuem, geralmente, as seguintes manifestações clínicas: arrepio ao frio, febre, dor de cabeça e corpo, suor (ou sem suor), pulso superficial e etc.

85

II. Propriedades das substâncias Jie Biao Yao a respeito dos seus sabores e correspondências aos canais:

- A grande maioria das substâncias Jie Biao Yao são de sabor picante e de consistência leve.
- A grande maioria das substâncias Jie Biao Yao tem correspondência aos canais Fei (pulmão) e Pang Guang (bexiga).

III. Principais funções e adaptabilidades terapêuticas:

- Funções: sudorífera e eliminar síndromes superficiais.
- Adaptabilidade: tratar principalmente os sintomas de arrepio ao frio, febre, dor de cabeça e do corpo, pulso superficial e suor (pode não ter suor).
- Outras funções secundárias: favorecer diurese e desinchar; antitussígena e abrandar respiração ofegante; favorecer eclosão do sarampo; dispersar vento úmido, estimular o movimento do Qi e sangue e tratar artralgia e anestesiar dor; desfazer tumefação etc.

IV. Classificação das substâncias de Jie Biao Yao:

- Xin Wen Jie Biao Yao (picante e morna para dispersão da superfície): estimular a difusão e dispersar vento frio, tratando a respectiva síndrome caracterizada por febre, muito arrepio, dor de cabeça e do corpo, boca não seca, com suor (ou sem suor), pulso superficial e tenso ou superficial e lento, revestimento lingual fino.
- Xin Liang Jie Biao Yao (picante e fresca para dispersão da superfície): estimular a difusão e dispersar vento quente, tratando a respectiva síndrome, caracterizada por febre alta, pouco arrepio ao frio, boca levemente seca, faringe seca, sem suor (pode ter suor), revestimento lingual fino amarelado, pulso superficial e rápido.

V. Precauções no uso das substâncias Jie Biao Yao:

- Controlar a dosagem quando as substâncias possuírem ação sudorífera violenta, devendo parar de usar assim que a doença estiver aliviada.

- Sendo o suor e o sangue da mesma origem, deve-se ter muita cautela ao aplicar em pacientes que possuam suor espontâneo e noturno e insuficiência do Jin Ye (fluído orgânico).

- A dosagem e tipos de Jie Biao Yao devem ser selecionadas adequadamente de acordo com o meio ambiente, clima, temperatura e estação etc.

- Jie Biao Yao são de propriedade picante e leve, facilmente evaporam seu cheiro e suas propriedades no cozimento e, por isso não devem ser cozidas por muito tempo, a fim de preservar seu efeito terapêutico.

SEÇÃO I

辛温解表药 Xin Wen Jie Biao Yao
Substâncias picantes e mornas que eliminam síndromes superficiais

Características comuns:

Natureza e sabor: morna e picante, de ação sudorífera forte.

Adaptabilidade:

Síndromes causadas por vento frio exopatogênico.

I. Ma Huang 麻黄 Herba Ephedrae
(É considerada erva principal para dispersão da superfície)

In Natura

Ephedra sinica Stapf.

Processada

Herba Ephedrae

Natureza – Sabor – Correspondência ao Canal:

Xin (picante), Wei Ku (levemente amarga) Wen (morna); Co-canal: Fei (pulmão) e Pang Guang (bexiga).

Funções:

- Sudorífera para eliminar síndrome superficial.
- Estimular difusão pulmonar e abrandar tosse ofegante.
- Favorecer diurese e desinchar.

Aplicação e combinação:

- Sudorífera para eliminar síndrome superficial:
  Tratar principalmente síndrome de excesso causada por vento frio, combina-se frequentemente com Gui Zhi (Fórmula: Ma Huang Tang).
- Estimular difusão pulmonar e abrandar tosse ofegante:
- Tratar tosse e falta de ar por afecção do vento frio, combina-se com Xing Ren, Gan Cao etc.;
- Tratar tosse e falta de ar por existência interna de fleuma fria, combina-se com Gan Jian, Xi Xin, Wu Wei Zi;
- Tratar tosse e falta de ar por obstrução pulmonar devido a calor patogênico, combina-se com Shi Gao, Xing Ren, Gan Cao;
- Favorecer diurese e desinchar. Tratando essencialmente edema acompanhado de síndrome de patógeno superficial, combina-se com Sheng Jiang, Cang Bai, Cang Zhu.

Indicação e dosagem:

1,5 a 10 g. A dosagem concreta determina-se de acordo com a situação mórbida e a condição física do paciente.

Obs.: Ma Huang crua é muito potente em sua ação sudorífera, e Ma Huang preparada (Zhi Ma Huang) é menos forte. Por isso, Ma Huang crua é mais apropriada para tratar síndromes superficiais; enquanto Zhi Ma Huang é mais apropriada para tratar tosse e abrandar falta de ar.

Precauções:

Deve-se ter muita cautela em utilizar em pacientes que sofram de doença febril acompanhada de insuficiência superficial e suor espontâneo bem como em pacientes que sofram de tosse crônica do tipo ofegante; igualmente requer cautela em idosos, pacientes debilitados e em crianças.

A Ma Huang possui um alcalóide chamado efedrina, isolado a décadas e utilizado pela Medicina Ocidental para tratar asma e distúrbios respiratórios como broncodilatador, podendo aumentar a pressão sanguínea, causar disforia e insônia se usada por longo tempo.

Atualmente é comum o seu uso para diminuir o apetite em compostos de ervas para emagrecimento, possivelmente por sua ação no sistema nervoso central, ação simpaticomimética.

II. Gui Zhi 桂枝 Ramulus Cinnamomi

In Natura

Processada

Cinnamomum cassia Blume

Ramulus Cinnamomi

Natureza – Sabor – Correspondência ao Canal:

Xin (picante), Gan (doce), Wen (morna); Co-canal: Xin (coração), Fei (pulmão) e Pang Guang (bexiga).

Funções:

- Fazer suar e extinguir vento para aliviar músculos.
- Aquecer e mover Yang Qi desbloqueando-o.

Indicação e combinação:

- Fazer suar e aplacar vento para aliviar músculos:

Em caso de tratar síndrome de excesso por vento frio exopatogênico combina-se com Ma Huang (Fórmula: Ma Huang Tang);

Em caso de tratar síndrome de insuficiência por vento frio exopatogênico combina-se com Shao yao (Fórmula: Gui Zhi Tang).

- Aquecer e mover Yang-Qi por meio de desobstrução:

— Para aquecer o Yang cardíaco suprimindo angina e palpitação cardíaca, combina-se com Gua Lou, Xie Bai e Zhi Shi etc.

— Para desbloquear o Yang, promover diurese e tratar edema e oligúria combina-se com Fu Ling, Bai Zhu (estimulando a difusão pulmonar); quando se combina com Ze Xie pode estimular a função da bexiga.

— Aquecendo e desobstruindo os vasos sanguíneos para tratar menstruação irregular, amenorreia, dismenorreia e miomas (ou tumefação sanguínea no interior do abdome — em chinês: "Zheng Jia"), deve-se combinar com Tao Ren etc. (Fórmula: Gui Zhi Fu Ling Wan).

— Aquecendo e desobstruindo os canais e colaterais para tratar síndromes de artralgia causada por vento frio, combina-se com Fu Zi etc.

— Aquecer a região de Zhong Wan (estômago-baço) e remover o frio, tratando principalmente dor abdominal acompanhada de insuficiência e frio.

— Em caso de insuficiência do Yang cardíaco, a erva quando combinada com Shao Yao e Yi Tang promove o Yang Qi do coração, acalma o fígado e, consequentemente restabelece a inversão do Qi endógeno (manifestação mórbida do "porco agitado" — em chinês: Ben Tun Zheng).

Indicação e dosagem:

3 a 10 g.

Precauções:

A propriedade Xin Wen (picante e morna) é de promover o calor, podendo facilmente prejudicar o Yin e manipular o sangue, por isso, é proibido aplicar em pacientes que sofram de doença febril, de calor interno por insuficiência ou de exsudação (hemorragia) por calor no sangue.

É preciso ter muita cautela na utilização em mulheres gestantes ou menorrágicas.

III. Zi Su 紫苏 Folium Perillae
Sinonímia: Zi Su Ye 紫苏叶, ou Su Ye 苏叶

In Natura  Processada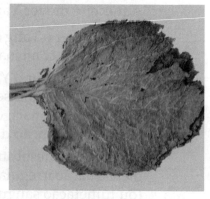

Perillae frutescens (L.) Britt   *Folium Perillae Frutescentis*

Natureza – Sabor – Correspondência ao Canal:

Xin (picante), Wen (morna), Co-canal: Fei (pulmão), Pi (baço).

Funções:

- Estimular difusão da camada superficial e dispersar o frio.
- Mover o Qi e acomodar Zhong Wan (estômago e baço).
- Intoxicação alimentar por peixes, camarões e caranguejo.
- Prevenir aborto.

Aplicação e combinação:

- Estimular difusão da camada superficial e dispersar o frio, promover difusão pulmonar, tratando:
— Em caso de gripe por vento frio acompanhada de estagnação do Qi com abafamento torácico, combina-se com Xiang Fu, Chen Pi (Fórmula: Xiang Su San).
— Em caso de síndrome leve de gripe por vento frio, acompanhada de tosse e abafamento torácico, combina-se com Xing Ren, Qian Hu etc., (Fórmula: Xing Su San).

- Mover o Qi e acomodar Zhong Wan, tratando estagnação do Qi no estômago e baço, com abafamento torácico e vômito (ou enjoo), etc.
- Em caso da afecção por vento frio exopatogênico com existência de dano interno por estagnação da umidade (gripe por vento frio misturado com umidade de verão), deve-se combinar com Huo Xiang, (Fórmula: Huo Xiang Zheng Qi San).
- Em caso de estagnação do Qi com fleuma bloqueada, deve-se combinar com Ban Xia, Hou Pu etc. (Fórmula: Hou Pu Tang).
- Eliminar intoxicação alimentar por peixes, camarões e caranguejo: em caso de surgimento de dor abdominal e diarreia após ter se alimentado com peixe ou caranguejo, deve-se usar a mono-erva ou em combinação com Sheng Jiang, Bai Zhi.
- Prevenir aborto: em caso de inversão do Qi embrionário, acompanhado de abafamento torácico, vômito e inquietação do embrião, pode combinar com Sha Ren e Chen Pi etc.

Indicação e dosagem:

3 a 10 g.

Precauções:

É aconselhável cozinhar pouco tempo.

ANEXO

Su Geng 苏梗 **Caulis Perillae**
Sinonímia: Zi Su Geng

In Natura

Perillae frutescens (L.) Britt

Processada

Caulis Perillae

Su Geng é o caule da planta Perilae, de sabor Xin (picante), Gan (doce), e de natureza Wei Wen (levemente morna), com correspondência ao canal do estômago, com a função de suavizar o tórax, confortar o Qi e prevenir aborto. É mais aplicada para tratar estagnação do Qi na região torácica, reduzir incômodo intumescido nesta região, acalmar dor no hipocôndrio e prevenir aborto por agitação do embrião. A Su Gen tem propriedade moderada para harmonizar o Qi e dissipar estagnação depressiva, por isso, é apropriada para pacientes fisicamente débeis (com insuficiência física).

Su Zi 苏子 **(Semen Perillae):**

Tem função de descender o Qi e eliminar catarro, acalmar a tosse e abrandar falta de ar.

Processada

Semen Perillae

IV. Sheng Jiang 生姜 Rhizoma Zingiberis

In Natura — *Zingiber officinale* Roscoe

Processada — *Rhizoma Zingiberis Officinalis Recens*

Natureza – Sabor – Correspondência ao Canal:

Xin (picante), Wei Wen (levemente morna); Co-canal: Fei (pulmão), Pi (baço).

Funções:

- Promover o suor e dispersar síndromes superficiais.
- Aquecer a região Zhong Wan (baço e estômago) e reter vômito.
- Aquecer o pulmão e tratar tosse.
- Eliminar toxina alimentar do peixe, caranguejo e a toxidade da erva Tian Nan Xing.

Aplicação e combinação:

- Promover o suor e dispersar síndromes superficiais:
  É utilizada para tratar síndrome leve de gripe, causada por vento frio ou participar de combinação em receitas, para auxiliar outras ervas no tratamento.
- Aquecer a região Zhong Wan e reter vômito:
  Aquece e reduz o frio no estômago, controla a inversão do Qi e o vômito, combina-se frequentemente com Ban Xia (Fórmula: Xiao Ban Xia Tang).

Também é utilizada para tratar vômito causado por calor no estômago, combinando-se com Wu Zhu Yu e Huang Lian. A erva Sheng Jiang é considerada "substância sagrada para reter vômito".

- Aquecer o pulmão e tratar tosse:
Usada para tratar tosse causada pelo vento frio ter agredido o pulmão, com característica de muita fleuma, e frequentemente é utilizada em combinação com Chen Pi, Xing Ren e Zi Hua – ervas tradicionais para dispersar o frio e abrandar a tosse.
- Sheng Jian é muito usada para eliminar a toxidade alimentar do peixe e caranguejo, e eliminar a toxidade da erva Tian Nan Xing.

Indicação e dosagem:

3 a 10g.

É mais conveniente tomar em forma de sopa (Tang) ou tomar o suco de Sheng Jiang fresco diluído.

Precauções:

É proibido prescrever para paciente que sofre de calor interno devido à insuficiência do Yin ou que tenha síndrome de calor em excesso.

ANEXO

A casca da gengibre (Sheng Jiang Pi) é de natureza fresca, de sabor picante, possui função de promover diurese e desinchar edema; trata oligúria (dificuldade de urinar). Frequentemente é utilizada em combinação com Da Fu Pi, Sang Bai Pi, Fu Ling Pi, Chen Pi (Fórmula: Wu Pi San – pó das cinco cascas).

V. Xiang Ru 香薷 Herba Elsholtziae

In Natura

Processada

Elsholtizia splendens Nakai ex Maekwa

Herba Elsholtziae

Natureza – Sabor – Correspondência ao canal:

Xin (picante), Wei Wen (levemente morna), Co-canal: Fei (pulmão) e Wei (estômago).

Funções:

- Promover suor e eliminar síndrome superficial; harmonizar Zhong Wan e desfazer umidade.
- Promover diurese e desinchar edema.
A presente erva é tão apreciada que se denomina "Ma Huang de verão".

Aplicação e combinação:

- Promover suor e eliminar síndrome superficial: utilizada para tratar dano interno causado por umidade de verão associado a ataque por vento frio exopatogênico (resfriado de verão). Esta erva funciona harmonizando o Zhong Wan, dissipando umidade (sintomas: arrepio ao frio, febre, dor de cabeça, sem suor, enjoo ou vômito, diarreia. Frequentemente se combina com Bian Dou (vagem branca), Hou Pu etc. (Fórmula: Xiang Ru San).

- Promover diurese e desinchar edema: é aplicada para tratar edema e favorecer urina. Esta erva é apropriada para pacientes com insuficiência do baço. Frequentemente se combina com Bai Zhu.

Indicação e dosagem:

3 a 10g.
É preciso cozinhar para obter uma sopa bem grossa caso seja usada para favorecer diurese e desinchar edema.

Precauções:

Esta erva é denominada "Ma huang de verão", é forte por sua ação sudorífera, mas não deve ser aplicada em pacientes com insuficiência na camada superficial.

A dosagem não deve ser muito grande e não deve ser utilizada por longo período de tempo em pacientes com insuficiência de Qi.

VI. Jing Jie 荆芥 Herba Schizonepetae

In Natura

Schizonepeta tenuifolia Briq.

Processada

Herba seu Flos Schizonepetae

Natureza – Sabor – Correspondência ao canal:

Xin (picante), Wei-wen (levemente morna), Co-canal: Fei (pulmão) e Gan (fígado).

Funções:

- Aplacar vento e eliminar síndrome superficial.
- Promover eclosão do sarampo e tratar tumefação.
- Reter hemorragia (com a erva carbonizada).

Aplicação e combinação:

- Aplacar vento e eliminar síndrome superficial: tratando doenças causadas por vento frio exopatogênico ou vento quente.
- Em caso da afecção por vento frio se combina com Fang Feng, Qiang Huo, fórmula: Jing Fang Bai Du San.
- Em caso da afecção por vento quente se combina com Bo He, Yin Hua e Lian Qiao, fórmula: Yin Qiao San.
- Promover eclosão do sarampo e tratar tumefação:
- Em caso de tratar sarampo incubado, coceira da rubéola, combina-se com Chan Tui, Niu Bang Zi, Bo He, Yin Hua, etc. Fórmula: Zhu Ye Liu Bang Tang.
- Em caso de tratar tumefação, combina-se com Lian Qiao, Bo He, Niu Bang Zi, Dan Pi, Shan Zhi, etc. Fórmula: Niu Bang Jie Ji Tang.
- Reter hemorragia (com a erva carbonizada), quando se combina com outras ervas anti-hemorrágicas, funcionará para reter hemorragia tais como hematêmese (sangue no vômito), epistaxe (hemorragia nasal), melena (hemorragia nas fezes), hematúria (hemorragia na urina), metrorragia e menorragia (hemorragia uterina).

Indicação e dosagem:

5 a 10 g.

Precauções:

Não é conveniente utilizá-la em pacientes que sofram de insuficiência superficial acompanhada de suor; é aconselhável não tomar por longo período de tempo e não cozinhar por muito tempo.

ANEXO

A espiga da Jing Jie tem ação sudorífera mais forte que o resto da planta. Usa-se crua para os casos de ausência de suor, e torrada para casos com suor; a espiga carbonizada pode reter hemorragia.

VII. Fang Feng 防风 Radix Ledebouriellae

In Natura

Ledebouriella sesloides Wolff

Processada

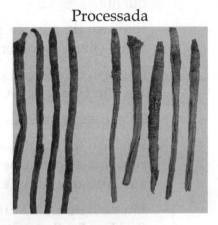

Radix Ledebouriellae

Natureza – Sabor – Correspondência ao canal:

Xin (picante), Gan (doce), Wei Wen (levemente morna); Co-canal: Pang Guang (bexiga), Gan (fígado), Pi (baço).

Funções:

- Aplacar o vento e dispersar síndromes superficiais.
- Dominar umidade e anestesiar dor.
- Aliviar espasmo.
- Reter diarreia e hemorragia.

Aplicação e combinação:

- Aplacar o vento e eliminar fatores patogênicos na superfície:
— A respeito de eliminar fatores patogênicos na superfície, a erva funciona para tratar:

Afecção por vento frio, combina-se com Zi Su, Bai Zhi, Jing Jie etc.

Afecção por vento quente, combina-se com Jing Jie, Lian Qiao, Bo He etc.

— A respeito de aplacar o vento, funciona para tratar:

Coceira causada por rubéola, combina-se com Jing Jie, Dang Gui, Ku Shen etc. (Fórmula: Xiao Feng San).

- Dominar umidade e anestesiar dor:

   Para tratar artralgia por vento frio, dores das articulações e rigidez muscular dos membros, combina-se frequentemente com Gui Zhi, Jiang Huang etc.

- Aliviar o espasmo: a presente erva funciona principalmente para tratar:

— Tétano, opistótono, trismo, contrações musculares e convulsões, combinando-se com Tian Nan Xing, Bai Fu Zi, Tian Ma etc.

— Convulsões infantil por febre alta e agitação do vento: combina-se frequentemente com Niu Huang etc.

- Reter diarreia e hemorragia: usa-se Fang Feng tostado para a função anti-hemorrágica.

   Atenção: o presente produto Fang Feng é erva principal para aplacar o "vento", considerado como erva universal para tratar todas as doenças provocadas por "vento", tanto por vento interno quanto vento externo.

Indicação e dosagem:

3 a 10 g.

Precauções:

É proibido usar em caso do paciente estar convulsionado devido à insuficiência do sangue; é proibido usar também em caso de exuberância do fogo devido à insuficiência do Yin.

VIII. Qiang Huo 羌活 Rhizoma et Radix Notopterygii

In Natura

Processada

Notopterygium incisium Ting Mss

Rhizoma et Radix Notopterygii

Natureza – Sabor – Correspondência ao canal:

Xin (picante), Ku (amarga), Wen (morna). Co-canal: Pang Guang (bexiga) e Shen (rim).

Funções:

- Eliminar síndromes superficiais e dispersar o frio.
- Aplacar o vento, dominar umidade e anestesiar a dor.

Aplicação e combinação:

- Eliminar síndromes superficiais e dispersar o frio:

  O presente desempenho significa: contra-atacar agressão exterior do vento frio ou mistura do vento frio com a umidade, que causa dor occipital e peso doloroso nos membros (com sintoma de arrepio ao frio e ausência de suor).

  Para conseguir o presente desempenho deve-se combinar com Bai Zhi, Fang Feng, Xi Xin, Chuan Xiong etc. (Fórmula: Jiu Wei Qiang Huo Tang).

- Aplacar o vento, dominar umidade e anestesiar a dor:

  A presente função trata principalmente a síndrome de artralgia por vento frio e úmido (Feng Han Shi Bi Zheng), com sintomas de dores nas articulações dos membros superiores, em particular, nos ombros e articulações dos dedos.

Combina-se com Du Huo, Fang Feng, Jiang Huang, Dang Gui e Chi Shao.

Indicação e dosagem:

3 a 10 g.

Precauções:

Esta erva não pode ser aplicada em pacientes que sofrem de artralgia com insuficiência do sangue.

IX. Bai Zhi 白芷 Radix Angelicae Dahuricae

In Natura — Processada

Angelica dahurica Benth. et Hook.

Radix Angelicae Dahuricae

Natureza – Sabor – Correspondência ao canal:

Xin (picante), Wen (morna); Co-canal: Fei (pulmão), Wei (estômago), Pi (baço).

Funções:

- Eliminar síndrome superficial e dispersar vento; desobstruir orifícios e anestesiar a dor.
- Secar umidade e reter leucorreia.
- Desinchar e expelir pus.

Aplicação e combinação:

- Eliminar síndrome superficial e dispersar vento; desobstruir orifícios e anestesiar dor.
- Eliminar síndromes superficiais e dispersar vento.
  Por esta função a erva trata afecção causada por vento frio exterior, acompanhada de dor de cabeça, entupimento nasal. Combina-se com Fang Feng, Qiang Huo, Jing Jie etc.
- Desobstruir orifícios e anestesiar dores:
— dor de cabeça de Yang Ming, dor dos ossos da sobrancelha (frontal) e dor de cabeça causada por vento externo:
— em caso de vento frio: usa-se mono-erva, ou combina-se com Jing Jie, Fang Feng etc.;
— em caso de vento quente: combina-se com Bo He, Mang Jing Zi etc.;
— dor frontal (sinusite), combina-se com Xin Yi, Cang Er Zi.

  Dor de dentes:
— quando é causada por vento frio: combina-se com Xi Xin;
— quando é causada por vento quente, combina-se com Shi Gao e Huang Lian etc.

- Secar umidade e reter leucorreia:
- Em caso de frio úmido, combina-se com Bai Zhu, Shan Yao.
- Em caso de calor úmido, combina-se com Che Qian Zi, Huang Bai.
- Desinchar e expelir pus: aplicação externa.

Indicação e dosagem:

3 a 10g.

Dosagem para aplicação externa depende do caso concreto.

Precauções:

É proibido usar em pacientes com insuficiência de Yin e, a dosagem deve ser reduzida gradualmente quando a tumefação se tornar ulcerosa e purulenta.

X. Xi Xin 细辛 Herba Asari cum Radice

In Natura — Processada

Asarum sieboldii Miq. — *Herba Asari cum Radice*

Natureza – Sabor – Correspondência ao canal:

Xin (picante), Wen (morna) e Duo (tóxica). Co-canal: Fei (pulmão), Shen (rim).

Funções:

- Expelir vento patogênico e dispersar frio para anestesiar a dor.
- Dispersar frio e eliminar síndrome superficial.
- Aquecer o pulmão e desfazer fleuma.
- Desobstruir orifícios.

Aplicação e combinação:

- Expelir vento patogênico e dispersar frio para anestesiar a dor:
  Esta erva funciona para anestesiar dores:

1) Em caso de dor de cabeça causada por vento patogênico, combina-se com Chuan Xiong, Jing Jie etc.
2) Em caso de artralgia, combina-se com Fang Feng, Du Zhong e Sang Ji Sheng etc.
3) Em caso de dor de dentes:
a) dor causada por frio: usa-se como mono-erva, com dosagem menor de 2 gramas, fazendo sopa para uso interno ou para bochechar;
b) dor causada por calor proveniente da ascensão do fogo gástrico: combina-se com Shi Gao, Huang Qin.

- Dispersar frio e eliminar síndrome superficial:
1) Em caso de gripe por vento frio, caracterizado por arrepio intenso e dor dos membros, combina-se com Fang Feng e Qiang Huo etc.
2) Em caso de gripe por insuficiência do Yang, combina-se com Fu Zi, Xi Xin e Ma Huang etc.

- Aquecer o pulmão e desfazer fleuma:
  Em caso de tosse ofegante com existência de catarro e fleuma, combina-se com Gan Jiang, Xi Xin e Wu Wei Zi etc.

- Desobstruir orifícios:
  Funciona principalmente para desobstruir os orifícios nasais:
1) Em caso de obstrução nasal e sinusite, combina-se com Xin Yi e Bai Zhi, etc.
2) Em caso de obstrução do orifício acompanhada de inconsciência mental súbita, deve-se recorrer ao socorro imediato: soprar para introdução do pó de Xi Xin no orifício nasal.

Indicação e dosagem:

2 a 5 g. (para sopa) e 0.5 a 2 g. (para aplicação em pó).

A dosagem de aplicação externa deve estar dentro do limite adequado.

Precauções:

- A dosagem em pó deve ser bem controlada.
- É proibido aplicar em pacientes que sofram de insuficiência do Qi e com suor abundante; que sofram de hiperatividade do Yang e insuficiência do Yin, e que sofram de tosse caracterizada por calor pulmonar devido a insuficiência do Yin.

XI. Gao Ben 藁本 Rhizoma et Radix Ligustici

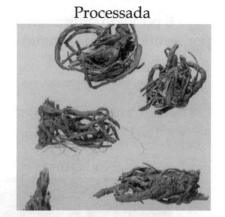

Ligusticum sinense Oliv.   *Rhizoma et Radix Ligustici*

Natureza – Sabor – Correspondência ao canal:

Xin (picante), Wen (morna). Co-canal: Pang Guang (bexiga).

Funções:

- Estimular a difusão para eliminar síndrome superficial e dispersar o frio.
- Expelir vento e dominar a umidade para anestesiar dor.

Aplicação e combinação:

- Estimular a difusão para eliminar síndrome superficial e dispersar o frio:

    A presente erva é capaz de anestesiar a dor do ápice causada por vento frio exopatogênico, combina-se com Xi Xin, Chuan Xiong.

- Expelir vento e dominar umidade para anestesiar dor:

    A erva é muito apropriada para anestesiar artralgia causada por frio úmido, combinando-se com Qiang Huo, Fang Feng e Wei Ling Xian.

Indicação e dosagem:

3 a 10 g.

Precauções:

É proibido utilizar em pacientes que sofram de dor de cabeça por insuficiência de sangue ou por febre.

XII. Cang Er Zi 苍耳子 Fructus Xanthii

Xanthium sibiricum Patr.

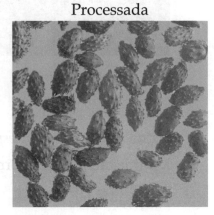

Fructus Xanthii

Natureza – Sabor – Correspondência ao canal:

Xin (picante), Ku (amarga), Wen (morna). Co-canal: Fei (pulmão).

Função:

Estimular a difusão para dispersar vento frio e desobstruir os orifícios nasais, tratando: dor de cabeça por vento frio que causou sinusite.

Aplicação e combinação:

- Remove obstrução nasal dispersando vento frio. É indicada para rinorreia com constante descarga nasal turva e anosmia, comumente utilizada em combinação com Xin Yi e Bai Zhi. Caso ocorra sinais de calor, combina-se com Huang Qin e Bo He. Como esta substância expele vento e frio, ela pode ser usada para tratar dor de cabeça devido a vento frio, podendo ser combinada com Fang Feng e Bai Zhi.
- Elimina vento e umidade. É indicada para tratar dor reumática. Para isto é combinada com outras substâncias antirreumáticas.
- Também indicada para tratar urticária e pruridos (incluindo o da rubéola).

Dosagem:

3 a 10 g.

Precauções:

Esta erva é levemente tóxica, devendo controlar a dosagem.

XIII. Xin Yi 辛夷 Flos Magnoliae

In Natura

Magnolia liliflora Desr.

Processada

Flos Magnoliae

Esta erva é o botão seco da flor da árvore Magnólia.

A erva Xin Yi é uma substância importante para curar dor de cabeça e obstrução nasal (sinusite).

Sinonímia: Mu Bi Hua.

Natureza – Sabor – Correspondência ao canal:

Xin (picante), Wen (morna); Co-canal: Fei (pulmão) e Wei (estômago).

Funções:

Dispersa vento e frio e remove obstrução nasal, comumente usada para tratar rinorreia.

Aplicação e combinação:

No caso de rinorreia agravada com obstrução nasal, anosmia, descarga turva persistente, tonteira e dor de cabeça, ela pode ser utilizada como mono-erva ou combinada com Cang Er Zi.

Se o frio predominar, utilize em combinação com Xi Xin e Bai Zhi; se o calor predominar, utilize junto com Huang Qin e Bo He.

Dosagem:

3 a 10 g para uso oral. Para uso externo pode ser usada em forma de óleo, emulsão ou pó.

Precauções:

Sendo um tipo de botão de flor, com muito pelo, deve-se cozinhar embrulhado a fim de não irritar a garganta.

SEÇÃO II

辛凉解表药 Xin Liang Jie Biao Yao

Substâncias picantes e frescas que eliminam síndromes superficiais

Características comuns:

Xin Liang Jie Biao Yao são ervas medicinais com as seguintes características:

- Natureza e sabor: fresca e picante.
- Função: estimular a difusão para dispersar o vento quente; a força sudorífera é relativamente moderada, possuindo, em ligeiro grau, certa função antipirética.
- Adaptabilidade: síndromes superficiais causadas por vento quente exopatogênico, com os seguintes sintomas: febre alta, leve arrepio ao frio, boca levemente seca mas com faringe bem seca, sem suor (ou com suor), revestimento da língua fino e amarelo, pulso superficial e rápido.

I. Bo He 薄荷 Herba Menthae

In Natura

Mentha haphocalyx Briq.

Processada

Herba Menthae

Natureza – Sabor – Correspondência ao canal:

Xin (picante), Liang (fresca). Co-canal: Gan (fígado), Fei (pulmão).

Funções:

- Enfraquecer e dispersar o vento quente; acomodar a cabeça e clarear a vista.

- Eliminar síndrome superficial e promover a eclosão do sarampo.

- Suavizar o fígado e desfazer a estagnação da depressão (Gan Yu).

- Eliminar umidade de verão e dissipar odores.

Aplicação e combinação:

- Enfraquecer e dispersar o vento quente; acomodar a cabeça e clarear a vista:
1) Em caso de início de gripe ou de doença febril (com sintomas de febre alta, pouco arrepio ao frio, dor de cabeça, boca levemente seca, língua vermelha com revestimen-

to fino e branco ou fino e amarelo, pulso superficial e rápido), combina-se com Jing Jie, Yin Hua, Lian Qiao etc.

2) Em caso da dor de cabeça e olhos vermelhos por ataque do vento quente em ascensão, combina-se com Sang Ye, Ju Hua, Man Jing Zi.

3) Em caso de fogo em ascensão atacando a faringe causando inchaço doloroso, combina-se com Gui Zhi, Sheng Gan Cao, Niu Bang Zi etc.

- Eliminar síndrome superficial e promover a eclosão do sarampo:

1) Em caso do sarampo incubado ou sarampo mal desenvolvido, combina-se com Jing Jie, Niu Bang Zi, Lian Qiao etc;

2) Em caso de coceira provocada por rubéola, combina-se com Chan Tui, Espiga da Jing Jie, Di Fu Zi (Fructus Kochiae), Niu Bang Zi etc.

- Suavizar o fígado e desfazer estagnação da depressão (Gan Yu):

Em caso do abafamento torácico causado por estagnação do Qi hepático (depressão) e dor intumescida na região dos hipocôndrios, combina-se com Dang Gui, Bai Shao, Chai Hu etc.

- Eliminar umidade de verão e dissipar odores:

Em caso do calor úmido (de verão) e dos odores acumulados no interior do corpo, causando vertigem, enjoo, dor abdominal e diarreia, combina-se com Huo Xiang, Pei Lan e Bai Bian Dou (vagem branca) etc.

Indicação e dosagem:

2 a 10 g.

Sendo uma substância muito leve, a dosagem deve ser bem controlada e reduzida.

É aconselhável não cozinhar por longo tempo (por volta de 3 minutos), devendo apontar na receita "Cozinhar no final".

Precauções:

Não é conveniente utilizar em paciente com insuficiência de superfície e com suor espontâneo.

II. Niu Bang Zi 牛蒡子 Fructus Arctii – Semente de Bardana

In Natura — *Arctium lappa* L.

Processada — *Fructus Arctii Lappae*

Natureza – Sabor – Correspondência ao canal:

Xin (picante), Ku (amarga), Han (fria). Co-canal: Fei (pulmão), Wei (estômago).

Funções:

- Enfraquecer e dispersar o vento quente.
- Desinflamar e sanear a faringe.
- Promover a difusão pulmonar e favorecer a eclosão do sarampo.
- Desintumescer e reduzir superfícies ulceradas.

Aplicação e combinação:

- Enfraquecer e dispersar o vento quente:

    Utilizada para tratar a fase inicial da gripe causada por vento quente e doenças febris, com sintomas de febre alta, arrepio leve ao frio, dor da faringe, combinando-se com Yin Hua, Lian Qiao, e Jing Jie etc.

- Desinflamar e sanear a faringe:

Em caso de vento quente ou calor pulmonar causando inchaço doloroso da faringe, tosse com expectoração de difícil expulsão, combina-se com Lian Qiao, Gui Zhi, Sheng Gan Cao, Ban Lan Gen.

- Promover a difusão pulmonar e favorecer a eclosão do sarampo:
1) Em caso de incubação do sarampo pelo ataque do vento quente e patógeno venenoso, combina-se com Bo He, Chan Tui;
2) Em caso de febre alta devido à exuberância do veneno quente acumulado, combina-se com Da Qing Ye, Zi Cao*, Sheng Ma, Jing Jie.

- Desintumescer e reduzir superfícies ulceradas:
1) Em caso de furúnculo e tumefação venenosa (ulcerosa), combina-se com Da Huang, Zhi Zi, Lian Qiao.
2) Em caso de tumefação das glândulas mamárias (mastite) causada por calor acumulado no respectivo canal, combina-se com Gua Lou, Lian Qiao, Tian Hua Fen etc.
3) Em caso de parotidite (caxumba) causada por veneno epidêmico, combina-se com Yuan Shen (Xuan Shen), Huang Lian, Ban Lan Gen, etc.

Indicação e dosagem:

3 a 10 g. Toma-se em forma de sopa ou em pó.

Precauções:

Esta erva é fria e bem umedecente ao intestino, não se aplica a pacientes com diarreia devido à insuficiência do Qi.

---

* Zi Cao (Lithospermi seu Arnebiae, Radix) – Substância não descrita no livro.

III. Chan Tui 蝉蜕 Periostracum Cicadae – Casca da Cigarra

In Natura — Processada

Cryptotympana atrata Fabr.   *Periostracum Cicadae*

Natureza – Sabor – Correspondência ao canal:

Gan (doce), Han (fria). Co-canal: Fei (pulmão), Gan (fígado).

Funções:

- Enfraquecer e dispersar o vento quente.
- Promover a eclosão do sarampo e eliminar coceira.
- Clarear a vista e eliminar pterígio.
- Aplacar o vento e controlar o espasmo.

Aplicação e combinação:

- Enfraquecer e dispersar o vento quente:

    Esta erva é utilizada para tratar: afecção causada por vento quente exopatogênico ou fase inicial da doença febril, caracterizada essencialmente por febre e dor de cabeça. Para tal efeito deve-se combinar com Bo He, Lian Qiao, Ju Hua etc.

    Sua função de enfraquecer e dispersar o vento quente significa ter competência de estimular a difusão pulmonar; é também apropriada para reduzir febre e tratar rouquidão, devendo ser combinada com Pan Da Hai*, Niu Bang Zi, Jie Geng, Sheng Gan Cao.

* Pan Da Hai (Sterculiae Scaphigerae, Semen) – Substância não descrita no livro.

- Promover a eclosão do sarampo e eliminar coceira:

1) Em caso de sarampo incubado causado por vento quente exopatogênico, deve-se combinar com Bo He, Niu Bang Zi e Ge Gen para promover eclosão do sarampo.

2) Em caso de rubéola e eczema que causam coceira cutânea, pode-se combinar com Jing Jie, Fang Feng, Ku Shen, Dang Gui e Sheng Di Huang.

- Clarear a vista e eliminar pterígio:

Em caso de existência do vento quente no canal do fígado causando olhos inchados e vermelhos ou pterígio que atrapalha a visão, combina-se com Ju Hua, Bai Ji Li, Jue Ming Zi etc.

- Aplacar o vento e controlar o espasmo:

1) Em caso do ataque do vento quente existente no canal do fígado causando convulsão repentina e pirética da criança, combina-se com Niu Huang, Huang Lian e Jiang Cang (bicho da seda seco).

2) Em caso de choro noturno infantil, pode-se cozinhar Bo He e Gou Teng junto com o pó da presente substância e dar a sopa à criança doente.

3) Em caso de tétano, combina-se com Tian Nan Xing, Tian Ma, Quan Xie (escorpião completo).

Indicação e dosagem:

3 a 10 g. Toma-se em sopa por cozimento.

Precauções:

Por ser muito leve, em geral, a dosagem deve ser muito reduzida, mas, para controlar espasmo a dosagem deve ser maior, acima de 15 g.

Cautela quando utilizar em mulheres grávidas.

IV. Sang Ye 桑叶 Folium Mori Albae – Folha da amoreira

In Natura	Processada

Morus alba L.	Folium Mori Albae

Natureza – Sabor – Correspondência ao canal:

Ku (amarga), Gan (doce), Han (fria). Co-canal: Fei (pulmão), Gan (fígado).

Funções:

- Enfraquecer e dispersar o vento quente.
- Suavizar o fígado e clarear a vista.
- Sanear os pulmões e umedecer a secura.
- Refrescar o sangue e reter hemorragia.

Aplicação e combinação:

- Enfraquecer e dispersar o vento quente:

    Usa-se principalmente para tratar afecção causada por vento quente exopatogênico, frequentemente combina-se com Ju Hua, Bo He, Lian Qiao.

- Suavizar o fígado e clarear a vista:

    Comumente usada para tratar:
1) Tontura e vista borrada por hiperatividade do Yang hepático, acompanhada de mau humor irascível. Combina-se com Ju Hua, Shi Ju Ming, Bai Shao etc.

2) Olhos vermelhos e inchados devido a invasão do vento quente no canal do fígado e ataque do fogo hepático em ascensão (com sintoma de boca amarga e pulso em corda). Combina-se com Ju Hua, Jue Ming Zi, Che Qian Zi etc.
3) Fraqueza da vista por insuficiência do Yin hepático. Combina-se Hei Zhi Ma (gergelim preto) etc.

- Sanear os pulmões e umedecer a secura:

   Usa-se principalmente para tratar lesão pulmonar causada por calor seco (com manifestação clínica: tosse seca com pouca e difícil expectoração, narinas e faringe secas). Frequentemente se combina com Xing Ren, Sha Shen, Mai Dong e Chuan Bei Mu.

- Refrescar o sangue e reter hemorragia:

   Mais utilizada para tratar hematêmese e hemorragia nasal (epistaxe) devido ao calor no sangue, e frequentemente se combina com ervas capazes de refrescar o sangue e reter hemorragia.

Indicação e dosagem:

5 a 10 g.

Em geral usa-se crua. Para aplicação externa: tritura-se para obter o suco e com o suco diluído se faz lavagem aos olhos ou aplicar o triturado diretamente nos olhos.

Precauções:

Para tratar a tosse seca devido ao calor pulmonar, deve-se usar o produto preparado no mel.

V. Ju Hua 菊花 Flos Chrysanthemi – Flor do crisântemo

In Natura | Processada

Chrysanthemun morifolium Ramat. | *Flos Chrysanthemi Morifolii*

Natureza – Sabor – Correspondência ao canal:

Xin (picante), Gan (doce), Ku (amargo), Wei Han (levemente fria). Co-canal: Fei (pulmão), Gan (fígado).

Funções:

- Tem ação dispersiva ao vento e antipirética.
- Suavizar o fígado e clarear a vista.
- Eliminar febre e desintoxicar veneno.

Aplicação e combinação:

- Tem ação dispersiva ao vento e antipirética:

    Para tratar síndrome da afecção por vento quente exopatogênico e a fase inicial da doença febril, combina-se com Jie Geng, Sang Ye, Liang Qiao (Fórmula: Sang Ju Yin).

- Suavizar o fígado e clarear a vista:
1) Em caso de olhos vermelhos, inchados e dolorosos, dor vertiginosa de cabeça, causados por ataque do fogo em ascensão e por vento quente no canal hepático, deve-se combinar com Sang Ye, Xia Ku Cao, Chan Tui.

2) Em caso de ofuscação da vista causada por insuficiência do Yin do fígado e rim, combina-se com Gou Qi Zi, Shu Di Huang, Shan Yu Rou, Shan Yao e Mu Dan Pi. (Fórmula: Qi Ju Di Huang Wan).

3) Para suavizar o Yang hepático e controlar hiperatividade do fígado, com manifestações principais de dor vertiginosa de cabeça, deve-se combinar com Sang Ye, Ju Hua, Shi Jue Ming, Bai Shao, Gou Teng etc. (Fórmula: Ling Jao Gou Teng Tang).

- Eliminar febre e desintoxicar veneno:

  Esta função destina-se a curar tumefações e úlceras venenosas, combinando-se com Sheng Gan Cao, Yin Hua, Pu Gong Ying etc.

Indicação e dosagem:

10 a 15 g.

- Pode-se usar como chá de uso diário para relaxar as artérias coronárias.

- Para tratar afecção por vento quente exopatogênico se usa Huang Ju Hua (de origem de Zhe Jiang).

- Para eliminar calor, clarear a vista e suavizar o fígado se usa Bai Ju Hua (crisântemo branco).

- Para desintoxicar veneno se usa Ye Ju Hua (crisântemo silvestre).

- Para tratar tumefações e úlceras pode-se aplicar Ju Hua fresco e triturado, diretamente na ferida.

Precauções:

Sendo um produto amargo e frio, é aconselhável cautela ao aplicar em pacientes com insuficiência do estômago e baço, e em pacientes com anorexia e diarreia.

VI. Man Jing Zi 蔓荆子 Fructus Viticis

In Natura

Vitex rotundifolia L.

Processada

Fructus Viticis

Natureza – Sabor – Correspondência ao canal:

Xin (picante), Ku (amargo), Wei Han (levemente fria). Co-canal: Pang Guang (bexiga), Gan (fígado), Wei (estômago).

Funções:

- Enfraquecer e dispersar vento quente.
- Acomodar a cabeça e clarear a vista.

Aplicação e combinação:

- Enfraquecer e dispersar vento quente:
  Em caso de tontura e dor de cabeça bem como inchaço doloroso da gengiva, combina-se com Fang Feng, Ju Hua, Chuan Xiong.

- Acomodar a cabeça e clarear a vista:
  Em caso de olhos vermelhos inchados e dolorosos bem como muito lacrimejamento, por causa de ataque do vento quente em ascensão, combina-se com Ju Hua, Chan Tui, Bai Ji Li.

Esta erva tem ainda função secundária de expelir vento e anestesiar dor, tratando artralgias reumáticas.

Indicação e dosagem:

6 a 12 g.

Precauções:

Esta erva funciona apenas para tratar afecção causada pelo vento quente exopatogênico e dor de cabeça e olhos vermelhos e inchados pelo vento quente no canal hepático — ataque do fogo de excesso. Não se pode usar a presente erva em pacientes que sofram do fogo interno devido a insuficiência do sangue ou do Yin.

VII. Dan Dou Chi 淡豆豉 Semen Sojae Preparatum

In Natura   Processada

Glycine max (L.) Merr.   *Semen Sojae Praeparatum*

Natureza – Sabor – Correspondência ao canal:

Xin (picante), Gan (fígado), Wei Ku (levemente amargo), Han (fria). Co-canal: Fei (pulmões), Wei (estômago).

Funções:

- Eliminar síndrome superficial.
- Diminuir disforia.

Aplicação e combinação:

- Eliminar síndrome superficial:

    A presente erva é capaz de tratar afecção causada tanto por vento frio quanto por vento quente exopatogênico:

    1) Em caso de vento frio, combina-se com o caule do alho-porro.
    2) Em caso de vento quente, combina-se com Bo He, Jing Jie, Niu Bang Zi, Liang Qiao.

- A presente erva é capaz tanto de desbloquear a barreira superficial para dispersar o patógeno, quanto enfraquecer e expelir a depressão acumulada no peito, tirando assim a disforia estagnada no peito. Deve-se combinar com Zhi Zi etc.

Indicação e dosagem:

10 a 15 g.

Precauções:

Quando é preparada na sopa da Ma Huang e Su Ye, adquire a propriedade da natureza morna e sabor picante; e na sopa de Sang Ye e Qing Hao, adquire a propriedade fria e picante.

VIII. Ge Gen 葛根 Radix Puerariae

In Natura Processada

Pueraria lobota (Willd.) Ohwi.   *Radix Puerariae*

Natureza – Sabor – Correspondência ao canal:

Xin (picante), Gan (doce), Liang (fresca). Co-canal: Pi (baço), Wei (estômago).

Funções:

- Promover difusão na camada superficial e aliviar músculos.
- Produzir líquido Jin e matar a sede.
- Promover eclosão do sarampo.
- Animar o Yang ascendendo-o e reter diarreia.

Aplicação e combinação:

- Promover difusão na camada superficial e aliviar músculos:
1) Usa-se para tratar afecção superficial causada por vento frio exopatogênico, cujas manifestações são: dor de cabeça na região occipital e rigidez muscular na região da nuca e costas e sem suor. Para esse efeito deve-se combinar com Ma Huang, Gui Zhi e Shao Yao (Fórmula: Ge Gen Tang);
2) Em caso de afecção superficial por vento quente exopatogênico, com existência simultânea de calor interno, combina-se com Huang Qin, Shi Gao, Chai Hu, etc.

3) Em caso de afecção superficial por vento frio exopatogênico que, por aglomeração, se transforma em calor, com manifestações corpóreas de: arrepio progressivo, febre alta em todo o corpo, dor de cabeça e dos membros, dor ocular e secura nasal, disforia e insônia, deve-se combinar com Shi Gao, Chai Hu, Tian Hua Fen, Lu Gen (Fórmula: Chai Ge Jie Ji Tang).

- Promover eclosão do sarampo: aplica-se para promover a eclosão do sarampo, combina-se com Sheng Ma, etc.

- Produzir líquido Jin e matar a sede:

  Esta erva é capaz de animar o Qi gástrico ascendendo para produzir o líquido Jin e matar a sede, dando tratamento para sanear o Jin prejudicado por causa do calor patogênico e assim, matando a sede; ou semeando o Jin prejudicado devido a doença "Xiao Ke" (diabetes). Para tal efeito, deve-se combinar com Huang Qi, Tian Hua Fen, e Mai Dong, etc.

- Animar o Yang ascendendo-o e reter diarreia:

1) Em combinação com Huang Qin, Huang Lian etc., a presente erva é capaz de estimular a ascensão do Qi Puro do baço e o Yang Qi gástrico para reter diarreia ou disenteria.

2) Em combinação com Ren Shen e Fu Ling, Ge Gen vai funcionar para reter diarreia devido à insuficiência do baço.

Indicação e dosagem:

10 a 20 g. Para tratar síndromes de insuficiência do baço se usa "Wei Ge Gen".

Precauções:

- Seja cauteloso na aplicação nos casos de frio no estômago.
- É proibido usar a presente erva para casos de suor abundante acompanhado de insuficiência da camada superficial.

IX. Sheng Ma 升麻 Rhizoma Cimicifugae

In Natura

Processada

 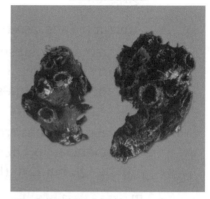

Cimicifuga foetida L.   *Rhizoma Cimicifugae*

Natureza – Sabor – Correspondência ao canal:

Xin (picante), Gan (doce), Wei Han (levemente fria). Co-canal: Fei (pulmão), Pi (baço), Da Chang (intestino grosso), Wei (estômago).

Funções:

- Estimular difusão na camada superficial;
- Animar o Yang, ascendendo-o para sustentar o prolapso;
- Eliminar calor e desintoxicar veneno.

Aplicação e combinação:

- Estimular difusão na camada superficial:

  A presente erva tem uma propriedade de funcionar em sentido ascensivo e dispersivo, é capaz de eliminar calor venenoso, estimular difusão na camada superficial promovendo eclosão do sarampo. Por isso, a erva funciona para tratar:

1) Dor de cabeça causada por vento quente exopatogênico, combinando-se com Shi Gao e Bai Zhi, etc.

2) Sarampo na fase inicial ou sarampo incubado, combinando-se com Ge Gen etc. Em caso do calor exuberante do sarampo, combina-se com Zi Cao, Niu Bang Zi e Da Qing, etc.

- Animar o Yang, ascendendo-o para sustentar o prolapso:

1) Em caso de prolapso do reto devido à insuficiência do Qi e diarreia crônica e em caso de prolapso do estômago e do útero, combina-se com Huang Qi, Ren Shen, Chai Hu etc.

2) Em caso de metrorragia ou hemorragia uterina devido à insuficiência do Qi, combina-se com Ren Shen, Chai Hu, Huang Qi, Bai Zhu (Fórmula: Ju Yuan Jian).

- Eliminar calor e desintoxicar veneno:

1) Em caso de dor de cabeça, inchaço doloroso da gengiva e úlceras bucais, causada por calor patogênico do Yang ming (devido a ascensão do fogo estomacal), combina-se com Huang Lian, Sheng Di, Dan Pi etc.

2) Em caso de acumulação do calor venenoso causando: erisipela, caxumba, combina-se com Huang Lian, Ban Lan Gen, etc.

3) Em caso de máculas (manchas sanguíneas) causada por veneno epidêmico, combina-se com Shi Gao, Dan Pi, Da Qing Ye etc.

4) Em caso de úlceras, furúnculos e coceira cutânea, combina-se com Yin Hua, Lian Qiao, Pu Gong Ying etc.

Indicação e dosagem:

3 a 10 g. Para obter efeito de ascender e sustentar o Yang Qi, melhor é usar Zhi Sheng Ma.

Precauções:

Sendo este produto de propriedade ascensiva e flutuante, é proibido aplicar em pacientes que sofram de edema por insuficiência do Yin; que sofram inversão do Qi com falta de ar ou soluço constante ou em paciente com sarampo já eclodido.

X. Chai Hu 柴胡 Radix Bupleuri

In Natura

Processada

Bupleurum scorzonerifolium Willd.

Radix Bupleuri

Natureza – Sabor – Correspondência ao canal:

Xin (picante), Ku (amargo), Wei Han (levemente fria). Co-canal: Gan (fígado), Dan (vesícula biliar).

Funções:

- Exercer reconciliação e reduzir febre.
- Manter o livre fluxo do fígado e relaxar a depressão acumulada.
- Levantar e sustentar o Yang Qi.

Aplicação e combinação:

- Exercer reconciliação e reduzir febre:
1) Tratar doenças febris caracterizadas por existência do patógeno no canal Shao Yang, calor biliar e estagnação do Qi (depressão acumulada), com síndromes de febre e arrepios alternados, angústia profunda no peito e no hipocôndrio, boca amarga. A presente erva sempre é primordial para tratar tal síndrome, combinando-se com Huang Qin etc.
2) Funciona para tratar calor interno enquanto subsiste resto de patógeno na camada superficial (com manifestação de:

dor intumescida no hipocôndrio ou nos seios e menstruação irregular), combinando-se com Ge Gen, Huang Qin.
- Manter livre o fluxo do fígado e relaxar a depressão acumulada:
1) É erva importante para desbloquear depressão hepática acumulada e estagnação do Qi, combinando-se com Bai Shao, Chuan Xiong, Zhi Qiao, Dang Gui, Bo He, etc. (Fórmula: Xiao Yao San).
2) Para tratar dor no hipocôndrio por estagnação do Qi depressivo no fígado ou por contusão externa (queda ou pancadas etc.), combinando-se com Xiang Fu, Chuan Xiong, Shao Yao etc.
- Levantar e sustentar o Yang Qi:

Quando se combina com Sheng Ma, Huang Qi (Fórmula: Bu Zhong Yi Qi Tang), funciona para tratar colapso do reto e do útero, devido a insuficiência do Qi, bem como fôlego curto e fraqueza do corpo.

Além disso, a presente erva quando combinada com Huang Qin, Chang Shan etc. pode também tratar febre alternada da malária.

Indicação e dosagem:

3 a 10 g.

- É sempre melhor usar a presente erva em estado cru para efeito de reconciliar e reduzir febre.
- É aconselhável usar esta erva preparada no vinagre para pôr livre o fluxo do fígado e desbloquear a depressão estagnada.
- Deve usar Chai Hu preparada no sangue de tartaruga para tratar exaustão óssea e osteopirexia (evaporação do osso).

Precauções:

Sendo de propriedade ascensiva e dispersiva, a presente erva é proibida de aplicar em pacientes que sofram de insuficiência do Yin do fígado e do rim, bem como em pacientes com hiperatividade do fígado.

CAPÍTULO II

清热药 Qing Re Yao
Substâncias que eliminam calor

I. Conceito:

Denominam-se ervas antipiréticas todas as substâncias medicinais que eliminam calor endógeno.

Calor endógeno:

São síndromes patogênicas de calor interno formadas pela penetração do patógeno exterior; ou síndrome de excesso de calor gerado nos órgãos/vísceras quando estes são atingidos diretamente pela agressão do calor patogênico.

Manifestações clínicas de calor endógeno:

Rosto rosado e corpo em febre, boca seca com vontade de beber água gelada, disforia, urina amarela escura, língua vermelha com revestimento amarelo e pulso rápido.

II. Propriedades terapêuticas predominantes:

As ervas antipiréticas são de natureza fria. Segundo "Su Wen. Tratado Fundamental sobre Assuntos de Grande Importância": "Aos casos de calor deve-se fazer resfriamento". E no clássico "Shen Nong Ben Cao Jing": "Deve-se aplicar o frio para tratar casos de calor".

Funções:

Eliminar todo o tipo de calor patogênico, eliminar calor para purgar veneno, eliminar calor para refrescar o sangue, laxar todo o tipo do calor de insuficiência.

Adaptabilidade terapêutica:

Síndromes de exuberância do calor endógeno com ausência do patógeno na camada superficial. Por exemplo: febre alta de grave doença febril; calor interno por consumo do Yin; diarreia ou disenteria devido ao calor úmido; púrpuras devido a veneno epidêmico; furúnculos/úlceras; febre de maré por insuficiência do Yin e calores patogênicos nos órgãos/vísceras.

III. Classificações e respectivas propriedades terapêuticas:

As síndromes de calores internos diferenciam-se em: síndrome de excesso do Qi/Xue e síndrome de insuficiência do Qi/Xue, e correspondentemente, ervas antipiréticas diferenciam-se de acordo com suas funções de tratamento. De acordo com as aplicações clínicas, as classificações são as seguintes:

- Ervas antipiréticas e purgantes, cuja função principal é purgar (drenar) o calor patogênico na camada Qi Fen, usam-se essencialmente para tratar doenças febris ou doenças de febre alta e grave arrepio em alteração, com existências do calor na camada de Qi Fen caracterizado por: febre alta, disforia e suor abundante, pulso impetuoso.

- Ervas antipiréticas para secar umidade, cuja função principal é tratar doenças tais como diarreia e disenteria, ictericia, causadas por calor úmido.

- Ervas antipiréticas para refrescar o sangue, cuja função principal é eliminar limpando o calor patogênico que se encontra na camada de Ying Fen/Xue Fen, e tratar síndromes com hematêmese, hemorragia nasal e púrpura, etc.

- Ervas antipiréticas para desintoxicar venenos, cuja função principal é eliminar calor e purgar fogo, predominantemente em desintoxicar venenos, tratando furúnculos, úlceras, erisipela, caxumba, inchaço doloroso da faringe/laringe e outras doenças com exuberância do calor venenoso.

- Ervas para eliminar calor de insuficiência. Este grupo de ervas funciona para eliminar calor gerado devido à insuficiência do Yin; calor de insuficiência por evaporação óssea etc.

IV. Algumas precauções que devem ser tomadas na aplicação das ervas antipiréticas:

- Seja cautelosa na aplicação em pacientes que sofram de insuficiência do estômago e de baço, e aos pacientes que sofram de diarreias/anorexia.

- Seja cautelosa na aplicação em pacientes com seu Yin em insuficiência e seu Jin prejudicado.

- Além de tratar síndromes de calor interno devido à insuficiência do Yin, as ervas antipiréticas funcionam ainda para tratar síndromes de exuberância do calor de excesso por meio de eliminação do calor patogênico. Sendo portanto imperioso fazer corretamente o "Bian Zheng Lun Zhi", para diferenciar exatamente as síndromes entre "Yin Cheng Yang Ge" (Yang rejeitado pela exuberância mórbida do Yin) e "Zhen Han Jia Re" (frio verdadeiro contra o calor falso), não se permitindo aplicar as ervas com o mínimo de negligência.

SEÇÃO I

清热泻火药 Qing Re Xie Huo Yao
Substâncias que eliminam calor e purgam o fogo

I. Conceito:

São denominadas ervas Qing Re Xie Huo Yao (ervas antipiréticas e purgantes ao fogo) todas as substâncias medicinais que funcionam para eliminar calor patogênico na camada do Qi Fen e tratam síndromes de calor de excesso na camada Qi Fen.

II. Características comuns:

Natureza – Sabor – Correspondência ao canal:
A grande maioria são de natureza fria e de sabor doce.

Funções:
Predominantemente, funcionam para eliminar calor patogênico na camada Qi Fen (calor interno nos órgãos/vísceras).

III. Adaptabilidades terapêuticas:

Calor de excesso na camada Qi Fen, com síndromes de: febre alta, boca seca, suor, disforia (até delírio), confusão mental, pulso deslizante, rápido e impetuoso, língua vermelha etc.

I. Shi Gao 石膏 Gypsum – Gesso cru ou sulfato de cálcio

In Natura

Gypsum

Processada

Gesso Cru – Sulfato de Cálcio

Natureza – Sabor – Correspondência ao canal:

Xin (Picante), Gan (Doce), Da Han (muito frio). Co-canal: Fei (pulmão) Wei (estômago)

Funções:

- Eliminar calor e drenar fogo (purgar fogo), tirar disforia e matar sede.
- Eliminar calor e reduzir tumefações ulcerosas.

Aplicação e combinação:

- Eliminar calor e drenar fogo (purgar fogo), tirar disforia e matar sede:
1) Purgar calor de excesso na camada de Qi Fen:
a) Em caso do calor patogênico se encontrar na camada de Qi Fen dos pulmões do estômago, com manifestações de: febre alta no corpo, suor abundante, boca muito seca e pulso impetuoso (três síndromes de "muito"), combina-se frequentemente com Zhi Mu (Fórmula: Bai Hu Tang).
b) Em caso de síndrome de calor do Qi e Xue, que provoca febre alta permanente e seguidamente púrpura e exantema,

combina-se com Xi Jiao (chifre de rinoceronte), Dan Pi, Xuan Shen, e outras ervas capazes de refrescar o sangue.

2) Purgar calor do Fei:

Em caso do calor exuberante acumulado nos pulmões, com manifestações de: calor pulmonar com tosse arfante e expectoração grossa e difícil, febre e boca seca, combina-se com Ma Huang, Xing Ren.

3) Purgar calor do Wei:

a) Em caso de dor de cabeça, inchaço doloroso da gengiva e úlcera estomacal causados por ascensão do fogo gástrico, combina-se com Sheng Di, Zhi Mu, Niu Xi etc.

b) Em caso de vômito devido ao calor gástrico, combina-se com Ban Xia, Zhu Ru etc.

- Eliminar calor e reduzir tumefações ulcerosas:

Usa-se em forma de aplicação externa, com a erva passada no fogo e moída em pó, aplicar na ferida, podendo tratar úlceras purulentas cuja superfície não se reduz ou tratando eczema, feridas de queimadura ou ferimento mecânico com escorrimento de sangue.

Deve-se misturar a mono-erva no sangue de tartaruga ou no molho de Huang Bai.

Indicação e dosagem:

15 a 60 g.

- Em caso de doença grave pode-se aumentar adequadamente a dosagem.
- Por via oral se usa em forma de sopa, com gesso cru triturado em pó e cozinhando-se primeiro, escrevendo na prescrição: cozinhar primeiro, colocando atrás da erva e por cima da dosagem.

Precauções:

Seja cauteloso na aplicação a pacientes com insuficiência no estômago e no baço.

II. Zhi Mu 知母 Rhizoma Anemarrhenae

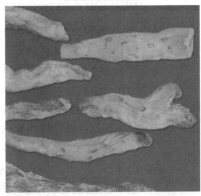

In Natura — *Anemarrhena asphodeloides* Bge.

Processada — *Radix Anemarrhenae*

Natureza – Sabor – Correspondência ao canal:

Ku (amargo), Gan (doce), Han (fria), Co-canal: Fei (pulmão) Wei (estômago), Shen (rins)

Funções:

- Eliminar calor, purgar (drenar) fogo.
- Nutrir o Yin e umedecer secura.

Aplicação e combinação:

- Eliminar calor, purgar (drenar) fogo:
  Mediante ação medicinal antipirética e nutritiva ao Yin e frequentemente em combinação com Shi Gao, a presente erva funciona para tratar síndrome de disforia e boca seca caracterizada por exuberância do calor nos pulmões e no estômago, isto é, calor de excesso na camada de Qi Fen. Por exemplo: Fórmula: Bai Hu Tang.

- Nutrir o Yin e umedecer secura:

1) Eliminar o calor pulmonar e umedecer a secura pulmonar, tratando a tosse seca devido ao calor no pulmão ou tosse

137

seca devido à insuficiência do pulmão, cuja manifestação consiste em dificuldade de expelir catarro grosso. Para este efeito deve-se combinar com Bei Mu, erva umedecente ao pulmão e expectorante.

2) Nutrir o Yin e purgar o fogo, tratando síndrome da exuberância do fogo devido à insuficiência do Yin, geralmente são doenças de mistura:

a) Em caso de osteopiroxia (calor úmido nos ossos) e febre de maré, suor noturno, espermatorreia acompanhada de sonho sexual, combina-se com Huang Bai etc. (Fórmula: Zhi Bai Di Huang Wan).

b) Em caso da síndrome Xiao Ke (diabete, no aquecedor médio e inferior) devido à insuficiência do Yin, caracterizada por boca seca, muita vontade de beber e muita urina, combina-se com Tian Hua Fen, Wu Wei Zi, Huang Qi etc.

c) Em caso de síndrome de febre noturna e arrepio na madrugada, por se encontrar na última fase da doença febril, na qual o patógeno fica penetrado na substância Yin e o líquido orgânico Yin ficar exaurido, de modo que o paciente sofre grande angústia com calor nos cinco centros e não tem suor após retirada da febre, deve-se combinar com Bie Jia (casca de tartaruga) e Sheng Di.

Indicação e dosagem:

6 a 12 g.

- Usa-se a erva crua (não preparada) para fins antipirético e purgante.

- Usa-se a erva tratada no sal (Yan Zhi Mu), apropriada para eliminar o calor de insuficiência existente no aquecedor inferior.

Precauções:

Esta erva é de natureza fria e umedecente, muito purgante ao intestino; não é adequada a pacientes que sofram de diarreia com insuficiência do baço.

III. Lu-Gen 芦根 Rhizoma Phragmitis Communis – Raiz de Junco

In Natura

Processada

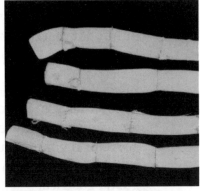

Phragmites communis Trin.

Rhizoma Phragmitis Communis

Natureza – Sabor – Correspondência ao canal:

Gan (doce), Han (fria). Co-canal: Fei (pulmão), Wei (estômago)

Funções:

- Eliminar calor e fazer nascer o fluido Jin, afastar disforia e matar a sede.
- Reter o vômito.
- Promover diurese e favorecer a eclosão do sarampo.

Aplicação e combinação:

- Eliminar calor e fazer nascer o fluido Jin, afastar disforia e matar a sede:

1) Em caso de disforia, boca seca e língua vermelha devido ao líquido Yin consumido pela doença febril, combina-se com Mai Dong, Tian Hua Fen; caso a febre for alta, combina-se com Shi Gao e Zhi Mu.

2) Usa-se também esta erva para tratar afecção causada por vento quente exopatogênico com manifestação de boca seca e o Jin reduzido, combinando-se com Ju Hua, Yin Hua, Bo He (Fórmula: Sang Ju Yin e Yin Qiao San).

3) Para sanear o pulmão eliminando o calor ou tratando a tosse devido ao calor no pulmão com expectoração grossa, combina-se com Jie Gen, Yin Hua, Bo He etc.

Esta erva, em combinação com Yi Ren, Yu Xin Cao, Yin Hua e Dong Gua, funciona também para tratar abscesso pulmonar caracterizado por expectoração purulenta, e expelir o pus.

- Reter o vômito:

  A sopa grossa da mono-erva ou a sopa normal da combinação com Zhu Ye e Pi Pa Ye, dá para sanear o estômago, reter o vômito, curando inversão do alimento por calor no estômago. A sopa da mono-erva é utilizada para tirar angústia gástrica.

- Promover diurese e favorecer a eclosão do sarampo:

  Funciona para favorecer a urina saneando o sistema urinário, com propriedade terapêutica mais para curar oligúria de cor amarela-escura ou frequência urinária com sensação dolorosa, e curar doenças de umidade. Deve-se combinar com Bai Mao Gen, Che Qian Cao etc.

  Este produto serve também para tratar sarampo incubado, na sua fase inicial, ou prevenir o sarampo.

Indicação e dosagem:

10 a 30 g.

O Lu Gen fresco pode ser tomado com dosagem duplicada e até mais. O suco fresco é antipirético e promove nascimento do fluido orgânico.

Precauções:

Seja cauteloso na utilização em pacientes com insuficiência do estômago e baço.

IV. Tian Hua Fen 天花粉 Radix Trichosanthis

Sinonímia: Gua lou gen, 瓜蒌根, nome antigo no "Clássico Original" (本经)

In Natura

Trichosanthes kirilowii Maxim.

Processada

Radix Trichosanthis

Natureza – Sabor – Correspondência ao canal:

Ku (amargo), Wei Gan (levemente doce), Han (fria). Co-canal: Fei (pulmão), Wei (estômago)

Funções:

- Eliminar calor e produzir fluido.
- Desintumescer e expelir pus.

Aplicação e combinação:

- Eliminar calor e produzir fluido:

1) Em caso de doenças febris, em que o fluído Jin fique reduzido, com manifestação de boca seca e angústia, combina-se com Lu Gen e Mao Gen etc.

2) Em caso de doença "Xiao Ke" (diabete) devido ao calor interno por insuficiência do Yin, combina-se com Ge Gen, Mai Dong.

3) Em caso de tosse devido ao calor no pulmão, caracterizada por tosse seca e expectoração grossa, hemoptise etc., combina-se com Bei Mu, Sang Bai Pi, Gui Zhi etc.

- Desintumescer e expelir pus:

    É utilizada a erva para tratar tumefação purulenta ou úlceras. Por exemplo: em combinação com Ru Xiang trata "Ru Yong" (hiperplasia mamária); em combinação com o pó do feijão roxo, de igual dosagem, bem misturada com vinagre formando uma pomada, dá para tratar tumefação não aberta untando a superfície afetada.

Indicação e dosagem:

10 a 15 g.

Toma-se em decocto, em glóbulos ou em pó. Para aplicação externa se mistura ao vinagre.

Precauções:

É proibido usar em pacientes com diarreia por insuficiência do estômago e baço.

V. Zhi Zi 栀子 Fructus Gardeniae

In Natura

Gardenia jasminoides Ellis

Processada

Fructus Gardeniae

Natureza – Sabor – Correspondência ao canal:

Ku (amargo), Han (fria). Co-canal: Fei (pulmão), Xin (coração), Wei (estômago) e San Jiao (triplo aquecedor).

Funções:

- Purgar (drenar) o fogo e afastar disforia.
- Eliminar calor e favorecer diurese.
- Refrescar o sangue e desintoxicar veneno.

Aplicação e combinação:

- Purgar (drenar) o fogo e afastar disforia:
1) Eliminar, dispersando o calor acumulado: um tipo de calor acumulado no tórax, com incômodo intangível e não relaxado, caracterizado por síndrome de angústia apreensiva. Combinando-se com Dan Dou Chi.
2) Purgar o fogo e eliminar calor: em caso da exuberância do calor venenoso e consequentemente febre alta e confusão mental, ou nervosismo/inquietação, combina-se com Huang Lian, Huang Qin, Lian Qiao.

- Eliminar calor e favorecer diurese:
  Em caso de icterícia causada por acumulação de calor úmido no fígado e vesícula biliar, caracterizada por corpo amarelo brilhante, febre, oligúria amarela-escura, combina-se com Yin Chen e Da Huang etc.

- Refrescar o sangue e desintoxicar veneno:
  Em caso de hematêmese, hemorragia nasal ou hematúria, devido ao calor penetrado na fase de Xue Fen e agitação do calor no sangue, combina-se com Mao Gen, Sheng Di, Huang Qin.

  Nota: untar a região do inchaço por contusão mecânica com a pomada feita do pó de Zhi Zi cru misturado no vinagre ou água, dá efeito de reduzir inchaço e dor.

Indicação e dosagem:

3 a 10 g.

- Dosagem para aplicação externa deve ser controlada adequadamente.

- Convém usar a erva crua para eliminar calor e drenar o fogo.
- Deve-se usar tostada para refrescar o sangue ou reter hemorragia.

Precauções:

É proibido utilizar em pacientes que tenham diarreia por insuficiência do baço ou anorexia.

VI. Xia Ku Cao 夏枯草 Spica Prunellae

In Natura

Prunella vulgaris L.

Processada

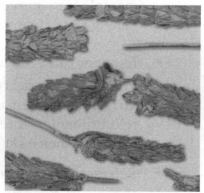

Spica Prunellae Vulgaris

Natureza – Sabor – Correspondência ao canal:

Ku (amargo), Xin (picante), Han (fria). Co-canal: Gan (fígado), Dan (vesícula biliar).

Funções:

- Eliminar o fogo do fígado.
- Amolecer e dispersar nódulos causados por depressão hepática acumulada.
- Baixar tensão arterial.

Aplicação e combinação:

- Eliminar o fogo do fígado:

1) Para tratar síndrome de inflamação ocular, dor de cabeça, fotofobia com lacrimejação e vertigem, combina-se com Shi Jue Ming, Ju Hua, Chan Tui ou mono-erva.

2) Para tratar dor do globo ocular que se agrava durante a noite, causada por insuficiência do sangue do fígado, combina-se com Dang Gui, Sheng Di, Bai Shao etc. e outras ervas tonificantes do sangue do fígado.

- Amolecer e dispersar nódulos causados por depressão hepática acumulada:

Para tratar nódulos de Lei Li (nódulos linfáticos, escrófula, hiperplasia da glândula mamária) e Yin Liu (bócio, tumor de tireoide), pode-se tomar a sopa da mono-erva ou aplicar mono-erva em pomada e untar a região afetada, podendo combinar com Yuan Shen, Mu Li, Kun Bu.

- Baixar tensão arterial:

Esta erva em combinação com Gou Teng, Di Long e Du Zhong é utilizada para tratar hipertensão arterial alta.

Indicação e dosagem:

10 a 15 g. A dosagem de mono-erva pode aumentar adequadamente, ou tomar em decocto.

Precauções:

Seja cauteloso na aplicação em pacientes com insuficiência ou debilidade funcional do baço e estômago.

VII. Jue Ming Zi 决明子
Semen Cassiae Torae – Semente de fedegoso

In Natura

Cassia tora L.

Processada

Semen Cassiae Torae

Natureza – Sabor – Correspondência ao canal:

Gan (doce), Ku (amargo), Xian (salgado) e Wei Han (levemente fria). Co-canal: Gan (fígado), Shen (rins), Da Chang (intestino grosso)

Funções:

- Sanear o fígado e clarear a vista.
- Umedecer os intestinos e facilitar a defecação.

Aplicação e combinação:

- Sanear o fígado e clarear a vista:
1) Em caso de olhos vermelhos, inchados e doloridos, com sensação de fotofobia, por ataque do fogo do fígado em ascensão e calor no canal hepático, combina-se com Xia Ku Cao e outras ervas que possam eliminar o calor hepático.
2) Em caso de dor de cabeça e olhos bem vermelhos por ataque e ascensão do vento quente combine Ju Hua com Man Jing Zi, Sang Ye etc.
3) Em caso de insuficiência do fígado e do rim causando secura nos olhos e ofuscação da vista, combina-se com Gou Qi Zi, Sha Yuan Zi*.

* Sha Yuan Zi (Astragali, Semen) – Substância não descrita neste livro. Trata-se da semente de Huang Qi.

- Umedecer intestinos e facilitar a defecação:

  Em caso de prisão de ventre por aglomeração do calor, combina-se com Huo Ma Ren, Gua Lou Ren, ou aplica-se mono-erva Jue Ming Zi, com objetivo de umedecer intestinos e facilitar a defecação.

ANEXO:

Esta erva tem certa eficácia em reduzir o colesterol e a hipertensão arterial.

Indicação e dosagem:

10 a 15 g.

- Para fazer decocto deve-se cozinhar o produto moído em pó; para reduzir colesterol deve-se usar uma dosagem de 30 g.

- O produto cru é de natureza fria, eficaz para sanear o fígado e clarear a vista; é um produto com ação medicinal relativamente forte para aplacar o vento e refrescar o calor, geralmente se usa para tratar síndromes de excesso.

Precauções:

O produto é frio e purgante, não é conveniente aplicar a pacientes com insuficiência do baço ou com diarreia, nem para caso de hipotensão.

VIII. Zhu Ye 竹叶 Folium Bambusae – Folha de bambu

In Natura

Phyllostachys nigra (Loqd.)

Processada

Folha de Bambu.

Natureza – Sabor – Correspondência ao canal:

Gan (doce), Dan (insípido), Xin picante (sabor secundário) e Han (Frio). Co-canal: Xin (coração), Wei (estômago), Xiao Chang (intestino delgado).

Funções:

Afastar o calor e disforia; ajudar a produzir fluido e favorecer diurese.

Aplicação e combinação:

- Para eliminar calor no coração e no estômago:

1) Em caso de disforia e boca seca devido à doença de calor que desgastou o fluido Jin, combina-se com Shi Gao, Mai Dong e Lu Gen etc.

2) Em caso de disforia e boca seca afetada pelo vento quente exopatogênico ou devido à doença febril na fase inicial, combina-se com Yin Hua, Lian Qiao, Bo He etc.

- Para aplacar o fogo cardíaco em ação ascensiva, causando úlceras bucais (estomatite) e da língua, e até gangrenas bucais, bem como para tratar síndromes, tais como oligúria amarela e dolorosa pelo fogo cardíaco ter deslocado ao intestino delgado; combina-se com Mu Tong, Sheng Di, Gan Cao, etc.

Indicação e dosagem:

6 a 15 g. É aconselhável usar o produto fresco, que é bem mais eficaz.

ANEXOS

a – Dan Zhu Ye 淡竹叶 **Herba Lophatheri Gracilis**

In Natura   Processada

Loptatherum gracile Brongn.   *Herba Lophatheri Gracilis*

Natureza – Sabor – Correspondência ao canal:

Gan (doce), Dan (insípido), Han (fria). Co-canal: Wei (estômago), Xiao Chang (intestino delgado)

Funções:

São iguais ao Zhu Ye, somente é mais forte pela ação diurética, e é mais usada para tratar úlceras bucais e urina amarela-escura. Pode-se usá-la também para tratar bem como disúria e infecções urinárias, edema, oligúria e urina amarela causada por icterícia.

b – Zhu Ye Juan Xin   竹叶卷心   Folium Bambusae Recens – Broto de folha de Bambu

É da mesma origem do Zhu Ye, somente Zhu Ye Juan Xin é a folha em broto, muito tenra, tem propriedade mais forte para eliminar fogo do coração, tratando algumas síndromes graves tais como: confusão mental e delírio pelo calor ter penetrado no pericárdio.

SEÇÃO II

清热燥湿药 Qing Re Zao Shi Yao
Substâncias que eliminam calor e secam umidade

Características comuns:

Funções:

Eliminar o calor para secar umidade, e simultaneamente eliminar calor para purgar fogo.

Adaptabilidades terapêuticas:

Calor úmido e acumulado internamente ou síndrome do calor proveniente do fogo, com manifestação de revestimento amarelo e viscoso, urina amarela.

INTRODUÇÃO:

As ervas deste grupo são, em grande maioria, frias e de sabor amargo, têm funções principalmente de eliminar calor para secar umidade; e secundariamente eliminar calor para purgar (drenar) fogo.

De acordo com a teoria sobre a natureza medicinal em quatro energias, as ervas deste grupo são de natureza fria, e conforme a teoria, por ser de propriedade amarga é capaz de secar umidade; todas as ervas são de sabor amargo. As correspondências aos canais variam de acordo com os locais onde exercem suas ações medicinais.

As ervas deste grupo são aplicadas principalmente para tratar síndromes do calor úmido e do calor proveniente do fogo.

I. Huang Qin 黄芩 Radix Scutellariae

In Natura

Scutellaria baicalensis Georgi

Processada

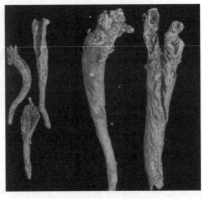

Radix Scutellariae

Natureza – Sabor – Correspondência ao canal:

Ku (amargo), Han (fria). Co-canal: Fei (pulmão), Dan (vesícula biliar), Wei (estômago), Da Chang (intestino grosso)

Funções:

- Eliminar calor e secar umidade.
- Para eliminar calor e drenar fogo.
- Purgar fogo e desintoxicar veneno.
- Reter hemorragia.
- Prevenir aborto.

Aplicação e combinação

- Eliminar calor e secar umidade:
1) Em caso do calor úmido patogênico agredir o triplo aquecedor superior e médio, com síndromes de: febre com suor, abafamento torácico e revestimento amarelo e viscoso, deve-se combinar com Shi Gao, Tong Cao, Bai Lian Ren*.

*Bai Lian Ren. Substância não descrita neste livro.

2) Em caso de icterícia por calor úmido no fígado na vesícula biliar, com síndrome de corpo amarelo, pouco suor, urina amarela escura e revestimento viscoso, deve-se combinar com Yin Chen, Zhi Zi, Da Huang, que tem ação medicinal para reforçar funções do fígado e vesícula biliar.

3) Em caso de síndrome de calor de excesso caracterizado por disenteria, deve-se combinar com Huang Lian, Bai Shao (base das fórmulas Huang Qin Tang e Ge Gen Qin Lian Tang).

4) Em caso de calor úmido acumulado na bexiga, com síndrome de oligúria (pouca quantidade de urina) amarela escura dolorosa, deve-se combinar com Mu Tong, Bai Mao Gen.

- Para eliminar calor e drenar fogo:

1) Em caso de calor de excesso na camada Qi Fen, com febre alta permanente: combina-se com Huang Lian, Hang Bai, Zhi Zhi (Fórmula: Huang Liang Jie Du Tang).

2) Em caso de doença de Shao Yang, com febre e arrepio e frio alternados, para eliminar calor na vesícula biliar, deve-se combinar com Chai Hu.

3) Em caso de síndromes superficiais acompanhadas de calor interno, deve-se combinar com ervas Jie Biao Yao.

4) Em caso de calor pulmonar acompanhado de tosse e arfagem: se existe expectoração amarela e tosse por existência de calor pulmonar, deve-se combinar com ervas capazes de eliminar calor pulmonar, como Gua Lou, Sang Bai Pi, Xing Ren.

- Para purgar fogo e desintoxicar veneno: são aplicadas para tratar doenças de clínica interna ou externa com síndromes de calor venenoso, devendo combinar com Huang Lian, Lian Qiao, e Pu Gong Ying.

- Para reter hemorragia causada por calor em agitação, tais como hematêmese, hemoptise, hematúria, sangue nas fezes, metrorragia ou hemorragia uterina, e outros tipos de hemorragias na parte inferior do corpo, deve-se combinar com San Qi, Huai Hua, Bai Mao Gen.

- Para prevenir aborto, acalmando o embrião que está sofrendo do calor, deve-se combinar com Bai Zhu, Dang Gui (Fórmula: Dang Gui San).

Indicação e dosagem:

3 a 10 g. Usa-se mais Sheng Huang Qin (Huan Qin cru) para eliminar calor; no entanto usa-se mais Chao Huang Qin (Huang Qin torrado) para prevenir aborto; para eliminar calor no aquecedor superior usa-se mais Jiu Huang Qin (Huang Qin tratado no vinho) e como anti-hemorrágica usa-se Chao Huang Qin (Huang Qin torrada).

Precauções:

A presente erva é amarga e fria, prejudica facilmente o Zhong Qi. É proibido usar em pacientes com insuficiência do baço e estômago, com diarreia e apetite fraco.

II. Huang Lian 黄连 Rhizoma Coptidis

In Natura  Processada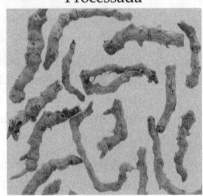

Coptis chinensis Franch.   *Rhizoma Coptidis*

Natureza – Sabor – Correspondência ao canal:

Ku (amargo), Han (fria). Co-canal: Xin (coração), Gan (fígado) Wei (estômago). Da Chang (intestino grosso)

Funções:

- Eliminar calor e secar umidade.
- Drenar fogo e desintoxicar veneno.

Aplicação e combinação:

- Eliminar calor e secar umidade. É aplicada para eliminar calor úmido que provoca disenteria, diarreia e vômito:
1) Em caso de disenteria causada por calor venenoso, devido à acumulação do calor úmido no estômago e intestino, deve-se combinar com Huang Bai, Qin Pi, Bai Tou Weng (base da fórmula Bai Tou Weng Tang).

    Em caso de tenesmo, deve acrescentar ervas capazes de mover o Qi: Mu Xiang e Bing Lang.

2) Em caso de diarreia causada por calor no intestino, com síndrome superficial mal eliminada, deve-se combinar com Lu Gen, Huang Qin (base da fórmula Lu Gen Qin Lian Tang).

3) Em caso de vômito devido ao calor no estômago, deve-se combinar com Bian Xia, Zhu Ru, Chen Pi. Em caso de ataque do fogo proveniente do fígado ao estômago, deve-se combinar com Wu Zhu Yu (base da fórmula Zhou Jin Wan).

- Ervas para purgar fogo e desintoxicar veneno: com manifestações de febre alta, delírio acompanhado de confusão mental, disforia e insônia, dor de dentes provocada pelo fogo no estômago, doença de Xiao Ke (diabete), hematêmese, sangue nas fezes, furúnculo e úlceras purulentas, tumefação dolorosa no ouvido e/ou olhos:
1) Em caso de confusão mental com delírio: combina-se com Zhi Zi e Huang Qin.

2) Em caso de disforia e insônia, combina-se com Sheng Di, Dang Gui (base da fórmula Zhu Sha An Shen Wan); em caso de insuficiência do rim devido a hiperatividade do fogo do coração, combina-se com Bai Shao, E Jiao, (colágeno de jumento, Província Shandong, China).

3) Em caso de dor de dentes, úlceras bucais causadas por ascensão do fogo do estômago, combina-se com Dang Gui, Dan Pi, Sheng Ma (base da fórmula Qing Wei San).

4) Em caso de hematêmese e melena (sangue nas fezes), combina-se com Da Huang, Huang Qin (base de Xie Xin Tang), a fim de purgar o fogo na fase de Xue Fen e reter a hemorragia.

5) Em caso de furúnculos e úlceras purulentas, tumefação dolorosa no ouvido e/ou olhos, combina-se com Huang Qin, Da Huang e Lian Qiao e outras.

Dosagem e indicação:

Para uso oral em forma de sopa: 2 a 10 g; para uso oral em forma de pó: 1 a 1.5 g. Para aplicação externa, usar dosagem adequada.

Não é conveniente cozinhar por longo tempo para tomar em forma de sopa.

Para eliminar fogo deve-se aplicar Huang Lian crua. Huang Lian preparada em vinho aumenta sua ação ascensiva, além de reduzir seu sabor amargo. Preparada no molho de gengibre adquire função de eliminar o calor no estômago e reter vômito. Preparada na bílis de porco adquire função de eliminar fogo estagnado no fígado e vesícula biliar.

Precauções:

É muito amarga e fria, seja muito cauteloso na aplicação ao paciente com insuficiência do Yin do estômago ou com baço insuficiência (Pi Wei Han Liang Zhe).

III. Huang Bai 黄柏 Cortex Phellodendri

In Natura   Processada

Phellodendron amurense Pupr.   *Cortex Phellodendri*

Natureza – Sabor – Correspondência ao canal:

Ku (amargo), Han (fria). Co-canal: Shen (rins), Pang Guang (bexiga), Da Chang (intestino grosso)

Funções:

- Eliminar calor e secar umidade.
- Purgar fogo e desintoxicar veneno.
- Extinguir fogo falso.

Aplicação e combinação:

- Eliminar calor e secar umidade: tratando disenteria, icterícia, leucorreia, oligúria de sensação dolorosa, de cor amarela-escura e inchaço doloroso nos joelhos e pés:

1) Para tratar disenteria por calor úmido, combina-se com Huang Lian, Qin Pi, Bai Tou Wen.

2) Para tratar calor úmido bloqueado e icterícia, combina-se com Zhi Zi, Yin Chen etc.

3) Para tratar leucorreia amarela causada pelo calor úmido ter afundado, combina-se com Cang Zhu (Fórmula: Er Miao San.

4) Para tratar inflamação da bexiga caracterizada por calor úmido bloqueado e oligúria dolorosa, cor amarela-escura, combina-se com Bian Xu, Mu Tong etc.

5) Para tratar inchaço doloroso nos joelhos e pés e artralgia dos membros inferiores, devido ao calor úmido ter afundado, combina-se com Cang Zhu e Niu Xi (base da fórmula San Miao San).

- Purgar fogo e desintoxicar veneno, tratando tumefação e úlceras causadas por calor venenoso e eczema:

1) Para tratar tumefação e úlceras por causa do calor venenoso, aplica-se, por via oral, a combinação com Huang Lian e Lian Qiao. Para aplicação externa tratando abscesso mamário, mistura-se com clara do ovo para aplicar no local doente.

2) Para tratar eczema: combina-se com Ku Shen e Chan Tui etc.
- Eliminar calor falso: tratando febre de insuficiência causada por insuficiência do Yin do rim, combina-se com Zhi Mu acrescentando remédios patenteados capazes de tonificar o Yin do rim.

Dosagem e indicação:

3 a 10 g. Para aplicação externa, a dosagem depende do caso concreto.

Huang Bai crua usa-se para drenar fogo verdadeiro e eliminar calor venenoso. Huang Bai preparada com molho salgado torrado, é usada para drenar fogo do rim e eliminar calor falso. Huang Bai tostada é usada para reter hemorragia

Precauções:

É proibido aplicar aos pacientes com insuficiência do estômago e baço.

IV. Long Dan Cao 龙胆草 Radix Gentianae Scabrae

In Natura   Processada

Gentiana scabra Bge. In   *Radix Gentianae Scabrae*

Natureza – Sabor – Correspondência ao canal:

Ku (amargo), Han (fria). Co-canal: Gan (fígado), Dan (vesícula biliar), Wei (estômago)

Funções:

- Eliminar calor e secar umidade.
- Purgar fogo do fígado e da vesícula biliar.

Aplicação e combinação:

- Eliminar calor e secar umidade, tratando icterícia, tumefação e coceira na região do púbis; leucorreia; eczema.

1) Para tratar icterícia causada por calor úmido bloqueado, combina-se com Chen Yin e Zhi Zi (consulte funções da Zhi Zi).
2) Para tratar tumefação e coceira da região do púbis, leucorreia e eczema, combina-se com Ku Shen, Huang Bai e Che Qian Zi.

- Purgar fogo do fígado, para tratar: convulsão acompanhada de febre alta; dor hipocôndrica, dor dos olhos, conjuntivite ocular, boca amarga e surdez súbita, causadas pela exuberância do fogo do fígado:

1) Em caso de convulsão com febre alta, combina-se com Gou Teng, Niu Huang (cálculo biliar do boi), Huang Lian.
2) Em caso de dor na região dos hipocôndrios, dor ocular, conjuntivite, surdez súbita, boca amarga, combina-se com Chai Hu, Huang Qin e Mutong, etc. (Fórmula: Long Dan Xie Gan Tang).

Indicação e dosagem:

3 a 8 g. Para aplicação externa usa-se dosagem conveniente.

Precauções:

É proibido aplicar aos pacientes com insuficiência do estômago e baço.

V. Ku Shen 苦参 Radix Sophorae Flavescentis

In Natura

Sophora flavescens Ait.

Processada

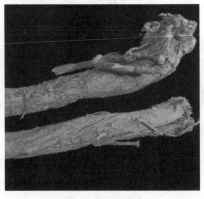

Radix Sophorae Flavescentis

Natureza – Sabor – Correspondência ao canal:

Ku (amargo), Han (fria), Co-canal: Xin (coração), Gan (fígado) Wei (estômago), Da Chang (intestino grosso) e Pang Guang (bexiga).

Funções:

- Eliminar calor e secar umidade.
- Dissipar vento e matar parasitas.
- Favorecer diurese.

Aplicação e combinação:

- Eliminar calor e secar umidade: tratando icterícia, disenteria, leucorreia, coceira na região do púbis.

1) Em caso de icterícia causada por calor úmido, combina-se com Zhi Zi, Huang Bai, Long Dan Cao.

2) Em caso de disenteria, pode-se aplicar mono-erva Ku Shen, podendo combiná-la com Mu Xiang e Gan Cao.

3) Em caso de leucorreia amarela e viscosa, coceira vaginal (por tricomoníase), combina-se com Huang Bai, She Chuang Zi*, cozinhando para conseguir solução e lavar a vagina.

* She Chuang Zi (Cnidii Monnieri Semen) – Substância não descrita neste livro.

- Dissipar vento e matar parasitas: tratar coceira cutânea, pústula, tinhas, lepra.

1) Em caso de coceira cutânea e pústula, combina-se com Huang Bai, Ming Fan* (sulfato de alumínio) para lavar a região infectada. Uso por via oral: combina-se com Chan Tui, Jing Jie para curar coceira cutânea.
2) Em caso de tinhas: combina-se com Liu Huang** (enxofre), para fazer pomada e untar a região infectada.
3) Em caso de lepra: combina-se com Da Feng Zi*** e Cang Er Zi etc.

- Favorecer diurese: tratar infecção da uretra devido ao calor úmido bloqueado, com sintoma de dificuldade urinária e uretra dolorosa com sensação de queimação, usa-se a mono-erva ou combina-se com Shi Wei, Che Qian Zi, Pu Gong Ying etc.

Indicação e dosagem:

3 a 10 g. Para aplicação externa a dosagem depende do caso concreto.

Precauções:

Proíbe-se aplicar aos pacientes com insuficiência do baço e do estômago.

A presente erva é antagônica à erva Li lu.

---

* Ming Fan (Sulfato de Alumínio) – Substância não descrita neste livro.
** Liu Huang (Sulpha – Enxofre) – Substância não descrita neste livro.
*** Da Feng Zi (Hydnocarpi Anthelminthicae, Semen)

SEÇÃO III

清热解毒药 Qing Re Jie Du Yao
Substâncias que eliminam calor e infecções

Características Comuns:

Natureza e sabores:

Fria (Han) e Amarga (Ku); ou Fria (Han), Amarga (Ku) e Doce (Gan)

Funções:

Eliminar calor e desintoxicar veneno.

Adaptabilidade:

Síndromes de calor venenoso (geralmente, calor venenoso tem as seguintes síndromes mórbidas: furúnculos, úlceras, nódulos e erupções, inchaços dolorosos da faringe e laringe, disenteria por calor venenoso, e outras doenças agudas de calor venenoso).

Conceito:

São denominadas ervas antipiréticas e antivenenosas Qing Re Jie Du Yao, 清热解毒药 todas as substâncias medicinais competentes em eliminar todos os tipos de calor venenoso ou fogo venenoso. Contemporaneamente consideramos estas substâncias como antibióticos naturais.

As ações medicinais de todas as ervas antipiréticas e antivenenosas envolvem as seguintes propriedades:

Natureza:

Conforme a teoria que a natureza fria elimina calor, e quase todas as ervas deste grupo são de natureza fria, uma pequena parte é levemente fria (Wei Han) e poucas são quase neutras, no entanto, continuam mantendo certa natureza fria.

Sabores:

Conforme a mesma teoria, quase todas as ervas deste grupo são de sabor amargo, e algumas são, além de amargo, simultaneamente doce ou salgado.

Correspondência:

As correspondências variam muito de acordo com os locais do organismo para onde atingem as ações medicinais das ervas, as quais são determinadas pelas respectivas propriedades.

I. Jin Yin Hua 金银花 Flos Lonicerae

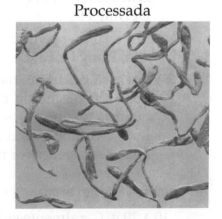

In Natura — Processada

Lonicera japonica Thunb. L. — *Flos Lonicerae Japonicae*

Natureza – Sabor – Correspondência ao canal:

Gan (doce), Han (fria). Co-canal: Xin (coração), Fei (pulmão), Wei (estômago).

Funções:
- Eliminar calor.
- Desintoxicar veneno, para tratar úlceras e tumefações.

163

Aplicação e combinação:

- Para tratar doenças de calor:

1) Em caso de afecção por vento quente exopatogênico ou fase inicial da doença febril, combina-se com Jing Jie, Bo He, Lian Qiao. (Fórmula: Yin Qiao San).

2) Em caso do calor ter penetrado camada Qi Fen, combina-se com Shi Gao, Zhi Mu etc.

3) Em caso do calor ter penetrado na camada Ying Fen, combina-se com Sheng Di, Yuan Shen, Dan Shen.

4) Em caso de doença causada pelo calor de verão (afecção por calor úmido exopatogênico), usa-se a mono-erva para tomar como chá comum, ou em combinação com Ju Hua, He Ye (folha de lótus), podendo também fazer um tipo de licor.

- Para tratar úlceras externas e tumefações internas:

1) Em caso de tumefações de abscesso, furúnculo, pústula, acne etc., combina-se com Pu Gong Ying, Ye Ju Hua, Zi Hua Di Ding etc.

2) Em caso de apendicite, combina-se com Yi Yi Ren, Huang Qin, Dang Gui etc.

3) Em caso de disenteria ou diarreia causada por calor venenoso, ou disenteria com pus e sangue, toma-se com frequência a sopa grossa da mono-erva crua se a doença for leve, e combina-se com Huang Lian, Bai Tou Weng e Chi Shao se a doença for relativamente grave.

Indicação e dosagem:

10 a 20 g. Geralmente se usa o produto não preparado.

Precauções:

É proibido aplicar em pacientes com insuficiência e frio no estômago e no baço ou em pacientes que sofram de úlceras e tumefações purulentas devido a insuficiência do Qi.

II. Lian Qiao 连翘 Fructus Forsythiae Suspensae

In Natura   Processada

Forsythia suspensa (Thumb.) Vahl   *Fructus Forsythiae Suspensae*

Natureza – Sabor – Correspondência ao canal:

Wei han (levemente fria), Ku (amarga). Co-canal: Fei (pulmão), Xin (coração), Dan (vesícula biliar).

Funções:

- Eliminar calor e desintoxicar veneno.
- Desintumescer e dissipar nódulos.

Aplicação e combinação:

- Eliminar calor e desintoxicar veneno:
1) Em caso da afecção por vento quente exopatogênico ou fase inicial da doença febril, junto com Jin Yin Hua, por necessidade recíproca, combinam-se com Niu Bang Zi, Bo He etc.
2) Em caso do calor ter penetrado no pericárdio, combina-se com Xi Jiao (chifre de rinoceronte), Lian Zi Xin (semente de lótus).

- Desintumescer e dissipar nódulos.
1) Em caso do calor venenoso aglomerado causando Chuang Du e Yong Zhong (úlceras e tumores), combina-se com Ju Hua, Yin Hua e Tian Hua Fen etc.

2) Em caso de fleuma Lei Li (escrófula linfática ou nódulos linfáticos) causado por calor patogênico aglomerado, combina-se com Xia Ku Cao, Xuan Shen, Bei Mu.

3) Em caso de algia de garganta com sintoma de inchaço doloroso, combina-se com Shan Dou Gen, Jie Geng, Gan Cao etc.

Indicação e dosagem:

6 a 15 g.

Precauções:

É aconselhável não usar em pacientes com insuficiência do baço e frio no estômago ou insuficiência do Qi.

III. Pu Gong Ying 蒲公英 Herba Taraxaci Mongolici cum Radice

In Natura

Taraxacum mongolicum Hand.-Mazz.

Processada

Herba Taraxaci Mongolici cum Radice

Natureza – Sabor – Correspondência ao canal:

Han (fria), Gan (doce), Ku (amarga). Co-canal: Gan (fígado), Wei (estômago).

Funções:

- Eliminar calor e desintoxicar veneno.
- Favorecer diurese.

Aplicação e combinação:

- Eliminar calor e desintoxicar veneno:
1) Em caso de úlceras e tumores, combina-se com Zi Hua Di Ding, Jin Yin Hua, Ye Ju Hua.
2) Em caso de mastite, na fase inicial, com inchaço e dor, pode-se usar mono-erva ou em combinação com Gua Lou, Qing Pi etc.
3) Em caso de apendicite aguda, combina-se com Da Huang, Mu Dan Pi, Bai Jiang Cao etc.
4) Em caso de abscesso pulmonar, combina-se com Yu Xing Cao*, Lu Gen, Yi Ren Cru.
5) Em caso de inflamação da garganta, combina-se com Ban Lan Gen, Xuan Shen.
6) Em caso de inchaço vermelho e dor dos olhos, combina-se com Ju Hua, Long Dan Cao, Huang Qin.

- Favorecer diurese:
1) Em caso de icterícia por calor úmido, combina-se com Yin Chen.
2) Em caso de diurese com sensação dolorosa, combina-se com Jin Qian Cao e Bai Mao Gen.

Dosagem:

10 a 30 g. Dosagem para aplicação externa depende de caso concreto.

Precauções:

Dosagem excessiva provoca ação laxativa.

---

* Yu Xing Cao (Hou Ttuyniae Cordatae, Herba) – Substância não descrita neste livro.

IV. Zi Hua Di Ding 紫花地 Herba Violae

In Natura

Processada

Viola yedoensis Mak.　　　*Herba Violae*

Natureza – Sabor – Correspondência ao canal:

Han (fria), Ku (amarga), Xin (picante). Co-canal: Xin (coração), Gan (fígado).

Funções:

- Eliminar calor e desintoxicar veneno, desintumescer e dissipar nódulos.
- Refrescar sangue e sanear fígado (função secundária).

Aplicação e combinação:

- Eliminar calor e desintoxicar veneno, desintumescer e dissipar nódulos:

1) Esta erva se aplica principalmente para tratar: carbúnculo e furúnculo, mastite, apendicite, erisipela, etc. Usa-se o suco da planta fresca para aplicar na região infectada, ou combina-se com Pu Gong Ying, Ye Ju Hua etc.

2) Aplica-se para tratar picada de cobra venenosa: usa-se o suco fresco para tomar e aproveita o resíduo da planta misturando com pó de realgar para aplicação na região doente.

- Refrescar sangue e sanear fígado:

   Em caso de olhos vermelhos e inchados devido ao calor hepático, combina-se com Ju Hua e Xia Ku Cao.

Indicação e dosagem:

10 a 20 g. A dosagem para aplicação externa depende da necessidade adequada.

Precauções:

Seja cautelosa na aplicação em pacientes cujas infecções são de síndrome tipo Yin.

V. Da Qing Ye   大青叶   Folium Isatidis Tinctoriae

In Natura

Processada

Isatis tinctoria L.

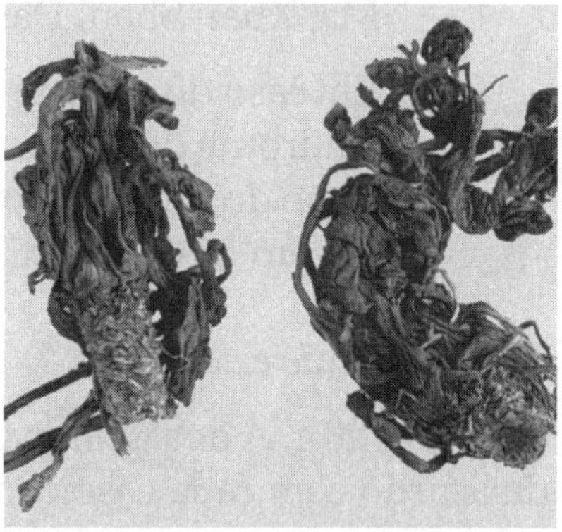

Folium Isatidis Tinctoriae

Natureza – Sabor – Correspondência ao canal:

Da Han (muito fria), Ku (amarga). Co-canal: Xin (coração), Fei (pulmão), Wei (estômago).

Funções:

Eliminar calor e desintoxicar veneno; refrescar sangue e limpar manchas.

Aplicação e combinação:

- Em caso de doença febril caracterizada por exuberância de intenso calor venenoso acumulado tanto na camada Qi Fen quanto Xue Fen (Re Du Yong Sheng, Qi Xue Liang Fan), com manifestações de manchas cutâneas, confusão mental e febre alta, combina-se com Sheng Shi Gao, Xuan Shen, Sheng Di.

- Em caso de afecção por vento quente exopatogênico e fase inicial da doença febril, frequentemente combina-se com Yin Hua, Jing Jie, Niu Bang Zi e outras ervas Xin Liang Jie Biao Yao se o calor patogênico estiver bem intenso.

- Em caso de síndrome de disforia, com inchaço doloroso da garganta, faringe e úlceras bucais, combina-se com Sheng Ma, Xuan Shen, Dan Shen.

- Em caso do veneno ter penetrado na camada Xue Fen, com síndrome de erisipela, hematêmese, epistaxe, devido a agitação do sangue provocada pelo calor patogênico, combina-se com Xi Jiao e Zhi Zi etc.

Indicação e dosagem:

10 a 20 g. A dosagem para aplicação externa deve ser adequada de acordo com cada caso concreto.

Precauções:

É proibido aplicar em pacientes cujo estômago e baço estão com insuficiência e frio.

VI. Qing Dai 紫花地 Indigo Pulverata Levis

In Natura

Baphicacanthus cusia Bremek

Processada

Indigo Pulverata Levis

Natureza – Sabor – Correspondência ao canal:

Han (frio), Kian (salgado). Co-canal: Gan (fígado), Fei (pulmão), Wei (estômago).

Funções:

- Eliminar calor e desintoxicar veneno.
- Refrescar sangue e dissipar inchaço.

Aplicação e combinação:

- Eliminar calor e desintoxicar veneno:

1) Em caso de convulsão infantil devido ao vento espasmódico provocado pelo calor hepático, combina-se com Niu Huang, Gou teng.
   ** Se a combinação for feita com Long Dan Cao, Lu Hui, Huang Bai, a erva passa a ficar bem reforçada na ação medicinal de purgar fogo de excesso do fígado e da vesícula biliar.
2) Em caso de tosse dispnéica com expectoração grossa, devido ao calor pulmonar, em particular, devido ao fogo do fígado queimando o pulmão, combina-se com casca da ostra "Hai Ge"* para fazer Hai Ge San (pó de Haige); ou combina-

---

* Hai Ge Ke (Cyclinae Sinensis, concha) – Substância não descrita neste livro.

se com Gua Lou, Bei Mu, Hai Fu Shi* (pedra flutuante do mar), formando a fórmula Qing Dai Hai Shi Wan.

3) Em caso de eczema e úlceras bucais, usa-se a mono-erva na aplicação externa à boca, ou em combinação com Bing Pian** (borneol, derivado da cânfora), Huang Bai, para aplicar na região ulcerada.

- Refrescar sangue e dissipar inchaço:

1) Em caso de púrpura devido ao calor do sangue venenoso ou de síndrome de agitação do sangue provocada pelo calor intenso, tais como hematêmese, hemoptise, epistaxe:

a) Para tratar púrpura, combina-se com Shi Gao, Sheng Di, Sheng Ma.

b) Para tratar hematêmese, hemoptise, epistaxe, devido a agitação do sangue provocada pelo calor intenso, combina-se com Ce Bai Ye, Bai Mao Gen etc.

2) Em caso de caxumba ou tumores e furúnculos provocados pelo calor venenoso, usa-se a mono-erva ou em combinação com Xuan Shen e Yin Hua, ou em aplicação externa ou via oral.

Indicação e dosagem:

2.5 a 3 g.

É aconselhável usar em forma de Wan (glóbulos) ou San (pó).

Para aplicação externa se usa em pó espalhando na região infectada, com dosagem adequada.

Precauções:

- Seja cautelosa em aplicar nos pacientes que sofram de dor de estômago.
- Em raros casos, podem aparecer enjoo, vômito, dor abdominal, diarreia e sangue nas fezes, e até prejudicar a função hepática, e em caso grave, pode reprimir a função fisiológica da medula causando redução das plaquetas.

---

* Hai Fu Shi (Pedra Pome) – Substância não descrita neste livro.
** Bing Pian Borneol.

VII. Guan Zhong 贯众 Rhizoma Guan Zhong

In Natura

Processada

 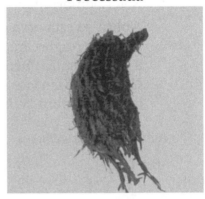

Matteuccia struthiopteris (L.) Todaro

Rhizoma Guan Zhong

Natureza – Sabor – Correspondência ao canal:

Wei han (levemente fria), Ku (amarga). Co-canal: Gan (fígado), Pi (baço).

Funções:
- Eliminar calor e desintoxicar veneno.
- Matar parasita.
- Reter hemorragia.

Aplicação e combinação:
- Eliminar calor e desintoxicar veneno:

  Em caso de gripe por vento quente exopatogênico; em caso de púrpura por ataque da doença febril, caxumba, combina-se com Lian Qiao, Da Qing Ye, Ban Lan Gen etc.

- Matar parasita:

  Esta erva é mais utilizada para matar parasita intestinal:
  - para matar ancilóstomo (钩虫), combina-se com Fei Zi*, Bing Lang (semente de areca), e etc;
  - para matar tênia, toma-se junto com Bing Lang (Fórmula: Lei Wan)

* Fei Zi (Torreyae Grandis, Semen) – Substância não descrita neste livro.

- para matar oxiúros, combina-se com He shai (Ku Lian Gen Pi*), casca de Ku Lian Gen.

• Reter hemorragia:

Aplica-se esta erva carbonizada, principalmente para tratar hemorragia causada por calor no sangue, em particular, a metrorragia e hemorragia uterina, em combinação com Ce Bai Ye, Xian He Cao, e Chen Zong Tan** (produto carbonizado da fibra velha de palmeira).

Indicação e dosagem:

10 a 15 g.

VIII. Yu Xing Cao 鱼腥草 Herba Houttuyniae

In Natura

Processada

Houttuynia cordata Thunb.   *Herba Houttuyniae Cordatae*

Natureza – Sabor – Correspondência ao canal:

Wei Han (levemente fria), Xin (picante). Co-canal: Fei (pulmões).

Funções:

• Eliminar calor, desintoxicar veneno, expelir pus.
• Favorecer diurese e facilitar urina.

* Ku Lian Gen Pi (Meliae Radicis, Cortex) – Substância não descrita neste livro.
** Chen Zong Tan (Fibra de palmeira carbonizada).

Aplicação e combinação:

- Eliminar calor, desintoxicar veneno, expelir pus:

    É uma erva importante para tratar abscesso pulmonar, caracterizado por expectoração purulenta e sanguínea devido à acumulação da fleuma e calor patogênico nos pulmões, combinando-se com Jie Gen, Huang Qin, Lu Gen etc., podendo também acrescentar, na combinação, o caule de Lu Wei.

- Favorecer diurese e facilitar urina.

    A presente erva tem efeito terapêutico para tratar dificuldade em urinar, em caso de disúria, combina-se com Hai Jin Sha, Shi Wei e Jin Qian Cao etc.

Indicação e dosagem:

15 a 30 g.

Não se deve cozinhar por longo tempo; a dosagem do produto fresco duplica-se, usando seu suco espremido.

IX. She Gan 射干 Rhizoma Belamcandae Chinensis

In Natura — *Belamcanda chinensis* (L.) DC.

Processada — Rhizoma Belamcandae Chinensis

Natureza – Sabor – Correspondência ao canal:

Han (fria), Ku (amarga). Co-canal: Fei (pulmão).

Funções:

- Eliminar calor e desintoxicar veneno.
- Expelir fleuma e desinflamar a faringe.

Aplicação e combinação:

- Eliminar calor e desintoxicar veneno:

    Este produto é usado para desinflamar a faringe e anestesiar a dor em caso de existência de acumulação de fleuma abundante:

    1) Pela mono-erva: espremer para obter o suco fresco, colocando-a na boca para engolir lentamente ou bochechando; podendo fazer o mesmo com o suco misturado com vinagre.
    2) Combina-se com Huang Qin, Jie Geng e Gan Cao, a fim de desinflamar pulmão e faringe.

- Expelir fleuma e desinflamar a faringe: sanear pulmões para estimular a difusão descendente e desfazer nódulos e estagnação fleumática.

    1) Em caso de tosse ofegante devido à exuberância da fleuma, combina-se com Sang Bai Pi, Jie Geng, Ma Dou Ling e outras ervas antipiréticas e antitussígenas.
    2) Em caso de estagnação nos pulmões de fleuma fria, combina-se com Xi Xin, Ban Xia, Sheng Jiang.

Indicação e dosagem:

6 a 10 g.

Precauções:

Sendo o produto laxativo, não é conveniente para pacientes com insuficiência do baço e com diarreia; seja cauteloso na aplicação em mulheres gestantes ou não a utilize.

X. Shan Dou Gen 山豆根 Radix Sophorae Subprostatae

In Natura	Processada
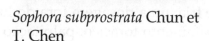	
Sophora subprostrata Chun et T. Chen	*Radix Sophorae Subprostratae*

Natureza – Sabor – Correspondência ao canal:

Han (fria), Ku (amarga). Co-canal: Fei (pulmão), Xiao Du (pouco tóxica).

Funções:

- Eliminar calor e desintoxicar veneno.
- Tratar e sanear faringe.
- Desfazer tumores e inchaços, anestesiar dor.

Aplicação e combinação:

- Eliminar calor e desintoxicar veneno:

  Esta erva é muito importante no tratamento do inchaço e dor da laringe, quando são causados por acumulação do calor venenoso:

1) Em caso leve utiliza-se a sopa da mono-erva para fazer bochechos, e em caso grave, combina-se com Lian Qiao, Jie Geng, Niu Bang Zi.

2) Se o calor venenoso está muito intenso, combina-se com Yuan Shen, She Gan, Ban Lan Gen.

- Tratar e sanear a faringe:

    A função secundária desta erva é tratar tosse seca por calor nos pulmões, furúnculos e úlceras. Para tratar furúnculos e úlceras combina-se com Yin Hua, Lian Qiao, Huan Lian, etc.

- Desfazer tumores e inchaços, anestesiar a dor:

    Ultimamente, esta erva começa a ser utilizada para tratar câncer de garganta e dos pulmões.

Indicação e dosagem:

6 a 10g.

Precauções:

Esta erva é muito amarga e fria, uma dosagem fora do limite pode causar vômito, diarreia, abafamento torácico, palpitação cardíaca, e outras reações prejudiciais à saúde, devendo controlar rigorosamente a dosagem e não aplicar em pacientes com insuficiência do baço e frio no estômago, nem em mulheres gestantes.

ANEXO

Bei Dou Gen 北豆根 Rhizoma Menispermi

In Natura   Processada

Menispermum dauricum A. DC.   *Rhizoma Menispermi*

A natureza e sabor são iguais ao Shan Dou Gen, e além das funções de eliminar calor, desintoxicar veneno e tratar inchaços dolorosos da garganta, possui efeito para baixar pressão arterial. As experiências clínicas mostram que esta erva tem certa eficácia no tratamento do câncer hepático.

XI. Ma Bo 马勃 Frutificatio Lasiosphaerae

In Natura

Lasiosphaera fenslii Reich.

Processada

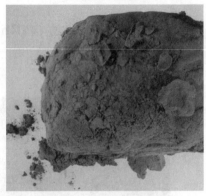

Frutificatio Lasiosphaerae

Natureza – Sabor – Correspondência ao canal:

Xin (picante), Ping (neutro). Co-canal: Fei (pulmão).

Funções:

- Sanear pulmões e faringe, desintoxicar veneno.
- Reter hemorragia.

Aplicação e combinação:

- Sanear pulmões e faringe, desintoxicar veneno:
  Funciona principalmente para tratar inchaço doloroso da garganta e faringe, em particular, síndrome hemorrágica acompanhado de úlceras na garganta. Como função secundária, pode tratar também tosse e rouquidão causados por calor pulmonar. Combina-se com Yuan Shen, She Gan, Ban Lan Gen etc.

- Reter hemorragia:
  Pode-se usar mono-erva para reter vários tipos de hemorragia devido ao calor no sangue: hematêmese, hemoptise, epistaxe, ou em combinação com outras ervas anti-hemorrágicas.

Em caso de hemorragia por motivo mecânico, queimadura de frio intenso e úlceras persistentes, pode-se usar o pó de Ma Bo para aplicar na região da ferida.

Indicação e dosagem:

3 a 6 g.

É aconselhável cozinhar a erva embrulhada.

XII. Bai Tou Weng 白头翁 Radix Pulsatillae

In Natura  Processada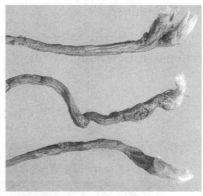

Pulsatilla chinensis (Bge.) Reg.   *Radix Pulsatillae*

Natureza – Sabor – Correspondência ao canal:

Han (fria), Ku (amarga). Co-canal: Da chang (intestino grosso).

Funções:

Eliminar calor e desintoxicar veneno; refrescar o sangue e reter disenteria.

Aplicação e combinação:

- É usada para tratar disenteria causada por calor úmido e tratar diarreia ou disenteria causada por calor venenoso, cujas manifestações são: febre, dor abdominal, pus e sangue nas fezes e tenesmo. Combina-se com Huang Lian, Huang Bai, Qin Pi.

- Para tratar empaludismo deve-se combinar com Chai Hu, Huang Qin, Bing Lang etc.
- Em aplicação externa ou por via oral dá para tratar nódulos linfáticos e hemorroidas.

Ultimamente, esta erva é usada para tratar disenteria por amebas.

Indicação e dosagem:

6 a 15 g.

Precauções:

Não se utiliza em pacientes que sofram de disenteria do tipo frio e insuficiência do Yang.

XIII. Qin Pi 秦皮 Cortex Fraxini

In Natura    Processada

Franxinus rhyncholphylla Hance.   *Cortex Fraxini*

Natureza – Sabor – Correspondência ao canal:

Han (fria), Ku (amarga). Co-canal: Gan (fígado), Dan (vesícula biliar), Da Chang (intestino grosso).

Funções:

- Eliminar calor, desintoxicar veneno e secar umidade.
- Sanear fígado e clarear a vista.

Aplicação e combinação:

- Eliminar calor, desintoxicar veneno e secar umidade:
  Em caso de disenteria causada por calor úmido ou calor venenoso, combina-se com Bai Tou Weng, Huang Lian.

- Sanear fígado e clarear vista:
  Usa-se a sopa da mono-erva para lavar os olhos em síndrome de inchaço com vermelhidão e sensação dolorosa, ou para tratar pterígio, podendo também combinar com Huang Lian e Zu Ye etc.

Indicação e dosagem:

6 a 12 g.

XIV. Ma Chi Xian 马齿苋 Herba Portulacae Oleraceae

In Natura — Processada

Portulaca oleracea L. — Herba Portulacae Oleraceae

Natureza – Sabor – Correspondência ao canal:

Han (fria), Suan (ácido). Co-canal: Da Chang (intestino grosso), Gan (fígado).

Funções:

- Eliminar calor e desintoxicar veneno.
- Refrescar o sangue e reter hemorragia, favorecer diurese.

Aplicação e combinação:

- Eliminar calor e desintoxicar veneno:

1) Em caso de disenteria úmida ou disenteria sanguínea e purulenta, usa-se o suco fresco via oral, ou após rescaldamento na água fervida, mistura-se com alho para consumir como alimento, podendo combinar-se com Huang Lian e Huang Qin.

2) Em caso de furúnculos e pústulas, nódulos, tumores e eczema, causados por calor venenoso, usa-se o suco fresco diluído em água para tomar, ou aplicar a mono-erva fresca moída na região em questão.

3) Em caso de leucorreia branca, combina-se com Sang-piao-xiao para fazer sopa.

- Refrescar o sangue e reter hemorragia, favorecer diurese:

Em caso de estrangúria (Re Lin) ou hematúria (Xue Lin), pode-se usar mono-erva ou em combinação com outras ervas que favorece diurese, como: Xiao Ji, Ou Jie (nó da raiz de lótus), Zhu Ye etc.

Indicação e dosagem:

9 a 16 g. (erva seca); 30 a 60 g. (erva fresca).

Precauções:

É proibido aplicar aos pacientes com insuficiência do baço ou diarreia.

XV. Bai Xian Pi 白鲜皮 Cortex Dictamni Radicis

In Natura

Processada

Dictamnus dasycarpus Turcz.

Cortex Dictamni Dasycarpi Radicis

Natureza – Sabor – Correspondência ao canal:

Han (fria), Ku (amarga). Co-canal: Pi (baço) e Wei (estômago).

Funções:

Eliminar calor e desintoxicar veneno; eliminar umidade e sensação de prurido.

Aplicação e combinação:

A presente erva é mais capaz de tratar feridas causadas por calor úmido, tais como: úlceras purulenta e aquosa, inchaços dolorosos na região púbica, eczema e outros pruridos cutâneos. Combina-se com Ku Shen, Cang Zhu, Di Fu Zi etc.

Indicação e dosagem:

4,5 a 9 g; para uso externo deve-se preparar quantidade apropriada em decocto para lavar a região afetada ou pulverizar o pó.

XVI. Tu Fu Ling 土茯苓 Rhizoma Smilacis Glabrae

In Natura

Smilax glabra Roxb.

Processada

Rhizoma Smilacis Glabrae

Natureza – Sabor – Correspondência ao canal:

Gan (doce), Dan (insípido), Ping (neutra). Co-canal: Gan (fígado) e Wei (estômago).

Funções:

Eliminar calor, desintoxicar veneno e sanear articulações.

Aplicação e combinação:

Esta é uma importante erva para tratar sífilis.

É muito eficaz para tratar membros com músculos rígidos devido ao ataque de sífilis ou intoxicação causada por mercúrio, remédio antissífilis.

É também utilizada para tratar estrangúria, leucorreia e úlceras causadas por calor úmido.

Indicação e dosagem:

15 a 60 g.

XVII. Cao He Che 草河车 Rizhoma Paridis

In Natura

Processada

Paris polyphylla Smith

Rhizoma Paridis

Natureza – Sabor – Correspondência ao canal:

Wei Han (levemente fria), Ku (amarga), Xiao Du (levemente tóxica). Co-canal: Gan (fígado).

Funções:

- Eliminar calor e desintoxicar veneno.
- Aplacar vento e abrandar espamo.

Aplicação e combinação:

- Eliminar calor e desintoxicar veneno, desintumescer e anestesiar: é utilizada para tratar furúnculos e úlceras, picada de cobra e picada de insetos, hemorragia por ferimento mecânico e inchaço doloroso causado por estase de sangue. Usa-se a mono-erva para aplicar na região afetada, ou combina-se com Yin Hua e Huang Lian etc.
- Aplacar vento e abrandar espasmo, tratando agitação do vento produzido por calor do fígado, convulsão muscular e epilepsia.

Indicação e dosagem:

3 a 9 g.

Para uso externo quantidade apropriada deve ser moída, transformada em pó e misturado com líquido para fazer uma pasta para ser aplicada localmente.

XVIII. Niu Huang 牛黄 Calculus Bovis

In Natura  Processada

Bos taurus domesticus — *Calculus Bovis*

Natureza – Sabor – Correspondência ao canal:

Liang (fresca), Ku (amarga). Co-canal: Gan (fígado), Xin (coração).

Função:

Eliminar calor e desintoxicar veneno, aplacar vento e diminuir espasmo.

Aplicação e combinação:

Este produto é eficaz para desobstruir orifícios, é muito utilizado para tratar dor de garganta e da faringe, em particular para tratar úlceras bucais (na garganta e língua), pústulas e tumefações vermelhas.

Por exemplo: A fórmula Niu Huang Jie Du Wan 牛黄解毒丸 é, indicada para tratar doenças febris e confusão mental por exuberância do calor; e a fórmula An Gong Niu Huang Wan (安宫牛黄丸), é importante remédio patenteado para abrir os orifícios.

Indicação e dosagem:

0,15 a 0,35 g.

É mais utilizado em forma de pílulas ou em pó. Para uso externo, quantidade apropriada do pó pode ser aplicada topicamente.

SEÇÃO IV

清热凉血药 Qing Re Liang Xue Yao

Substâncias que eliminam calor e refrescam Sangue

Características Comuns:

Natureza e sabor:

Han (Fria) e Ku (amarga); Han (fria), Xuan (salgada) e Ku (amarga) ou Han (fria) e Gan (doce).

Funções:

Eliminar calor patogênico penetrado no Ying Fen e no Xue Fen.

Adaptabilidade:

- Tratar síndromes do calor na fase de Ying Fen (sintomas: febre alta, confusão mental, delírio, disforia, púrpura ou mácula em estado incubado, língua vermelha viva, pulso rápido e fino).

- Tratar síndromes do calor na fase de Xue Fen (sintomas: febre, púrpura, pápula ou mácula, hematêmese, epistaxe, hemoptise etc.)

Conceito:

São denominadas ervas antipiréticas e refrescantes ao sangue todas as ervas (ou substâncias) medicinais que são capazes de eliminar calor patogênico penetrado no Ying Fen e no Xue Fen, podendo tratar, em particular, as síndromes de excesso de Ying Fen e de Xue Fen.

Síndrome de excesso de Ying Fen:

São manifestações e evoluções mórbidas, por causa de agressão ao corpo humano por calor patogênico e patógeno epidêmico, que se evoluem progressivamente em:

- Síndrome de Wei Fen (calor superficial).

- Síndrome de Qi Fen (síndrome de calor de excesso na fase Wei Fen, um patógeno intangível que domina amplamente o corpo).

- Síndrome de calor de Ying Fen (febre alta, confusão mental, delírio, disforia, púrpura ou mácula em estado incubado, língua vermelha viva, pulso rápido e fino).

- Síndrome de calor de excesso na fase Xue Fen (febre, púrpura, pápula ou mácula, hematêmese, epistaxe, hemoptise etc. — tais hemorragias causadas por agitação do sangue).

As ervas que penetram no Ying Fen são capazes de refrescar e sanear o sangue. O Ying Xue é de natureza Yin, e o fluido Jin Ye é um ingrediente muito importante do Ying Xue. Por isso, as ervas antipiréticas e refrescantes ao sangue são, na sua maioria, de natureza-sabor fria-amarga, fria-doce, no entanto, com propriedades não prejudiciais ao Yin à medida que eliminam o calor patogênico.

I. Xi Jiao 犀角或犀牛角 Cornu Rhinoceri – chifre de rinoceronte

In Natura	Processada
 |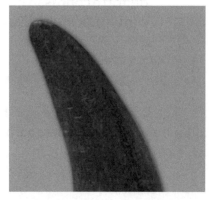
Espécie africana:	*Cornu Rhinoceri*
Rhinoceros sinus Burchell
Rhinoceros bicornis L.
Espécie asiática:
Rhinoceros sondaicus Desmarest
Rhinoceros sumatrensis Cuvier

Natureza – Sabor – Correspondência ao canal:

Han (fria), Ku (amarga), Xian (salgada). Co-canal: Xin (coração), Gan (fígado), Wei (estômago).

Funções:
- Refrescar o sangue e reter hemorragia.
- Desintoxicar veneno e dissipar manchas.
- Abrandar estresse (An Shen, 安神) e amainar espasmo (Ding Jing 定惊).

Aplicação e combinação:
- Refrescar o sangue e reter hemorragia:
  Em caso de hematêmese, epistaxe devido ao calor no sangue, combina-se com Sheng Di, Mu Dan Pi.
- Desintoxicar veneno e dissipar manchas:
  Em caso de púrpura, varicela, pápula e mácula com mancha violeta-escura, combina-se com Yuan Shen, Shi Gao, Da Qing Ye.

- Abrandar estresse e amainar espasmo:

    Em caso do patógeno ter penetrado no Ying Xue, causando delírio e confusão mental, convulsão e câimbra, combina-se com Xuan Shen, Dan Shen, Lian Qiao.

Indicação e dosagem:

0,5 a 1,5 g.

Usa-se em forma de pó finíssimo por via oral, misturado com água ou outras soluções; o pó é também utilizado para fazer glóbulos e cápsulas.

Precauções:

- O Xi Jiao é frio-salgado, tem força penetrante, prejudica facilmente o embrião, devendo ter muita cautela na aplicação em mulheres gestantes.
- O Xi Jiao é contraditório ao Chuan Wu e Cao Wu.

II. Sheng Di Huang 生地黄 Radix Rehmanniae

In Natura — *Rehmannia glutinosa* Libosch.

Processada — *Radix Rehmanniae*

Natureza – Sabor – Correspondência ao canal:

Han (fria), Gan (doce), Ku (amarga). Co-canal: Xin (coração), Gan (fígado), Shen (rins).

Funções:

- Eliminar calor e refrescar sangue.
- Nutrir o Yin e produzir o fluido Jin.

Aplicação e combinação:

- Eliminar calor e refrescar sangue:

  É usada para tratar síndromes de calor epidêmico e febril penetrado no Ying Fen, com sintomas de hemorragias devido a agitação do sangue:

1) Em caso do calor epidêmico e febril ter penetrado no Ying Xue, combina-se com Yuan Shen, Mai Dong, Xi Jiao.

2) Em caso de hemorragia provocada por agitação do calor no sangue, com hematêmese, epistaxe, hematúria, sangue nas fezes, metrorragia ou hemorragia uterina etc., combina-se com ervas anti-hemorrágicas como: Ce Bai Ye, Sheng He Ye, Ai Ye etc.

- Nutrir o Yin e produzir o fluido Jin. Usa-se para tratar síndrome de *Xiao ke*, secura intestinal e prisão de ventre:

1) Para tratar síndrome de secura devido ao Jin ter sido consumido, com manifestações de língua vermelha e boca seca, pode combinar-se com Sha Shen, Mai Dong, Yu Zhu, a fim de nutrir o fluido Yin. Em caso de febre noturna e frio matinal (manifestação da última fase da doença febril), causados por danos ao fluido Jin e a existência de febre mal reduzida, ou em caso da síndrome de febre de maré, devido ao calor interno acompanhado de insuficiência do Yin, resultado de doença crônica, combina-se com Zhi Mu, Qing Hao e Bie Jia (casco de tartaruga) etc.

2) Em caso de *Xiao ke (diabetis)*, com manifestação de disforia e boca seca, combina-se com Huang Qi, Ge Gen, Tian Hua Fen etc.

3) Em caso da secura intestinal e prisão de ventre, combina-se com Yuan Shen, Mai Dong.

Indicação e dosagem:

10 a 30 g.

- O Sheng Di de ramos finos tem pouca força para nutrir o Yin, porém, tem fraca propriedade para aumentar viscosidade. O Sheng Di de ramos grossos é muito forte para nutrir o Yin.
- O Sheng Di preparado com o vinho enfraquece sua natureza fria e reduz propriedade para estimular viscosidade.
- O Sheng Di carbonizado é usado principalmente para reter hemorragia. O Sheng Di tratado nos itens 2 e 3 enfraquece sua função de eliminar calor e refrescar o sangue.

Precauções:

Seja cauteloso em utilizar em pacientes com insuficiência do baço e é proibido usar em pacientes com sensação de plenitude no abdome ou com diarreia.

III. Xuan Shen 玄参 ou Yuan Shen 元参 Radix Scrophulariae Ningpoensis

In Natura

Scrophularia ningpoensis Hemsl.

Processada

Radix Scrophulariae Ningpoensis

Natureza – Sabor – Correspondência ao canal:

Han (fria), Ku (amarga), Gan (doce), Xian (salgada). Co-canal: Fei (pulmões), Wei (estômago), Shen (rins).

Funções:

- Eliminar calor e refrescar sangue.
- Nutrir o Yin e reduzir fogo.
- Desintoxicar veneno e desfazer nódulos.

Aplicação e combinação:

- Eliminar calor e refrescar sangue:
  Para tratar síndrome do calor epidêmico e febril penetrado no Ying Xue, combina-se com Sheng Di, Xi Jiao, Lian Qiao.

- Nutrir o Yin e reduzir fogo:
1) Para tratar secura no pulmão e tosse seca devido à insuficiência do pulmão e rim, combina-se com Bai He, Bei Mu, Gan Cao etc.
2) Em caso de exuberância do fogo e osteopirexia (Gu Zhen Lo Re, calor vazio no osso e fraqueza geral), devido à grave insuficiência do Yin, combina-se com Biejia (casco de tartaruga) e Zhi Mu etc.

- Desintoxicar veneno e desfazer nódulos:
1) Em caso de púrpura por doença epidêmica, combina-se com Xi Jiao, Shi Gao, Zhi Mu etc.
2) Para tratar inchaço doloroso da faringe e garganta:
   a) Em caso de agressão por vento quente exopatogênico, combina-se com Niu Bang Zi, Jie Geng, Bo He.
   b) Em caso de calor interno e ascensão inversiva do fogo falso, combina-se com Jie Geng, Sheng Gan Cao.
3) Em caso de tumefações e furúnculos, combina-se com Yin Hua, Lian Qiao, Zi Hua Di Ding (a combinação com Yin Hua, Gan Cao e Dang Gui é uma fórmula para tratar gangrenas).
4) Em caso de Lei Li Tan He (nódulos), combina-se com Bei Mu, Mu Li.

Indicação e dosagem:

10 a 15 g.

Precauções:

- É proibido usar em pacientes cujo baço e estômago estejam em insuficiência.
- A presente erva é antagônica em relação a Li Lu.

IV. Mu Dan Pi 牡丹皮 Cortex Moutan Radicis

In Natura  Processada

Paeonia suffruticosa Andr.   *Cortex Moutan Radicis*

Natureza – Sabor – Correspondência ao canal:

Wei Han (levemente fria), Ku (amarga), Xin (picante); Co-canal: Xin (coração), Gan (fígado), Shen (rim).

Funções:

- Eliminar calor e esfriar sangue.
- Mover o sangue e desfazer estase sanguínea.

Aplicação e combinação:

- Eliminar calor e esfriar sangue (Qing Re Liang Xue, 清热凉血):

1) Em caso de calor no Xue Fen devido à doença febril, com manifestação de púrpura e pápula ou mácula; hematêmese, epistaxe, frequentemente se combina com Chi Shao, Sheng Di etc.

2) Em caso de febre pré-menstrual ou menstruação inversa, combina-se com Bai Shao, Huang Qin, Chai Hu etc.

3) Para eliminar calor de insuficiência (Xu Huo 虚火), frequentemente se combina com Zhi Mu, Sheng Di, Bie Jia (casco de tartaruga) etc.

4) Em caso de exuberância do fogo devido à estagnação depressiva do fígado (Gan Yu 肝郁) e hiperatividade do Yang hepático, disforia, combina-se com Zhi Zi, Chai Hu, Bai Shao etc.

- Mover o sangue e dissolver estase sanguínea (Huo Xue Hua Yu 活血化淤)

1) Em caso de amenorreia, dismenorreia e tumor sanguíneo (Zheng Ji, 症积) no abdome devido à estagnação do sangue, combina-se com Tao Ren, Chi Shao, Dang Gui, etc.

2) Em caso de hematomas e estase sanguínea devido a contusões mecânicas, combina-se com Ru Xiang, Mo Yao, Su Mu etc.

3) Em caso de inchaços dolorosos e tumefações internas:

a) Para tratar tumefações inchadas e dolorosas combina-se com Yin Hua, Lian Qiao, Bai Zhi etc.

b) Para tratar início de apendicite (tumefação intestinal) combina-se com Da Huang, Tao Ren, Dong Gua Ren* (amêndoa da semente de Dong Gua, 冬瓜).

Indicação e dosagem:

6 a 12 g.

- Esta erva crua é bem apropriada para eliminar calor e refrescar sangue.

*Don Gua Ren, Benincasae, Semen - Substância não descrita neste livro

- Preparada com vinho tem mais propriedade para mover sangue e desfazer estase sanguínea.
- Carbonizada passa a ter função para reter hemorragia.

Precauções:

É aconselhável não aplicar em pacientes que sofram de insuficiência de sangue acompanhada de frio interno, bem como gestantes ou mulheres com menorragia.

V. Chi Shao 赤勺 Radix Paeoniae Rubra

In Natura　　　　　　　Processada

 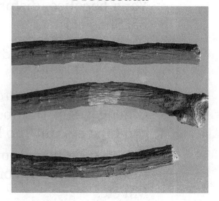

Paeonia obovata Maxim.　　　*Radix Paeoniae Rubra*

Natureza – Sabor – Correspondência ao canal:

Wei Han (levemente fria), Ku (amarga); Co-canal: Gan (fígado).

Funções:

- Eliminar calor e refrescar o sangue.
- Dissolver estase sanguínea e anestesiar dor.
- Drenar fogo do fígado.

Aplicação e combinação:

- Eliminar calor e refrescar sangue:

1) Em caso de púrpuras e pápulas, hematêmese e pistaxe devido ao calor no sangue, combina-se com Mu Dan Pi, Sheng Di, Xi Jiao etc.

2) Em caso da dificuldade urinária-oligúria sanguínea e dolorosa, combina-se com Xiao Ji, Bai Mao Gen etc.

- Dissipar estase sanguínea e anestesiar dor:

1) Em caso de amenorreia e dismenorreia devido à estagnação sanguínea, combina-se com Dang Gui, Chuan Xiong etc.

2) Em caso de estase sanguínea e sensação de dor devido às lesões por motivo mecânico ou sensação de dor devido à estase sanguínea no tórax ou no abdome, bem como tumor sanguíneo, combina-se com Ru Xiang, Tao Ren, Hong Hua etc.

3) Em caso de inchaço infeccioso ou início de tumefação interna, combina-se com Yin Hua, Ru Xiang, Zhao Jiao Chi* (Spina Gleditsiae), etc.

- Em caso de inchaço vermelho do olho acompanhado de dor, causado por calor hepático, combina-se com Ju Hua, Xia Ku Cao etc.

Aplicação e dosagem:

6 a 15 g.

Precauções:

Esta erva é proibido usar em pacientes que sofram de síndrome de insuficiência de Yin (Yin Xu Zheng, 阴虚证)

ANEXO:

A erva Chi Shao é um dos dois tipos de Shao Yao, o outro é Bai Shao. O *"Clássico da Matéria Médica"* não definiu essa classificação, as funções esclarecidas no "Clássico", porém, abrangem

---

* Zhao Jiao Chi (Spina Gleditsiae Sinensis) – Substância não descrita neste livro.

ambos os tipos. Até a Dinastia Tang e no princípio da Dinastia Song, foi estabelecida a classificação, sendo o Chi Shao, uma planta silvestre e Bai Shao, uma planta cultivada. Esses dois tipos de Shao Yao são de origens diferentes e os métodos de preparação também variam. Por que as funções desses dois tipos de Shao Yao são tão diferentes? A resposta ainda não foi achada até o momento, esperamos que estudos farmacêuticos encontrem os porquês.

SEÇÃO V

清虚热药 Qing Xu Re Yao

Substâncias que eliminam calor deficiente

Características Comuns:

Natureza e sabores:

Han Gan (fria-doce), Han Xian (fria-salgada) etc.

Funções:

São utilizadas nas síndromes de calor devido a deficiência de Yin nos estágios tardios das doenças febris, onde os líquidos orgânicos foram consumidos pelo calor e em algumas doenças crônicas com calor deficiente.

Correspondência ao Canal:

Maioria tem correspondência ao canal do Gan (fígado) e Shen (rim).

Adaptabilidade:

As ervas deste grupo são aplicadas para tratar síndromes de calor interno devido à insuficiência do Yin (阴虚内热), com as manifestações clínicas de: febre baixa; osteopirexia e febre de maré; calor nos cinco centros; boca e laringe seca; insônia e incômodo por insuficiência de Yin, suor noturno; língua vermelha com pouco revestimento; pulso fino e rápido.

As manifestações clínicas na última fase da doença febril tem as seguintes manifestações: febre, calor noturno e arrepio matinal com ausência do suor após desaparecimento da febre, língua vermelha-pálida e com pouco revestimento, pulso fino e rápido.

Funções:

São utilizadas nas Síndromes de calor devido a deficiência de Yin; nos estágios tardios das doenças febris onde os líquidos orgânicos foram consumidos pelo calor e em algumas doenças crônicas com calor deficiente.

I. Qing Hao 青蒿 Herba Artemisiae Annuae

In Natura

Processada

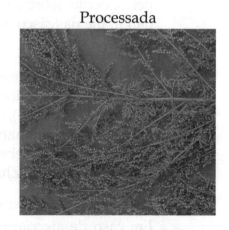

Artemisia annua L.   *Herba Artemisiae Annuae*

Natureza – Sabor – Correspondência ao canal:

Ku (amarga), Xin (picante), Han (fria). Co-canal: Gan (fígado), Shen (rins).

Funções:

- Eliminar calor e matar plasmódio.
- Eliminar calor falso; refrescar sangue.
- Remover calor de verão.

Aplicação e combinação:

- Eliminar calor e matar plasmódio:

  Esta erva é muito eficaz para matar plasmódio: a mono-erva fresca, com dosagem grande (protocolo médico: cozinhar menos de 15 minutos, tomar a sopa da mono-erva fresca 3 horas antes do ataque, ou o extrato para injeção intramuscular diária de 0,3 a 0,4 g., totalizando de 0,9 a 1.2 g. durante três dias). Pode-se também combinar com Huang Qin, Ban Xia etc.

- Eliminar calor falso:

  Para tratar síndrome de febre de insuficiência, caracterizada por: osteopirexia, disforia nos cinco centros, febre baixa permanente, febre à tardinha periódica. Combina-se com Qin Ji, Bie Jia (casco de tartaruga), Zhi Mu etc.

- Refrescar sangue:

  É aplicada para última fase da doença febril quando o patógeno febril ou epidêmico tenha penetrado no Ying Fen (na fase de Ying Xue), com febre baixa permanente ou febre noturna e arrepio matinal; com ausência do suor após desaparecimento da febre. Combina-se com Bie Jia (casco de tartaruga), Dan Pi, Zhi Mu, Sheng Di etc.

- Remover calor de verão:

  Em caso de afecção por calor de verão, com manifestação de febre acompanhada do suor (ou sem suor), tonteira e dor de cabeça, pulso impetuoso e quente. Combina-se com casca verde da melancia, feijão verde (Lu Dou, 绿豆), He Ye (folha de lótus) (seria melhor usar estes produtos frescos, menos o feijão verde).

Em caso de febre infantil devido à afecção por calor de verão, pode-se usar a erva fresca combinando com Che Qian Cao fresco.

Indicação e dosagem:

3 a 10 g. (seco).

- Usa-se via oral. A dosagem deve ser bem maior quando se usa a erva fresca.

Precauções:

Não é conveniente cozinhar por longo tempo.

II. Bai Wei 白薇   Radix Cynanchi Atrati

In Natura — Processada

Cynanchum atratum Bge.   *Radix Cynanchi Atrati*

Natureza – Sabor – Correspondência ao canal:

Han (fria) Ku (amarga) Xian (salgada). Co-canal: Wei (estômago), Gan (fígado).

Funções:

- Eliminar calor e refrescar sangue.
- Favorecer diurese e tratar oligúria.

- Desintoxicar veneno e tratar tumefações (purulenta ou não purulenta).

Aplicação e combinação:

- Eliminar calor e refrescar sangue:
1) Em caso de calor patogênico ter penetrado na camada Ying-Fen, com manifestação de: febre por insuficiência do Yin ou febre de insuficiência de sangue pós-parto, combina-se com Dang Gui, Ren Shen etc.
2) Em caso de insuficiência do Yin e febre causada por patógeno exterior, combina-se com Bo He, Dan Dou Chi, e Yu Zhu etc.
3) Em caso de tosse devido ao calor pulmonar, combina-se com Bei Mu, Qian Hu, Pi Pa Ye etc.

- Favorecer diurese e tratar oligúria:

  Esta erva é apropriada para tratar oligúria de tipo infecciosa ou sanguínea. No "Clássico das Prescrições preciosas" 千金要方: para curar oligúria infecciosa e sanguínea combina-se com Bai Sho, ambos de mesma dosagem, fazendo sopa para tomar via oral; ou combina-se com Dan Zhu Ye, Mu Tong, Hua Shi e Shen Di.

- Desintoxicar veneno e tratar tumefações:

  Usa-se esta erva tanto por via oral quanto por aplicação externa para tratar picada de cobra venenosa, inchaço doloroso da laringe e faringe, e tumefações com pus ou sem pus.

Indicação e dosagem:

3 a 12 g.

Usa-se em forma de sopa, via oral, ou dosagem apropriada como ingrediente para fazer remédios patenteados.

III. Di Gu Pi 地骨皮 Cortex Lycii Radicis

In Natura

Lycium chinense Mill.

Processada

Cortex Lycii Radicis

Natureza – Sabor – Correspondência ao canal:

Han (fria), Gan (doce), Dan (insípida). Co-canal: Fei (pulmão), Shen (rins).

Funções:

- Refrescar o sangue e eliminar pirexia.
- Drenar o calor pulmonar.

Aplicação e combinação:

- Refrescar o sangue e eliminar pirexia:

1) Em caso de febre devido a insuficiência de Yin, osteopirexia, febre de maré e suor noturno. Febre devido à Gan Ji infantil (Gan Ji: grave emagrecimento infantil e má nutrição devido ao mau funcionamento digestivo da criança). Combina-se com Zhi Mu, Bie Jia (casco de tartaruga), e outras ervas nutrientes ao Yin.

2) Em caso de hemorragia causada por agitação do calor no sangue, como: hematêmese, epistaxe. Combina-se com Bai Mao Gen, Ce Bai Ye e outras ervas refrescantes ao sangue.

3) Eliminar calor de insuficiência para fazer nascer fluido e matar sede simultaneamente: para tratar a doença "Xiao ke"

(diabetis) acompanhada de disforia e muita urina, combina-se com Sheng Di Huang, Tian Hua Fen etc.
4) Purgar fogo latente no canal renal e remover fogo falso para anestesiar dor de dente.

- Drenar o calor pulmonar: para tratar tosse devido ao calor no pulmão, combina-se com Sang Bai Pi.

Indicação e dosagem:

6 a 15 g.

Precauções:

É aconselhável não utilizar em pacientes que sofram de febre por vento frio exterior ou com insuficiência de baço e diarreia.

IV. Yin Chai Hu 银柴胡 Radix Stellariae

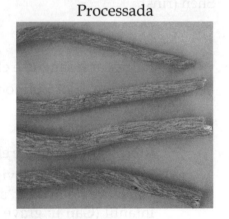

Stellaria dichotoma L.   *Radix Stellariae*

Natureza – Sabor – Correspondência ao canal:

Gan (doce), Wei Han (levemente fria). Co-canal: Gan (fígado), Wei (estômago).

Funções:

- Eliminar calor de insuficiência.
- Remover calor causado por síndrome de Gan Ji infantil.

Aplicação e combinação:

- Eliminar calor de insuficiência:
  Em caso de febre por insuficiência de Yin e suor noturno devido a osteopirexia. Combina-se com Di Gu Pi, Qing Hao, Bie Jia (casco de tartaruga) e outras ervas antipiréticas e nutrientes ao Yin.

- Remover calor causado por síndrome de Gan Ji infantil: Esta erva é primordial para tratar febre de Gan Ji infantil, combinando-se com Dang Shen, Zhi Zi, Hu Huang Lian, Huang Qin etc.

Indicação e dosagem:

3 a 10 g.

Precauções:

É proibido usar em pacientes que sofram de afecção por patógeno exterior de vento frio, e casos de ausência de suor devido à insuficiência de sangue.

V. Hu Huang Lian 胡黄连 Rhizoma Picrorhizae

In Natura

Processada

Picrorhiza kurrooa Royle et Benth   *Rhizoma Picrorhizae*

Natureza – Sabor – Correspondência ao canal:

Ku (amarga), Han (fria). Co-canal: Gan (fígado), Wei (estômago), Da Chang (intestino grosso).

Funções:

- Eliminar calor de insuficiência; remover calor devido a Gan Ji infantil.
- Eliminar calor úmido.

Aplicação e combinação:

- Eliminar calor de insuficiência; remover calor devido a Gan Ji infantil:

    Para tratar síndrome de febre de insuficiência e calor de Gan Ji infantil deve-se combinar com Yin Chai Hu, Di Gu Pi, Zhi Mu etc.

    A ação medicinal desta erva para remover calor de Gan Ji é mais fraca em relação à erva Yin Chai Hu. Para tratar a síndrome Gan Ji infantil deve combinar-se com Bai Zhu, Shan Zha, Shi Jun Zi* (使君子).

* Shi Jun Zi (Quisqualis Indicae, Fructus) – Substância não descrita neste livro.

- Eliminar calor úmido: tem função semelhante à erva Huang Lian, mas menos forte. É uma erva importante para secar umidade e tratar hemorroidas.

  Para tratar disenteria sanguínea causada por calor úmido. Deve-se combinar com Wu Mei, Zao Xin Tu* (cinza de fogueira).

  Para tratar hemorroidas, usa a sopa da erva misturada com bílis de ganso para aplicar na ferida hemorroidária.

---

* Zao Xin Tu – Substância não descrita neste livro.

CAPÍTULO III

泻下药 Xie Xia Yao, Substâncias purgativas

INTRODUÇÃO

I. Conceito:

São denominadas substâncias purgativas todas as substâncias medicinais que podem provocar diarreia ou umedecer o intestino grosso para estimular a evacuação.

II. Principais funções das substâncias purgativas:

- Provocar diarreia e estimular evacuação: este grupo de ervas, por sua ação purgativa, tem como objetivo excluir do estômago e dos intestinos alimentos acumulados e mal digeridos, fezes secas e outras substâncias nocivas estagnadas.

- Purgar e eliminar fogo: uma parte das ervas deste grupo, além de provocar diarreia e estimular a evacuação, tem função de purgar fogo ou calor, por meio da ação de drenagem, eliminando a exuberância do calor de excesso ou o calor intenso patogênico.

- Promover diurese e reduzir edema: outras ervas do mesmo grupo são relativamente tóxicas e irritantes ao estômago e intestinos, e podem provocar energicamente diarreia e, por consequência, podem excluir violentamente o patógeno da umidade ou de água estagnada no sistema digestivo junto com as fezes, reduzindo desse modo o edema.

III. Adaptabilidade principal:

As ervas deste grupo são aplicadas principalmente para tratar a prisão de ventre, evacuar os nocivos acumulados e estagnados no estômago e nos intestinos, eliminar exuberância do calor de excesso, drenar a água estagnada e reduzir edema.

IV. A classificação das substâncias purgativas e respectivas características:

As ervas deste grupo são classificadas em três tipos:

1) ervas catárticas;
2) ervas lubrificantes e laxativas;
3) ervas drásticas.

- Ervas catárticas: a maioria são ervas de natureza fria, tem ação purgativa forte.
- Ervas lubrificantes e laxativas: a maioria são sementes ou amêndoas, com ricas substâncias oleosas e lubrificantes, têm ação laxativa moderada.
- Ervas drásticas: em geral são ervas tóxicas e energicamente irritantes ao canal digestivo, têm ação medicinal para provocar diarreia muito enérgica.

V. Precauções na aplicação das substâncias purgativas:

- Em caso de permanência da síndrome de excesso interno e simultaneamente síndrome superficial, deve, primeiro, dispersar a superficial para depois atacar o excesso interno; mas, se for necessário, poder aplicar erva específica ao excesso interno e dispersar a superficial ao mesmo tempo.

- Em caso de permanência do excesso interno no corpo do paciente, que sofre de insuficiência da energia vital, deve aplicar ervas deste grupo junto com ervas tonificantes à insuficiência, a fim de apoiar a essência vital para simultaneamente atacar o patógeno.

- As ervas drásticas, por sua ação medicinal muito violenta, prejudica facilmente a energia vital, por isso, é aconselhável ser muito cauteloso na aplicação em pacientes que sofram de doenças crônicas enquanto ocorrer fraqueza corporal. É proibido utilizar em gestantes pré-parto.

SEÇÃO I

攻下药 **Gong Xia Yao**
Substâncias catárticas

Características Comuns:

Natureza e sabor:

Han Ku (fria amarga) ou Han Xian (fria salgada).

Funções:

Provocar defecação e purgar calor patogênico acumulado e, simultaneamente eliminar o fogo.

Adaptabilidade:

Tratar prisão de ventre; purgar alimentos ou resíduos alimentares estagnados no estômago e intestinos; drenar exuberância do calor interno de excesso.

I. Da Huang 大黃 Radix et Rhizoma Rhei

In Natura

Rheum tanguticum Maxim. (Balf.)

Processada

Rhizoma Rhei

Natureza – Sabor – Correspondência ao canal:

Han (Fria), Ku (amarga). Co-canal: Pi (baço), Da Chang (intestino grosso), Fei (pulmão), Xin (coração).

Funções:

- Desfazer e purgar acumulação.
- Eliminar calor e drenar fogo.
- Eliminar calor e desintoxicar veneno.
- Mover o sangue e desfazer estase sanguínea.
- Favorecer diurese e eliminar o calor úmido.

Aplicação e combinação:

- Desfazer e purgar acumulação:
1) Em caso de síndrome de excesso no estômago-intestinos, por acumulação de alimentos mal digeridos ou fezes presas, com manifestação de plenitude intumescida e dolorosa no estômago ou no abdome, rejeitando a pressão, e até febre alta e permanente, ou pior ainda, em estado de confusão mental acompanhada de delírio, aplica-se Da Huang, em combinação com ervas capazes de mover o Qi, como Zhi

Shi, Hou Po, Mang Xiao, a fim de eliminar fundamentalmente fatores patogênicos e salvar o Yin que se encontra em situação de emergência.

2) Em caso de prisão de ventre acompanhada de sintomas do fluído Jin prejudicado por calor acumulado, combina-se com Mai Dong, Xuan Shen, Sheng Di etc.

3) Em caso de insuficiência do baço e prisão de ventre devido ao frio acumulado, combina-se com Fu Zi, Gan Jiang.

4) Em caso de plenitude sólida no estômago e nos intestinos devido à insuficiência do Qi Xue, combina-se com Ren Shen, Dang Gui etc.

5) Na fase inicial da disenteria, pode tomar a sopa da monoerva cozida no vinho de arroz, ou aplicar a presente erva em combinação com Huang Lian, Huang Qin etc.

6) Esta erva em combinação com ervas antiparasitas pode reforçar ação medicinal de expulsar parasitas intestinais.

- Eliminar calor e drenar fogo:

1) Em caso de dor de cabeça e faringite, inflamação ocular, gengivite e dor de dente, com sintomas simultâneos de prisão de ventre, causados por hiperatividade do calor exuberante nos aquecedores superior e médio, combina-se com Pu Xiao, Zhi Zi, Huang Qin, Lian Qiao etc.

2) Em caso de dor de cabeça, disforia com tendência irascível, acompanhada de prisão de ventre, causada por hiperatividade do fogo hepático, combina-se com Long Dan Cao, Zhi Zi, Xia Ku Cao etc.

3) Em caso de agitação do calor no sangue, causando hematêmese, hemoptise, epistaxe, combina-se com Huang Lian, Huang Qin etc.

4) Em caso de hematêmese sob condição de debilidade física e doença crônica como a tuberculose, usa-se o suco da Sheng Di fresca misturado com Da Huang triturada.

- Eliminar calor e desintoxicar veneno:

1) Esta é uma erva muito usada para tratar tumefações causadas por calor venenoso, podendo ser usada tanto por via oral quanto por aplicação externa.

2) Para tratar queimadura, pode usar Da Huang em pó misturado com óleo de gergelim aplicando na região queimada.
3) Para mover sangue e desfazer estase sanguínea deve combinar-se com Dan Pi, Tao Ren, Mang Xiao etc.

- Mover sangue e desfazer estase sanguínea:

  Nesse sentido, esta erva é usada para tratar principalmente amenorreia por estagnação de sangue; febre e arrepio devido à estase sanguínea, retenção de líquidos pós-parto; tumores sanguíneos e hematomas devido a pancadas ou quedas, devendo combinar-se com Tao Ren, Hong Hua, Dang Gui, Chuan Xiong. Esta erva em combinação com insetos medicinais: Shui Zhi, Mang Chong*, Zhe Chong**, terá seu efeito de tratar estase sanguínea bem mais evidente.

  Caso seja necessário aplicar a presente erva durante muito tempo, convém tomar simultaneamente Ren Shen e E Jiao.

- Favorecer diurese e tirar o calor úmido:

  Para tratar edema devido à acumulação da mucosidade e fleuma, combina-se com Fang Ji, Ting Li Zi etc.

1) Para tratar efusão pleural, deve combinar-se com Gan Sui, Mang Xiao etc.
2) Para tirar o calor úmido e tratar icterícia, combina-se com Yin Chen Hao, Zhi Zhi.

   Além disso, Da Huang é usada para purgar o calor produzido pela mucosidade, desfazendo mucosidade acumulada e resistente no interior do corpo, com manifestação de síndrome de calor de excesso que pode provocar câimbra, epilepsia e alucinação agitada.

Indicação e dosagem:

- Para aplicação via oral, 5 a 10 g.; em casos graves, pode aumentar até 15 a 20 g. Quando o uso por via oral for em pó, a dosagem reduz-se à metade.
- Para aplicação externa, a dosagem deve manter-se dentro do necessário.
- Esta erva crua tem ação purgativa muito violenta; se for colocada no final do cozimento, a purgação fica mais forte ainda, mas torna-se reduzida se é cozida primeiro.

* Mang Chong (*Tabanus mandarinus*, Schiner - Substância não descrita neste livro.
** Zhe Chong (*Eupolyphagae seu Opisthoplatiae*) – Substância não descrita neste livro.

- Da Huang carbonizada é usada para reter hemorragia, e se preparada no vinho terá função para eliminar o fogo ascendido à parte superior do corpo.

Precauções:

- Esta erva é muito fria e amarga; é proibido aplicar em pacientes cujo estômago e baço estão fracos.
- É proibido usar em pacientes cujo Qi e Xue estão em insuficiência.
- É proibido aplicar em pacientes que sofram de tumefação (ou gangrena) superficial aberta com escorrimento aquoso enquanto está com energia vital fraca.
- É aconselhável ter muita cautela ao aplicar em mulheres grávidas, mulheres em período de menstruação ou pósparto que não possuam estase sanguínea.

II. Mang Xiao 芒硝 Natrii Sulfas, Mirabilitum - Sulfato de Sódio

In Natura   Processada

Natrii Sulfas   *Mirabilitum*

Natureza – Sabor – Correspondência ao canal:

Han (fria), Ku (amarga) e Xian (salgada). Co-canal: Fei (pulmão), Wei (estômago), Da Chang (intestino grosso).

Funções:
- Amolecer fezes estagnadas para as purgar.
- Eliminar calor e drenar fogo.

Aplicação e combinação:
- Amolecer fezes estagnadas para as purgar:

    Para tratar prisão de ventre causada por calor acumulado, ou drenar edema e fleuma acumulada, deve ter combinação com Da Huang, por necessidade recíproca.

- Eliminar calor e drenar fogo:

1) Em caso da dor na faringe e laringe, úlcera bucal e gengivite, pode fazer aplicação externa com Bing Peng San, a fim de eliminar o calor; para tratar dor de faringe e laringe usa-se Xi Gua Shuang*.
2) Para tratar inchaço e tumefação: em caso de hiperplasia da glândula mamária (tumefação mamária, 乳腺增生, Ruxian Zeng Sheng), usa-se aplicação externa, preparando a erva embrulhada em atadura para aplicar nos seios. Este método dá também para suspender secreção do leite. Outra forma da aplicação é fazer banho de assento, tratando hemorroidas.

Indicação e dosagem:

Via oral, 10 a 15g., usa a solução com água quente ou sopa medicinal. Dosagem para aplicação externa segue dosagem necessária.

Precauções:

É proibido aplicar em pacientes cujo estômago e baço estejam com insuficiência. Gestantes e lactantes não podem fazer aplicação por longo tempo para evitar redução do leite, a não ser que se deseja a suspenção.

---

* Xi Gua Shuang (Citrullus Vulgaris, Fructus), Melancia – Substância não descrita neste livro.

III. Lu Hui 芦荟 Herba Aloes, Babosa

In Natura

Aloe vera (L.) Burm. F.

Processada

Herba Aloes

Natureza – Sabor – Correspondência ao canal:

Ku (amarga), Han (fria). Co-canal: Gan (fígado), Da Chang (intestino grosso)

Funções:

- Purgar fezes.
- Sanear fígado.
- Matar parasita.

Aplicação e combinação:

- Purgar fezes: esta erva trata principalmente de prisão de ventre com síndrome de excesso de calor acumulado, com existência simultânea da exuberância do fogo no coração e fígado, angústia e insônia. É conveniente aplicar esta erva junto com remédios patenteados dotados de ingrediente de Zhu Sha (cinnabaris, tipo de mercúrio – tóxico e proibido seu uso no Ocidente).

- Para sanear o fígado, isto é, desvanecer fogo exuberante no canal hepático, com manifestação de tonteira, dor de cabeça, dor hipocôndria, olhos vermelhos e inchados, angústia e prisão de ventre, combina-se com Long Dan Cao, Zhi Zi, Qing Dai, (Fórmula: Dang Gui Long Hui Wan).

- Matar parasita:

1) Para matar lombriga e curar dor abdominal devido a agitação da lombriga, e tratar *Gan Ji* infantil caracterizada por palidez do rosto e magreza do corpo, deve tomar junto com ervas tonificantes ao Qi e remédios antiparasitários, como Shi Jun Zi, Ren Shen etc.

2) A aplicação externa de mono-erva ou da mistura com pó de Gan Cao pode eliminar prurido e tratar tinha resistente (tinea cruris, tinea pedis). Descobriu-se que esta erva tem efeito terapêutico no tratamento da psoríase (牛皮癬).

O suco desta erva, ligeiramente diluída em água, pode tratar inchaço de hemorroidas, usando o método de banho de assento ou aplicação no local.

Indicação e dosagem:

0,6 a 1,5 g.

Não se toma esta erva em forma de sopa, mas entra como ingrediente na fabricação de glóbulos (Wan) ou toma-se encapsulado.

Precauções:

- Sendo muito amarga e de cheiro fétido, não se toma esta erva em sopa.
- Não se aplica em pacientes com insuficiência do baço e estômago, nem a gestantes.

IV. Fan Xie Ye 番泻叶 Folium Sennae

In Natura

Cassia angustifolia Vahl.

Processada

Folium Sennae

Natureza – Sabor – Correspondência ao canal:

Gan (doce), Ku (amarga), Han (fria). Co-canal: Da Chang (intestino grosso)

Funções:
- Purgar fezes e eliminar calor.
- Limpar os intestinos antes de tirar radiografia.

Aplicação e combinação:
- Purgar fezes e eliminar calor:

  A presente erva é muito apropriada para desfazer fezes acumuladas e evacuá-las. Por exemplo, tratar obstrução aguda intestinal ou prisão de ventre de tipo crônico etc. Geralmente se usa a mono-erva, usando simplesmente a sopa feita na água quente, pode-se também combinar com Zhi Shi, Hou Po etc.

- Limpar os intestinos antes de tirar radiografia.

  É muito usada para limpar os intestinos antes de tirar radiografia, devido ao seu baixo custo, aplicação fácil e efeito ideal.

Indicação e dosagem:

Para efeito laxativo, 1,5 a 3 g.; para efeito catártico, 5 a 10 g.

Pode fazer a sopa simplesmente com água quente. Para cozinhar a sopa a erva deve ser colocada por último.

Precauções:

- É proibido aplicar em pacientes fisicamente fracos, em gestantes e em mulheres menstruadas ou em lactação.
- Uma grande dosagem pode provocar dor abdominal, náusea ou vômito.

Esta erva é de origem árabe, foi introduzida na China no século IX, e em 1935 foi registrada pela primeira vez no "Dicionário da Farmacologia Chinesa".

SEÇÃO II

润下药 Run Xia Yao
Substâncias lubrificantes e laxativas

Características Comuns:

Natureza e sabor:

As ervas deste grupo são de natureza branda e neutra; com ricas substâncias oleosas.

Funções:

Umedecer e lubrificar o intestino grosso, umedecer secura para estimular defecação.

Adaptabilidade:

São aplicadas para eliminar prisão de ventre, que acontece em pacientes idosos, fracos, de doença crônica e no pós-parto, devido a insuficiência do Jin (fluído orgânico), do Yin e do Xue.

I. Huo Ma Ren 火麻仁 Fructus Cannabis Sativae

In Natura　　　　　　　　　Processada

Cannabis sativa L.　　　　　　*Semen Cannabis Sativae*

Natureza – Sabor – Correspondência ao canal:

Gan (doce), Ping (neutro). Co-canal: Pi (baço), Da Chang (intestino grosso).

Funções:

Umedecer e desobstruir o canal intestinal para provacar defecação; podendo simultaneamente tonificar insuficiência.

Aplicação e combinação:

- É aplicada para tratar pacientes idosos, fisicamente fracos e mulheres no pós-parto, combina-se com Dang Gui, Shu Di, Xing Ren quando o paciente está com insuficiência do Xue; e combina-se com Dang Shen, Huang Qi quando o paciente está com insuficiência do Qi.

- Em caso de o calor patogênico ter prejudicado o Yin ou existência do fogo exuberante que causa acumulação de fezes secas, prisão de ventre devido a hemorroidas ou prisão de ventre habitual, combina-se com Da Huang, Zhi Shi, etc.

Indicação e dosagem:

10 a 15 g. Entra no cozimento após ser triturado.

Precauções:

Uma grande dosagem desta erva pode causar intoxicação, com sintomas de náusea, vômito, diarreia e adormecimento dos membros, e pode fazer o paciente perder o equilíbrio.

II. Yu Li Ren 郁李仁 Semen Pruni

In Natura

Prunus japonica Thunb.

Processada

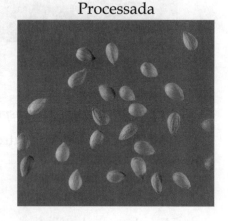

Semen Pruni

Natureza – Sabor – Correspondência ao canal:

Xin (picante), Ku (amarga), Gan (doce), Ping (neutro). Co-canal: Da Chang (intestino grosso), Xiao Chang (intestino delgado).

Funções:

- Lubrificar e desobstruir os canais intestinais para provocar defecação.
- Facilitar diurese e eliminar edema.

Aplicação e combinação:

- Lubrificar e desobstruir os intestinos:

  Esta erva funciona para tratar prisão de ventre, causada por secura do Jin e insuficiência do Xue; em particular, funciona muito bem para tratar sensação intumescida no abdome devido à estagnação do Qi. Para este efeito, deve-se combinar com Bai Zi Ren, Tao Ren, Song Zi Ren* (semente de pinho) e Chen Pi.

- Facilitar diurese e eliminar edema:

  É usada para tratar edema abdominal e edema dos membros inferiores. Combina-se com Sang Bai Pi, Chi Xiao Dou (feijão roxo pequeno), Bai Mao Gen etc.

---

* Song Zi Ren (Pini, semen), semente de pinho – Substância não descrita neste livro.

SEÇÃO III

峻下逐水药 Jun Xia Zhu Shu Yao
Substâncias drásticas e drenadoras

Características comuns:

Funções:

As ervas deste grupo têm ação medicinal muito violenta de purgação e drenagem.

Adaptabilidade:

As ervas deste grupo são adaptáveis para purgar e drenar líquidos estagnados e umidade patogênica no corpo humano, como hidropisia torácica ou abdominal, dispneia e falta de ar devido à acumulação da mucosidade e fleuma.

Precaução:

A maioria das ervas deste grupo são tóxicas, é preciso ter muita cautela na escolha, bem como na combinação e definir apropriadamente a dosagem.

I. Gan Sui 甘遂, Radix Euphorbiae Kansui

In Natura

Euphorbia kansui Liou.

Processada

Radix Euphorbiae Kansui

II. Da Ji 大戟, Radix Euphorbiae seu Knoxiae
Sinonímia: Jin Da Ji

In Natura   Processada

Euphorbia pekinensis Rupr.   *Radix Euphorbiae seu Knoxiae*

III. Yuan Hua 芫花, Flos Genkwa

In Natura   Processada

Daphne genkwa Sieb. et Zucc.   *Flos Daphnes Genkwa*

Explicação:
- As ervas mais representativas deste grupo são:
1) Gan Sui (甘遂, Radix Kansui),

2) Da Ji (大戟, Radix Euphorbiae seu Knoxiae),

3) Yuan Hua (芫花, Flos Daphnes Genkwa).

- Todas as três ervas são tóxicas e possuem ação medicinal muito violenta para purgar e drenar. Por isto, não devem ser usadas cruas, mas preparadas no vinho de arroz, o que pode reduzir a toxidade.

- Quando as três ervas são utilizadas juntas podem tratar principalmente: hidropisia torácica (em medicina ocidental, equivale a pleurite), abdominal (ascite) com sintomas de abafamento torácico (dispneia), dor nos hipocôndrios que se agrava com tosse, e na posição deitada aumenta a intensidade da tosse.

  É considerada síndrome de excesso se existe sintomas de sensação de plenitude e intumescimento do abdome, com som maciço à percussão e líquido à pressão; se nessa síndrome, a energia vital do paciente não está enfraquecida, devemos tomar urgência para tratar-lhe a síndrome Biao (ou fenômeno superficial).

  Modo de tomar: fazer uma sopa com 10 tâmaras (Da Zao); moer as três ervas para obter uma dosagem de 2 a 3 g. e, finalmente tomar o pó junto com a sopa de Da Zao (tâmara).

- Na ação medicinal de purgação, a erva Gan Sui é a mais forte, Da Ji a menos forte e Yuan Hua a mais fraca.

1) Gan Sui e Da Ji são de natureza fria e de sabor amargo, em aplicação externa podem reduzir inchaço e desfazer nódulos.

2) Yuan Hua é de natureza morna e de sabor picante e penetra no canal pulmonar, funciona bem para expelir catarro e abrandar tosse.

3) Toxicidade: Yuan Hua é maior do que as outras duas.

4) Em aplicação externa, Yuan Hua pode matar parasitas e curar sarna na cabeça.

- Utilização clínica atualizada:

1) Em caso de pleurite, moer as três ervas, com a mesma dosagem, até ficar em pó fino e encapsular; cozinhar uma tâmara para obter a sopa e tomar junto com a cápsula. Deve-se parar de tomar assim que se obter o efeito desejado.

2) Em caso de obstrução intestinal simples ou ascite na cavidade abdominal, usa-se Gan Sui em combinação com Da Huang, Hou Po, Tao Ren.

3) O grande médico hepatologista Guan You Po utilizava 3 gramas de Gan Sui e 15 gramas de Gan Cao, todos moídos em pó para misturá-las com vinagre e prepará-las para fazer glóbulos do tamanho do feijão soja. Todas as manhãs, o paciente em jejum toma 15 a 30 grãozinhos com água morna, e assim durante um período, se cura a cirrose hepática na fase hidrópica (ascite).

4) Atualmente, utiliza-se Yuan Hua (preparada no vinho) em forma de cápsula ou comprimido com invólucro de açúcar para tratar bronquite crônica. Na dosagem de 0,5 a 1 grama ao dia, em duas a três vezes, sempre após o desjejum.

Indicação e dosagem:

- Gan Sui: 0,5 a 1 g. toma-se em pó junto com sopa de outro remédio apropriado.

- Da Ji: tomar em sopa, 1, 5 a 3 gramas; para tomar em pó, 0,5 a 1 g. (existem dois tipos de Da Ji: um se chama Jing Da Ji, que é mais forte para purgar líquido; a outra se chama Hong Ya Da Ji, que é mais forte para desinchar).

- Yuan Hua: muito tóxica, tomar em sopa, 1,5 a 3 gramas; para tomar em pó, 0, 5 a 1 grama.

Precauções:

- Gan Sui e as outras duas ervas são muito violentas, devendo aplicá-las somente para purgar hidropisia abdominal ou edema enquanto o paciente se encontra em síndrome de excesso, de uma doença não crônica, cuja energia vital não está enfraquecida e apetite bom. Nesse caso, estas ervas são usadas para resolver, como medida de urgência, sintomas especiais (Biao) da hidropisia ou edema abdominal, que estão em crescimento constante, acompanhadas de prisão de ventre. Não usar dosagem grande, pois, pode provocar graves consequências, como perda da consciência.

- Não é conveniente purgar consecutivamente o edema abdominal. À aplicação destas ervas, deve-se utilizar alternadamente ervas tonificantes ao baço para apoiar a energia vital sem que a energia vital do paciente seja prejudicada durante o tratamento.
- Gan Sui é muito irritante ao trato digestivo. Pode causar náusea, vômito ou diarreia. Por isto, é conveniente aplicar a erva em forma de cápsula, o que pode reduzir a reação indesejada.
- É proibido aplicar estas três ervas a qualquer paciente que sofra de síndrome de insuficiência, com manifestações de pulso fino e fraco, anorexia, ou com tendência de hemorragia, por exemplo: úlcera no sistema digestivo, é também proibido utilizar em pacientes que sofram de deficiência cardíaca e em mulheres gestantes.
- As três ervas são antagônicas contra Gan Cao.

IV. Ba Dou 巴豆 Fructus Crotonis

In Natura

Croton tiglium L.

Processada

Fructus Crotonis

Natureza – Sabor – Correspondência ao canal:

Xin (picente), Re (quente), Yu Da Du 有大毒 (muito tóxica). Co-canal: Wei (estômago), Da Chang (intestino grosso), Fei (pulmão).

Funções:

- Purgar acumulação fria.
- Drenar água para reduzir edema.
- Favorecer expectoração para sanear laringe e faringe.

Aplicação e combinação:

- Purgar acumulação fria:
1) Em caso de prisão de ventre por frio acumulado, combina-se com Gan Jiang, Da Huang.
2) Em caso de anorexia infantil ao leite, utiliza-se remédios patenteados pediátricos, como: Bo Chi San (possui Ba Dou em sua fórmula).
3) Drenar água para reduzir edema:
   Trata principalmente hidropisia abdominal (ascite). Combina-se com Jang Fan, para tratar hidropisia abdominal na fase final de cirrose hepática e esquistossomose.

- Favorecer expectoração para sanear laringe e faringe:
1) É usada para relaxar obstrução da garganta (acompanhada de dispneia), causada por difteria ou inflamação da garganta. Atualmente se aplica por via nasal ou oral para estimular vômito ou expectoração a fim de desobstruir a passagem respiratória.
2) Em caso de abscesso pulmonar com existência de pus abundante, combina-se com Jie Geng e Bei Mu etc.
   Além disso, a presente erva pode ser utilizada para aplicação externa afim de estimular eclosão do pus incubado nas tumefações ou para matar fungos ou sarna.

Indicação e dosagem:

A maioria dos produtos patenteados tem forma de pó. A dosagem por via oral: 0,1 a 0,3 g. (Ingrediente nos remédios patenteados em forma de pó ou glóbulos).

Precauções:

- Em caso de intoxicação caracterizada por purgação excessiva, aplica-se a sopa fria de Huang Lian e Huang Bai ou canja fria a fim de abrandar o efeito purgante excessivo.
- Não deve ser aplicado em pacientes fisicamente fracos e em gestantes.
- Esta erva move-se rapidamente quando recebe calor e fica branda e condensada quando recebe frio. Por isso, deve evitar outras sopas ou alimentações quentes, prevenindo efeito purgativo excessivo da erva.
- Esta erva é antagônica contra erva Qian Niu Zi(牵牛子).

V. Qian Niu Zi 牵牛子 Semen Pharbitidis

In Natura  Processada

Pharbitis purpurea L.   *Semen Pharbitidis*

Natureza – Sabor – Correspondência ao canal:

Ku (amarga), Ha Yu Du (有毒, tóxica). Co-canal: Fei (pulmão), Shen (rins), Da Chang (intestino grosso).

Funções:

- Purgar estagnação e drenar água.

- Desfazer estagnação de alimentos e favorecer defecação.
- Matar e expulsar parasitas.

Aplicação e combinação:

- Purgar estagnação e drenar água:
1) Para tratar edema ou hidropisia e retenção das necessidades fisiológicas, combina-se com Gan Sui, Da Ji e Yuan Hua.
2) Para purgar estagnação do Qi patogênico pulmonar e drenar mucosidade e fleuma, isto é, tratar síndrome de excesso, caracterizada por tosse e respiração ofegante devido à estagnação da umidade e mucosidade que obstruem os canais respiratórios, combina-se com Ting Li Zi, Xing Ren e Hou Po etc.

- Desfazer estagnação de alimentos e favorecer defecação:
1) Em caso de prisão de ventre causada por estagnação do calor úmido, combina-se com Bing Lang, Mu Xiang, Zhi Shi.
2) Em caso de prisão de ventre devido à estagnação intestinal, deve-se moer em pó para combinar com Tao Ren em pó e juntos fazer glóbulos de mel.
3) A presente mono-erva moída em pó e misturada com sopa de gengibre é utilizada para relaxar obstrução intestinal e estimular defecação.

- Matar e expulsar parasitas:
  Para matar parasitas lombriga, tênia e fascíola, combina-se com Bing Lang.

Indicação e dosagem:

- Deve ser triturada antes de cozinhar.
- Em forma de sopa via oral: 3 a 10 g.
- Em forma de pó, seja aplicação tostada ou crua, 1,5 a 3 g.
- A ação medicinal torna-se branda se for tostada.

Precauções:

- É proibida aplicação desta erva em pacientes que sofram de edema acompanhado de insuficiência do baço e em gestantes.

- Uma grande dosagem desta erva pode causar grave irritação ao trato digestivo, provocando vômito, dor abdominal e diarreia, até diarreia com muco e sangue, além de prejudicar as funções dos rins e causar hematúria. Em caso mais grave, grande dosagem pode causar dano à fala e até causar inconsciência. Por isso, esta erva é utilizada com muita cautela para tratar síndrome de excesso em doenças agudas ou doenças de difícil cura enquanto a energia vital do paciente se mantém normal.

CAPÍTULO IV

祛风湿药 Qu Feng Shi Yao
Substâncias que eliminam vento e umidade
Substâncias antirreumáticas

I. Conceito:

As substâncias que eliminam vento e umidade e aliviam dor são conhecidas como substâncias que eliminam vento e umidade – Qu Feng Shi Yao.

II. Propriedades terapêuticas predominantes:

A maioria destas substâncias são picantes e amargas e mornas ou frias.

Estas substâncias podem eliminar vento e umidade dos músculos, tendões e meridianos; algumas facilitam os tendões, removem obstruções dos colaterais e aliviam a dor; algumas nutrem o fígado e os rins e fortalecem os músculos e os tendões.

III. Funções:

São indicadas para tratar síndrome Bi com manifestações de artralgia, anquilose e espasmos musculares, algumas destas substâncias são indicadas para tratar flacidez dos membros inferiores e hemiplegia.

Os fatores patogênicos causadores da síndrome Bi incluem o vento, umidade, frio e calor. Entretanto, é necessário utilizar a substância correta para cada fator patogênico. Substâncias que eliminam vento podem ser aplicadas para casos que predominem o vento; substâncias que eliminam umidade podem ser aplicadas para os casos que o fator patogênico seja umidade; substâncias que eliminam o frio para os casos onde prevalece o fator excessivo frio; e substâncias que eliminam o calor podem ser administradas para casos devido a excessivo calor.

Para os casos marcados pela obstrução dos meridianos pelo vento e umidade, bem como estagnação do Qi e do Sangue, substâncias que ativam a circulação do sangue e remove obstrução dos meridianos e substâncias originadas de insetos que eliminam fatores patogênicos e aliviam a dor podem ser utilizadas.

Para síndrome Bi crônica com deficiência de Qi e Sangue, tônicos que fortalecem o Qi e o Sangue podem ser adicionadas.

Para casos crônicos com fraqueza dos tendões e ossos, substâncias que nutrem os Rins e fortalecem os tendões, músculos e ossos podem ser prescritas.

IV. Precauções a serem tomadas na aplicação de ervas que eliminam vento e umidade:

Como algumas destas substâncias são picantes, mornas e secas, podem consumir o Yin e o sangue e devem ser utilizadas com cautela em pacientes com deficiência de Yin e de sangue.

I. Du Huo 独活 Radix Angelica Pubescentis

In Natura | Processada

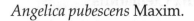

Angelica pubescens Maxim.   *Radix Angelicae Pubescentis*

Natureza – Sabor – Correspondência ao canal:

Xin (picante), Ku (amarga), Wen (morna). Co-canal: Gan (fígado) Shen (rins), Pang Guang (bexiga).

Funções:

- Expelir vento e umidade e aliviar a dor.
- Liberar o exterior e dispersar o frio.

Aplicação e combinação:

- Expelir vento e umidade e aliviar a dor:
  Síndrome de obstrução por vento e umidade (dor reumática). Du Huo é utilizada com Qin Jiao, Fang Feng e Sang Ji Sheng na fórmula Du Huo Ji Sheng Tang.
- Liberar o exterior e dispersa o frio:
  Na síndrome exterior do tipo vento frio. Du Huo é utilizada com Qiang Huo na Fórmula Qiang Huo Sheng Shi Tang.

Indicação e dosagem:

3 a 10 g.

Ambas Qiang Huo (Radix Notopterygii) e Du Huo (Radix Angelicae Pubescentis) eliminam vento e umidade e cessam a dor. Entre tanto Qiang Huo é seca e forte, é especialmente efetiva para promo-ver a transpiração e dispersar síndromes exteriores, é usualmente utilizada para tratar Síndromes Bi com dor devido a vento, frio e umidade na parte superior do corpo. Du Huo por sua vez não é tão forte em induzir transpiração, é utilizada no tratamento de síndrome Bi com dor devido a vento, frio e umidade na parte inferior do corpo. Nos casos de dor no corpo todo, elas são utilizadas juntas.

II. Wei Ling Xian 威灵仙 Radix Clematidis

In Natura — *Clematis chinensis* Osbeck.

Processada — *Radix Clematidis Chinensis*

Natureza – Sabor – Correspondência ao canal:

Xin (picante), Xian (salgada), Wen (morna). Co-canal: Gan (fígado) e Pang Guang (bexiga).

Funções:

- Dispersar vento e umidade e promover a circulação do Qi Xue nos canais e colaterais.

Aplicação e combinação:

- Dispersar vento e umidade:

    Para tratar síndrome de obstrução por vento umidade como nas dores reumáticas, inflamação, dor e parestesia nas articulações e impedimento de movimentos. Wei Ling Xian é utilizada com Du Huo, Sang Ji Sheng e Dang Gui.

    Quando espinha de peixe se aloja na garganta, a decocção desta substância é misturada com vinagre ou açúcar granulado e ingerida lentamente ou em gargarejo.

Indicação e dosagem:

5 a 10 g.

30 gramas nos casos de ossos ou espinha de peixe agarrada na garganta.

Precauções:

Esta substância é contraindicada para pessoas com fraca constituição.

III . Fang Ji 防己 Radix Stephaniae Tetrandrae

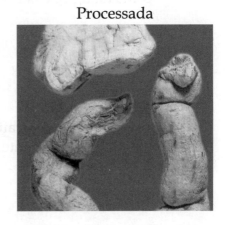

In Natura — *Stephania tetrandra* S. Moore

Processada — *Radix Stephaniae Tetrandrae*

239

Natureza – Sabor – Correspondência ao canal:

Ku (amarga), Xin (picante), Han (fria). Co-canal: Pang Guang (bexiga), Shen (rim) e Pi (baço).

Funções:

- Dispersar vento e umidade.
- Aliviar a dor.
- Dispersar edemas.

Aplicação e combinação:

- Dispersar vento e umidade:

   Obstruções por vento umidade ou umidade calor. Fang Ji é utilizada com Yi Yi Ren, Hua Shi, Can Sha* (Excremento de bicho da seda) e Mu Gua.

- Aliviar a dor:

   Obstrução por frio umidade. Fang Ji é utilizada com Gui Zhi e Fu Zi.

- Dispersar edemas:

1) Edema com sinais de calor: Fang Ji é utilizada com Ting Li Zi e Chuan Jiao Mu** na Fórmula Ji Jiao Li Huang Wan.
2) Edema com sinais de fraqueza do baço: Fang Ji é utilizado com Huang Qi e Bai Zhu na Fórmula Fang Ji Huan Qi Tang.

Dosagem:

5 a 10 g.

Precauções:

Esta substância é contraindicada nos casos de deficiência de Yin e em pacientes sem apetite.

---

*Can Sha (Bombycis Mori, EXCREMENTUM) - Substância não descrita neste livro
**Chuan Jiao Mu (Zanthoxyli, SEMEN) - Pimenta de Si Chuan - Substância não descrita neste livro

IV. Qin Jiao 秦艽 Radix Gentianae Macrophyllae

In Natura

Processada

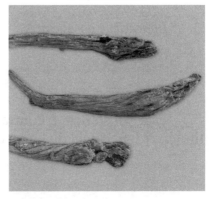

Gentiana macrophylla Pall.   *Radix Gentianae Macrophyllae*

Natureza – Sabor – Correspondência ao canal:

Ku (amarga), Xin (picante) e Wei Han (levemente fria). Co-canal: Wei (estômago), Gan (fígado) e Dan (vesícula biliar).

Funções:

- Dispersar vento e a umidade.
- Limpar calor causado por deficiência de Yin.
- Dispersar umidade calor.

Aplicação e combinação:

- Dispersar vento e a umidade:
  Síndromes de obstrução por vento umidade:
1) Dor com sinais de calor. Qin Jiao é utilizada com Fang Ji e Ren Dong Teng (esteme de madressilva).
2) Dor com sinais de frio. Qing Jiao é utilizada combinada com Du Huo, Gui Zhi e Fu Zi.

- Limpar calor causado por deficiência de Yin:
  Febre vespertina causada por deficiência de Yin. Qing Jiao é combinada com Bie Jia (casco de tartaruga), Zhi Mu e Di Gu Pi na Fórmula Qin Jiao Bie Jia Tang.

- Dispersar umidade calor:
  Icterícia por umidade calor. Qing Jiao é utilizada com Yin Chen Hao e Zhi Zi.

Indicação e dosagem:

5 a 10 g.

Precauções:

Esta substância é contraindicada para pessoas de fraca constituição (deficiência de baço) ou em casos de diarreia.

V. Mu Gua 木瓜 Fructus Chaenomelis Lagenariae

In Natura

Chaenomeles lagenaria Loisel Noeml

Processada

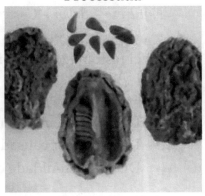

Fructus Chaenomelis Lagenariae

Natureza – Sabor – Correspondência ao canal:

Ku (amarga), Suan (ácida), Wen (morna). Co-canal: Gan (fígado) e Pi (baço).

Funções:

- Promover a circulação nos canais e colaterais e relaxar os músculos e tendões.
- Transformar umidade e harmonizar o estômago.

Indicações e combinações:

- Promover a circulação nos canais e colaterais e relaxar os músculos e tendões:

1) Convulsões e espasmos. Síndrome Bi devido a vento umidade com espasmos nos tendões e músculos. Mu Gua é utilizada com Ru Xiang e Mo Yao na fórmula Mu Gua Jian.

   Se o fator patogênico umidade for predominante, utiliza-se Yi Yi Ren e Niu Xi.

2) Dor e inchaço das pernas com irritabilidade. Mu Gua é utilizada com Wu Zhu Yu e Bing Lang na Fórmula Ji Ming San.

3) Síndrome de obstrução por vento umidade manifestando como dor reumática, dormência nos membros e dor articular. Mu Gua é utilizada com Fang Ji, Wei Ling Xian e Dang Gui.

- Transformar umidade e harmonizar o estômago:

1) Para eliminar umidade e pacificar o estômago. Ela é indicada para tratar síndrome de umidade calor do verão manifestando sintomas de vômito, diarreia, dor abdominal e espasmo muscular (espasmo do gastrocnemius nas gastroenterites agudas). Neste caso combina-se com Huo Xiang, Hou Po, Ban Xia.

2) Mu Gua também promove a digestão e é indicada para tratar dispepsia.

Indicação e dosagem:

6 a 12 g. Para tratar síndrome Bi ela é preparada com vinho medicinal para ser tomada por via oral.

VI. Luo Shi Teng 络石藤 Caulis Trachelospermi – Jasmim estrela

In Natura

Trachelospermum jasminoides
(Lindl.) Lem.

Processada

Caulis Trachelospermi
Jasminoidis

Natureza – Sabor – Correspondência ao canal:

Ku (amarga) e Wei Han (levemente fria). Co-canal: Xin (coração) e Gan (fígado).

Funções:
- Dispersa vento umidade e limpa os colaterais.
- Refresca o sangue e reduz inflamação.

Indicações e combinações:
- Dispersa vento umidade e limpa os colaterais:
  Síndrome de obstrução por vento umidade, manifestando como dor reumática, espasmo muscular e contração dos tendões. Luo shi teng é utilizado com Wu Jia Pi e Niu Xi.
- Refresca o sangue e reduz inflamação:
  Inflamação da garganta e abscesso. Luo Shi Teng é utilizado com Zao Jiao Ci*, Gua Lou, Ru Xiang e Mo Yao na Fórmula Zi Tong Lin Bao San.

Dosagem:
6 a 15 g.

* Zao Jiao Ci (Gleditsia, spina) – Substância não descrita neste livro.

CAPÍTULO V

芳香化湿药 Fang Xiang Hua Shi Yao
Substâncias aromáticas que transformam umidade

I. Conceito:

Estas substâncias são aromáticas, dispersam umidade e promovem a função de transporte e transformação do baço. Sabemos que o Baço prefere secura e detesta umidade. Umidade retida no aquecedor médio impede a função do baço e do estômago.

II. Propriedades terapêuticas predominantes:

As substâncias aromáticas para dispersar umidade são na sua maioria picantes, mornas e secas, atuam ativando a circulação do Qi, dispersando a umidade, fortalecendo a função do baço e do estômago.

Funções:

São indicadas para os casos de retenção de umidade no aquecedor médio com sintomas de distensão e plenitude na região epigástrica e abdominal, náusea, vômitos, anorexia, sensação de umidade grossa na boca, peso nos membros, fezes moles e revestimento lingual gorduroso e grosso.

Estas substâncias são também indicadas para tratar síndromes de umidade calor e umidade fria desde que combinadas com substâncias apropriadas.

Adaptabilidade terapêutica:

Se a umidade for devida a deficiência do baço, as substâncias aromáticas devem ser combinadas com substâncias que tonifiquem o baço.

Se a umidade for caracterizada por peso e estagnação, substâncias que ativam a circulação do Qi devem ser acrescidas.

III. Algumas precauções devem ser tomadas na aplicação destas substâncias:

Como estas substâncias são na maioria mornas e secas podem lesar o Yin. Portanto devemos ter precaução na prescrição destas substâncias em pacientes com deficiência de Yin.

Como estas substâncias aromáticas contêm óleos voláteis, não devem ser cozidas por um longo tempo.

I. Cang Zhu 苍术 Rhizoma Atractyloidis

In Natura — *Atractylodes lancea* Thunb.

Processada — *Rhizoma Atractylodis*

Natureza – Sabor – Correspondência ao canal:

Xin (picante), Ku (amarga) e Wen (morna). Co-canal: Pi (baço) e Wei (estômago).

Funções:

- Secar umidade e fortalecer o baço.
- Expelir vento e umidade e promover suor.

Aplicação e combinação:

- Secar umidade e fortalecer o baço:

  Umidade bloqueando o baço e o estômago, manifestando distensão e plenitude gástrica, perda de apetite, náusea ou vômitos, cansaço e revestimento lingual grosso. Cang Zhu é combinada com Hou Po e Chen Pi na fórmula Ping Wei San.

- Expelir vento e umidade:

1) Síndrome de obstrução por vento-frio-umidade manifestando inchaço e dor nos joelhos e fraqueza nos membros inferiores. Cang Zhu é combinada com Mu Gua, Sang Zhi e Du Huo.

2) Síndromes exteriores devido a invasão de fatores exopatogênicos vento, frio e umidade, manifestando inflamação e peso dos membros, arrepio, febre, dor de cabeça e sensação de peso na cabeça. Combina-se Cang Zhu com Fang Feng e Xi Xin.

3) Fluxo de umidade calor para baixo manifestando inchaço e dor nos joelhos e pernas e fraqueza nos membros inferiores. Cang Zhu é combinada com Huang Bai, Niu Xi, na fórmula San Miao Wan.

Dosagem:

5 a 10 g.

II. Hou Po 厚朴 Cortex Magnoliae Officinalis

In Natura

Magnolia officinalis Rehder et Wilson

Processada

Cortex Magnoliae Officinalis

Natureza – Sabor – Correspondência ao canal:

Ku (amarga), Xin (picante) e Wen (morna). Co-canal: Pi (baço), Wei (estômago), Fei (pulmão) e Da Chang (intestino grosso).

Funções:

- Promover a circulação do Qi e secar umidade.
- Eliminar retenção de comida
- Descender o Qi invertido e aliviar a asma.

Aplicação e combinação:

- Promover a circulação do Qi e secar umidade:

    Desarmonia entre o baço e o estômago devido a estagnação de umidade e retenção de comida manifestada por distensão e plenitude epigástrica. Hou Po é utilizada em combinação com Cang Zhu e Chen Pi na fórmula Ping Wei San.

- Eliminar retenção de comida:

    Se a umidade bloqueia o baço e o estômago causando retenção de comida, distensão e dor abdominal e constipação, Hou Po deve ser combinada com Da Huang e Zhi Shi na fórmula Da Cheng Qi Tang.

- Descender o Qi invertido e aliviar a asma:

Tosse e asma. Hou Po é utilizada em combinação com Xing Ren na fórmula Gui Zhi Jia Hou Po Xing Zi Tang.

Dosagem:

3 a 10 g.

III. Huo Xiang 藿香 Herba Agastaches - Patchouli

In Natura

Processada

Agastache rugosa (Fisch. et Mey) Kuntze.
Sinonímia: *Pogostemon Cablin* (Blanco) Benth

Herba Agastaches seu Pogostemi
Herba Pogostemonis

Natureza – Sabor – Correspondência ao canal:

Xin (picante) e Wen (levemente morna). Co-canal: Pi (baço), Wei (estômago) e Fei (pulmão).

Funções:

- Tranformar umidade.
- Dispersar calor de verão.
- Parar vômitos.

Aplicação e combinação:

- Transformar umidade:
  Umidade bloqueando o baço e o estômago manifestando distensão epigástrica e abdominal, náusea, vômitos e apetite fraco. Huo Xiang é utilizada em combinação com Cang Zhu, Hou Po e Ban Xia na fórmula Bu Huan Jin Zhen Qi San.

- Dispersar calor de verão:
  Lesões internas causadas por comidas cruas e frias e invasão por fatores exógenos vento e frio no verão, manifestando arrepios, febre, dor de cabeça, plenitude epigástrica, náusea, vômitos e diarreia. Huo Xiang é utilizada em combinação com Zi Su Ye, Ban Xia, Hou Po e Chen Pi na fórmula Huo Xiang Zheng Qi San.

- Parar vômitos:
1) Vômito causados por umidade turva no baço e estômago – Huo Xiang é utilizada como mono-erva ou com Ban Xia e Sheng Jiang.
2) Vômito causado por umidade-calor no baço e estômago – Huo Xiang é utilizado com Huang Lian, Zhu Ru e Pi Pa Ye.
3) Vômito causado por fraqueza do baço e estômago – Huo Xiang é utilizado com Dang Shen e Gan Cao.
4) Vômito na gravidez – Huo Xiang é utilizado com Sha Ren e Ban Xia.

Dosagem:

5 a 10 g.

IV. Pei Lan 佩兰 Herba Eupatorii Fortunei

In Natura   Processada

Eupatorium fortunei Turcz.   *Herba Eupatorii Fortunei*

Natureza – Sabor – Correspondência ao canal:

Xin (picante) e Ping (neutra). Co-canal: Pi (baço) e Wei (estômago).

Funções:

- Transformar umidade.
- Liberar calor do verão.

Aplicação e combinação:

- Transformar umidade:
  Umidade bloqueando o baço e o estômago manifestando distensão e plenitude epigástrica e abdominal, náusea, vômito e redução do apetite. Pei Lan é utilizada em combinação com Huo Xiang, Cang Zhu, Hou Po e Bai Dou Kou.

- Liberar calor do verão:
  Invasão por fatores exógenos calor do verão e umidade ou estágios iniciais das doenças febris por umidade-calor manifestando sensação de sufoco no peito, ausência de fome, febre baixa e complexão pálida. Pei Lan é utilizada em combinação com Huo Xiang, Qing Hao, Hua Shi e Yi Yi Ren.

Dosagem:

5 a 10 g.

V. Sha Ren 砂仁 Fructus seu Semen Amomi

In Natura — Processada

Ammomum villosum Lour. — *Fructus seu Semen Amomi*

Natureza – Sabor – Correspondência ao canal:

Xin (picante) e Wen (morna). Co-canal: Pi (baço) e Wei (estômago).

Funções:

- Promover a circulação do Qi e transformar umidade.
- Acalmar o feto.

Aplicação e combinação:

- Promover a circulação do Qi e transformar umidade:
Umidade bloqueando o baço e o estômago ou estagnação do Qi no baço manifestando distensão e dor, perda do apetite, vômito, náusea e diarreia. Sha Ren é utilizada em combinação com Cang Zhu, Bai Dou Kou e Hou Po para os casos de umidade bloqueando o baço e o estômago. Sha Ren, Mu Xiang e Zhi Zhi na fórmula Xiang Sha Zhi Shu Wan São utilizados nos casos de estagnação do Qi devido a retenção de comida. Sha Ren, Chen Pi, Dang Shen e Bai Zhu na Fórmula Xiang Sha Liu Jun Zi Wan são utilizados para estagnação do Qi causado por fraqueza do baço.

- Acalmar o feto:
  Mal-estar matinal ou inquietação do feto. Sha Ren é utilizado em combinação com Bai Zhu e Su Geng.

Dosagem:

3 a 6 g.

VI. Bai Dou Kou 白豆蔻 Fructus Amomi Cardamomi

In Natura   Processada

Ammomum cardamomum L.   *Fructus Amomi Cardamomi*

Natureza – Sabor – Correspondência ao canal:

Xin (picante) e Wen (morna). Co-canal: Fei (pulmão) Pi (baço) e Wei (estômago).

Funções:

- Promover a circulação do Qi e transformar umidade.
- Aquecer o baço e estômago e parar o vômito.

Aplicação e combinação:

- Promover a circulação do Qi e transformar umidade:
1) Umidade bloqueando o baço e o estômago ou Estagnação do Qi no baço manifestando distensão, plenitude e perda de apetite. Bai Dou Kou é utilizado em combinação com Hou Po, Cang Zhu e Chen Pi.

2) Estágios iniciais de doenças febris por umidade-calor manifestando sufoco no peito, ausência de fome e língua com revestimento grosso. Bai Dou Kou é utilizado com Hua Shi, Yi Yi Ren e Sha Ren na Fórmula San Ren Tang. Para os casos de calor em excesso, Bai Dou Kou é utilizado com Huang Qin, Huang Lian e Hua Shi na Fórmula Huang Qin Hua Shi Tang.

- Aquecer o baço e estômago e parar o vômito:

1) Vômitos devido a frio no estômago. Bai Dou Kou é utilizado com Huo Xiang e Ban Xia.
2) Vômito infantil devido a frio no estômago. Bai Dou Kou é utilizado com Sha Ren e Gan Cao.

Dosagem:

3 a 6 g.

VII. Cao Dou Kou 草豆蔻 Semen Alpinaiae Katsumadai

Alpinia katsumadai Hayata   *Semen Alpiniae Katsumadai*

Natureza – Sabor – Correspondência ao canal:

Xin (picante) e Wen (morna). Co-canal: Pi (baço) e Wei (estômago).

Funções:

Secar umidade e aquecer o baço e o estômago; promover a circulação do Qi.

Aplicação e combinação:

Frio-umidade bloqueando e estagnando o baço e o estômago manifestando plenitude, distensão e dor epigástrica e abdominal, dor fria, vômito e diarreia. Nos casos de excessiva umidade, Cao Dou Kou é utilizada com Hou Po, Cang Zhu e Ban Xia. Nos casos de frio excessivo Cao Dou Kou é utilizada com Rou Gui e Gan Jiang.

Dosagem:

3 a 6 g.

VIII. Cao Guo 草果 Fructus Amomi Tsao-ko

In Natura — Processada

Amomum tsao-ko Crevost et Lemairs

Fructus Amomi Tsao-ko

Natureza – Sabor – Correspondência ao canal:

Xin (picante) e Wen (morno). Co-canal: Pi (baço) e Wei (estômago).

Funções:

- Secar umidade e aquecer o baço e o estômago.
- Tratar os sintomas da malária.

Aplicação e combinação:

- Secar umidade e aquecer o baço e o estômago:

  Frio-umidade bloqueando e estagnando o baço e o estômago manifestando plenitude e distensão epigástrica e abdominal, dor fria, vômito e diarreia, revestimento lingual branco, grosso e turvo. Cao Guo é utilizado em combinação com Hou Po, Cang Zhu e Ban Xia.

- Tratar os sintomas da malária:

  É indicado para malária com predominância de fleuma e umidade. Cao Guo é utilizada em combinação com Chang Shan* e Chai Hu.

Dosagem:

3 a 6 g.

---

* Chang Shan (Dichroae, Radix) – Substância não descrita neste livro.

CAPÍTULO VI

利水渗湿药 Li Shui Shen Shi Yao
Substâncias diuréticas e exsudativas (drenam umidade)

I. Conceito:

São substâncias que promovem a diurese e eliminam umidade, transformam umidade acumulada ou fluído em urina. Algumas possuem a função de limpar o calor e drenar umidade.

II. Propriedades terapêuticas predominantes:

Em sua maioria são doces ou brandas e levemente frias, ou amargas e fria.

Funções:

Podem aumentar o volume urinário, facilitar a diurese e eliminar água e umidade, sendo indicadas para retenção de líquidos e umidade, disúria, edemas, ascites, retenção de fleuma, estrangúria, icterícia e síndrome de umidade quente.

Adaptabilidade terapêutica:

As substâncias que são doces ou brandas e levemente frias são chamadas "Drogas brandas que promovem diurese"; as substâncias amargas e frias são chamadas de "substâncias que purgam o calor e promovem diurese"; e as substâncias frequentemente utilizadas no tratamento de estrangúria são conhecidas como "diuréticas para liberar estrangúria".

As substâncias diuréticas devem ser prescritas seletivamente e utilizadas em combinação com outras substâncias relacionadas. Por exemplo: para edema súbito acompanhado por síndrome exógena, são combinadas com substâncias que liberem o exterior e promova a função dispersiva do pulmão; para edema crônico acompanhado por deficiência do Yang do baço e do rim, elas são utilizadas junto com substâncias que aqueçam e nutram o baço e o rim; para estrangúria com predominância de umidade calor, elas são combinadas com substâncias que purgam o calor; para estrangúria complicada por hematúria devido a excessivo calor que lesam os vasos sanguíneos, elas são combinadas com substâncias que resfriam o sangue e cessam sangramento.

III. Algumas precauções que devem ser tomadas na aplicação das substâncias diuréticas e exsudativas:

Diuréticos consomem os fluídos e devem ser prescritos com precaução em pacientes que possuam perda de líquidos corporais devido a deficiência de Yin.

I. Fu Ling 伏苓 Sclerotium Poriae Cocos

Poria cocos Wolf.

Sclerotium Poriae Cocos

Natureza – Sabor – Correspondência ao canal:

Gan (doce) e Ping (neutra). Co-canais: Xin (coração), Pi (baço) e Shen (rins).

Funções:

- Transforma umidade e fortalece o baço.
- Acalma a mente.

Aplicação e combinação:

- Transforma umidade e fortalece o baço:
1) Disúria e edema. Fu Ling é utilizado com Zhu Ling, Ze Xie e Bai Zhu na Fórmula Wu Ling San.
2) Retenção de fleuma e fluídos manifestando com tonteira, palpitação e tosse. Fu Ling é utilizada em combinação com Bai Zhu e Gui Zhi na Fórmula Ling Gui Zhu Gan Tang.
3) Umidade excessiva e deficiência de baço manifestando os sintomas de apetite fraco, diarreia e lassidão. Fu Ling é utilizada em combinação com Dang Shen e Bai Zhu na Fórmula Si Jun Zi Tang.

- Acalma a mente:
Palpitações e insônia. Fu Ling é utilizada com Suan Zao Ren e Yuan Zhi.

Dosagem:
10 a 15 g.

II. Zhu Ling 猪苓 Sclerotium Polypori Umbellati

In Natura

Polyporus umbellatus Fries

Processada

Sclerotium Polypori Umbellati

Natureza – Sabor – Correspondência ao canal:

Gan (doce) ou Ping (neutra). Co-canais: Shen (rim) e Pang Guang (bexiga).

Funções:

Transforma umidade e promove o metabolismo da água.

Aplicação e combinação:

Disúria, urina turva, edema, diarreia e profusa leucorreia. Zhu Ling é utilizada em combinação com Fu Ling e Ze Xie na Fórmula Si Ling San.

Dosagem:

5 a 10 g.

Obs.: Fu Ling e Zhu Ling são ervas doces e brandas e trabalham eliminando umidade; elas são indicadas para retenção de água e umidade. Mas Fu Ling possui ação moderada e pode fortalecer o baço e acalmar a mente; Zhu Ling possui ação mais forte, entretanto não possui efeito sobre o baço e sobre a mente.

III. Ze Xie 泽泻 Rhizoma Alismatis – Plantago-aquaticae

In Natura

Alisma plantago-aquatica L.

Processada

Rhizoma Alismatis Plantago-aquaticae

Natureza – Sabor – Correspondência ao canal:

Gan (doce) e Han (fria). Co-canal: Shen (rim) e Pang Guang (bexiga).

Funções:

- Transforma umidade e promove o metabolismo da água.

Aplicação e combinação:

- Disúria, urina turva, edema, diarreia e profusa leucorreia ou retenção de fleuma e fluídos, tonteira, vertigem, palpitação e tosse. Ze Xie é utilizada com Fu Ling, Zhu Ling e Bai Zhu na Fórmula Wu Ling San.

Dosagem:

5 a 10 g.

IV. Yi Yi Ren 薏苡仁 Semen Coicis

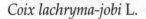

In Natura — Processada

Coix lachryma-jobi L.   *Semen Coicis Lachryma-jobi*

Natureza – Sabor – Correspondência ao canal:

Gan (doce) e Wen (morna), Wen Han (levemente fria). Co-canal: Pi (baço), Wei (estômago) e Fei (pulmão).

Funções:

- Transforma umidade e promove o metabolismo da água.
- Limpa o calor e elimina pus.

Aplicação e combinação:

- Transforma umidade e promove o metabolismo da água:
- Deficiência do baço manifestando edema, disúria e diarreia. Yi Yi Ren é utilizada com Ze Xie e Bai Zhu.
- Nos estágios iniciais de doenças febris por umidade-calor quando o patógeno está na camada do Qi (Qi Fen). Yi Yi Ren é utilizado em combinação com Hua Shi, Zhu Ye e Tong Cao na Fórmula San Ren Tang.
- Limpa o calor e elimina pus:
  Acumulação de umidade-calor ou estagnação de Qi e Sangue manifestando abscesso pulmonar e abscesso intesti-

nal. Yi Yi Ren, Wei Jing, Dong Gua Ren e Tao Ren na Fórmula Qian Jin Wei Jing Tang são utilizados para tratar abscessos pulmonares com tosse, catarro purulento. Yi Yi Ren e Bai Jiang Cao na Fórmula Yi Yi Fu Zi Bai Jiang San são utilizados para tratar abscesso intestinal.

Dosagem:

10 a 30 g.

Obs.: Yi Yi Ren possui efeito similar ao Fu Ling. Entretanto ele elimina umidade, alivia síndrome Bi, purga calor e drena pus e também é utilizada para tratar Síndrome Bi devido a umidade, bem como abscessos pulmonares e apendicites.

Esta substância possui ação moderada, tratando doenças crônicas podendo ser utilizada em grande dosagem e por um período longo. É muito utilizada na dietoterapia chinesa.

V. Che Qian Zi 车前子 Semen Plantaginis

In Natura   Processada

Plantago asiatica L.   *Semen Plantaginis*

Natureza – Sabor – Correspondência ao canal:

Gan (doce) e Han (fria). Co-canais: Shen (rim), Gan (fígado) e Fei (pulmão).

Funções:

- Promove o metabolismo da água e alivia a urinação anormal.
- Para a diarreia.
- Limpa o calor no fígado e clareia os olhos.
- Limpa os pulmões e elimina fleuma.

Aplicação e combinação:

- Promove o metabolismo da água e alivia a urinação anormal:
  Umidade-calor na bexiga manifestando disúria, frequente urinação e sensação de distensão e peso na região abdominal inferior. Che Qian Zi é utilizada com Mu Tong, Zhi Zi e Hua Zhi na Fórmula Ba Zheng San.

- Para a diarreia:
  Diarreia por umidade-calor. Che Qian Zi é utilizada com Fu Ling, Bai Zhu e Ze Xie.

- Limpa o calor no fígado e clareia os olhos:

1) Calor no fígado manifestado com vermelhidão, dor e inchaço nos olhos. Che Qian Zi é utilizado com Ju Hua, Long Dan Cao e Huang Qin.
2) Deficiência de Yin no fígado e rins manifestando visão borrada e catarata. Che Qian Zi é utilizado com Sheng Di Huang, Mai Dong e Gou Qi Zi.

- Limpa os pulmões e elimina fleuma:
  Tosse com catarro profuso devido a calor nos pulmões. Che Qian Zi é utilizado com Gua Lou, Huang Qin e Chuan Bei Mu.

Dosagem:

5 a 10 g.

Obs.: Doce, branda e fria, esta substância pode excretar umidade e purgar fogo, reduzir calor no rim, fígado e pulmões. Purga umidade-calor no aquecedor inferior, fogo do fígado e calor nos pulmões.

VI. Hua Shi 滑石 Talcum [$Mg_3 (Si_4O_{10}) (OH)_2$] – Silicato de Magnésio

In Natura

Processada

Talcum

Talcum

Natureza – Sabor – Correspondência ao canal:

Gan (doce) ou Wu Wei (sem sabor) e Han (frio). Co-canal: Wei (estômago) e Pang Guang (bexiga).

Funções:

- Promove o metabolismo da água e alivia anormal urinação.
- Limpa o calor e alivia calor do verão.
- Alivia queimadura e trata doenças de pele.

Aplicação e combinação:

- Promove o metabolismo da água e alivia anormal urinação:
  Umidade calor na bexiga manifestando dor ao urinar, urgência miccional, frequente urinação, distensão abdominal baixa e febre. Hua Shi é utilizada em combinação com Mu Tong, Che Qian Zi, Bian Xu e Zhi Zi.

- Limpa o calor e alivia calor do verão:
  Síndrome de calor de verão e umidade manifestando sede, sensação de sufoco no peito, vômito e diarreia. Hua Shi é combinada com Gan Cao na Fórmula Liu Yi San.

- Alivia queimadura e trata doenças de pele:
  Queimaduras, eczema e doenças de pele. Hua Shi é utilizada em combinação com Shi Gao e Lu Gan Shi* (Calamina Colamina) em uso externo.

Dosagem:

10 a 15 g.

VII. Mu Tong   滑石   Caulis Akebiae Trifoliatae

Akebia trifoliata (Thunb.) Koidz   *Caulis Akebiae Trifoliatae*

Natureza – Sabor – Correspondência ao canal:

Ku (amarga) e Han (fria). Co-canal: Xin (coração), Xiao Chang (intestino delgado) e Pang Guang (bexiga).

Funções:
- Promove o metabolismo da água e alivia urinação anormal.
- Limpa o calor e promove a lactação.

Aplicação e combinação:
- Promove o metabolismo da água e alivia urinação anormal:
  Umidade calor na bexiga manifestando disúria, dor urinária, frequente urinação, urgência miccional, peso e disten-

---

* Lu Gan Shi (Calamina – Zh CO_3, Carbonato de Zinco) – Substância não descrita neste livro.

são abdominal ou elevação do fogo do coração na boca e língua, irritabilidade e sangue na urina. Mu Tong é utilizado com Zhu Ye, Gan Cao e Sheng Di Huang na Fórmula Dao Chi San.

- Limpa o calor e promove a lactação:

  Insuficiente lactação. Mu Tong é utilizado com Wang Bu Liu Xing e Chuan Shan Jia* (Escama de Tatu) ou o Mu Tong é cozido com pé de porco.

Dosagem:

3 a 6 g.

Precauções e contraindicações:

Precauções nas superdosagens. É contraindicada na gravidez.

VIII. Tong Cao 通草 Medulla Tetrapanacis

In Natura — *Tetrapanax papyriferus* Koch

Processada — *Medulla Tetrapanacis Papyriferi*

Natureza – Sabor – Correspondência ao canal:

Gan (doce) ou Wu Wei (sem sabor) e Wei Han (levemente fria). Co-canal: Fei (pulmão) e Wei (estômago).

---

* Chuan Shan Jia (Manitis, Squama - Manispentadactyla Linnaeus) - Substância não descrita neste livro.

Funções:
- Limpa o calor e promove metabolismo da água.
- Promove lactação.

Aplicação e combinação:
- Limpa o calor e promove metabolismo da água:
  Calor umidade na bexiga manifestando disúria, dor ao urinar, frequente urinação e urgência miccional. Tong Cao é utilizada em combinação com substâncias que transformam umidade e limpam o calor como Hua Shi e Che Qian Zi.
- Promove lactação:
  Insuficiente lactação. Tong Cao é utilizada com Wang Bu Liu Xing e Chuan Shan Jia ou Tong Cao é cozido com pé de porco.

Dosagem:
2 a 5 g.

Precaução:
Esta substância deve ser prescrita com cautela em pacientes grávidas.

IX. Jin Qian Cao 金钱草 Herba Glechomae Longitubae, Herba Lysimachiae

In Natura

Processada

Glechoma longituba (Nakai) Kupr. (na província de Jiang Su)
Lysimachiq christinae Hance (na província de Ji Chuan)

Herba Glechomae Longitubae
Herba Lysimachiae

Natureza – Sabor – Correspondência ao canal:

Gan (doce) ou Wu Wei (sem sabor) e Ping (neutra). Co-canal: Gan (fígado), Dan (vesícula biliar), Shen (rim) e Pang Guang (bexiga).

Funções:
- Promove o metabolismo da água e alivia urinação anormal.
- Transforma umidade e elimina icterícia.

Aplicação e combinação:
- Promove o metabolismo da água e alivia urinação anormal:
  Umidade calor na bexiga manifestando urinação quente, litíase, dor ao urinar, urgência miccional, frequência urinária, dor abdominal e litíase biliar. Jin Qian Cao é utilizada em combinação com Hai Jin Sha e Ji Nei Jin na Fórmula San Jin Tang.
- Transforma umidade e elimina icterícia:
  Icterícia por calor umidade. Jin Qian Cao é utilizada com Yin Chen Hao e Zhi Zi.

Dosagem:
30 a 60 g.

X. Hai Jin Sha 海金沙 Spora Lygodii Japocini

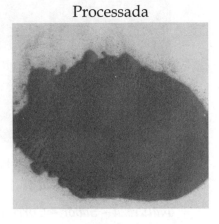

In Natura — Processada

Lygodium joponicum (Thunb. ex Murr.) SW.

Spora Lygodii Japocini

Natureza – Sabor – Correspondência ao canal:

Gan (doce) e Han (fria). Pang Guang (bexiga) e Xiao Chang (intestino delgado).

Funções:

- Promove o metabolismo da água e regula urinação anormal.

Aplicação e combinação:

- Promove o metabolismo da água e regula urinação anormal:
Umidade calor na bexiga manifestando vários sintomas de anormalidades miccionais incluindo urina quente, litíase, hematúria, urina turva, disúria, urgência miccional e frequente urinação. Hai Jin Sha é utilizada com Hua Shi, Jin Qian Cao, Che Qian Zi e Hou Po.

Dosagem:

6 a 12 g.

XI. Shi Wei 石韦 Folium Pyrrosiae

In Natura   Processada

Pyrrosia lingua (Thunb.) Farw.   *Folium Pyrrosiae*

Natureza – Sabor – Correspondência ao canal:

Ku (amarga) ou Gan (doce) e Wei Han (levemente fria). Co-canal: Fei (pulmão) e Pang Guang (bexiga).

Funções:

- Promove o metabolismo da água e regula urinação anormal.

Aplicação e combinação:

- Promove o metabolismo da água e regula urinação anormal:
Umidade calor na bexiga manifestando disúria, calor na urina, litíase, hematúria, urina turva, urgência miccional e frequente urinação. Shi Wei é utilizada em combinação com Hua Shi, Hai Jin Sha e Che Qian Zi.

Dosagem:

5 a 10 g.

XII. Bi Xie 萆薢 Rhizoma Dioscoreae Hypoglaucae
Sinonímia: Fen Bi Xie ou Bei Xie

In Natura — Processada

Dioscorea hypoglauca Palib. *Rhizoma Dioscoreae Hypoglaucae*

Natureza – Sabor – Correspondência ao canal:

Ku (amarga) e Ping (neutra). Co-canal: Gan (fígado) Wei (estômago) e Pang Guang (bexiga).

Funções:

- Elimina turbidez da urina.
- Expele vento e transforma umidade.

Aplicação e combinação:

- Elimina turbidez da urina:

1) Urina turva causada por frio umidade na bexiga. Bi Xie é utilizada com Yi Zhi Ren (cardamomo amargo), Shi Cang Pu e Wu Yao na Fórmula Bi Xie Fen Qing Yin.
2) Leves problemas urinários devido a umidade calor fluindo para baixo para a bexiga. Bi Xie combina-se com Huang Bai e Che Qian Zi.

- Expele vento e transforma umidade:

1) Síndrome de obstrução por vento umidade manifestando dor articular, dormência dos membros e dor lombar. Bi Xie é utilizada como mono-erva.
2) Síndrome de obstrução por frio umidade. Bi Xie é utilizada com Gui Zhi e Fu Zi.
3) Síndrome de obstrução por umidade calor. Bi Xie é utilizada com Sang Zhi, Qin Jiao e Yi Yi Ren.

Dosagem:
10 a 15 g.

XIII. Yin Chen Hao 茵陈蒿 Herba Artemisiae Capillaris
Sinonímia: Herba Artemisia Scopariae

In Natura — *Artemisia capillaris* Thunb.

Processada — *Herba Artemisiae Capillaris*

Natureza – Sabor – Correspondência ao canal:

Ku (amarga) e Wei Han (levemente fria). Co-canal: Pi (baço) Wei (estômago), Gan (fígado) e Dan (vesícula biliar).

Funções:

- Limpar calor e transformar umidade.
- Eliminar icterícia.

Aplicação e combinação:

- Limpar calor e transformar umidade:
  Purga o calor, elimina umidade e alivia icterícia.
- Eliminar icterícia :
1) Icterícia por umidade calor do tipo Yang, Yin Chen Hao é utilizado com Zhi Zi e Da Huang na Fórmula Yin Chen Hao Tang.
2) Icterícia por frio umidade do tipo Yin, Yin Chen Hao é utilizado com Fu Zi e Gan Jiang na Fórmula Yin Chen Si Ni Tang.

Dosagem:

10 a 30 g.

CAPÍTULO VII

温里药 Wen Li Yao
Substâncias que aquecem o interior

I. Conceito:

Aquecem o aquecedor médio, fortalecem a função do baço e do estômago, expelem o frio e aliviam a dor. Também podem aquecer, revigorar e restaurar o Yang.

II. Propriedades terapêuticas predominantes:

Substâncias que aquecem o interior e expelem o frio interno são geralmente picantes e quentes.

Funções:

São indicadas para tratar várias síndromes de frio interno que são classificadas em duas categorias:

- Ataque pelo patógeno frio, estagnando o Yang Qi do baço e estômago, com sintomas de frio e dor epigástrica e abdominal, vômito e diarreia.

- Fraqueza do Yang Qi e excessiva acumulação de frio no interior, marcado por aversão ao frio, membros frios, palidez, aumento do volume urinário com clareamento da urina, língua pálida com revestimento branco, pulso profundo e tenso, ou colapso do Yang devido a profusa sudoração, marcado por membros frios e pulso fraco e submerso.

Adaptabilidade:

Estas substâncias podem ser combinadas com outras dependendo das condições específicas do paciente. Para ataque do interior por fator patogênico exógeno frio acompanhado por síndrome exterior, são combinadas com substâncias que liberam o exterior (Jie biao yao); para retenção de frio e estagnação do Qi, são combinadas com substâncias que ativam o Qi; para retenção de frio e umidade no baço, são utilizadas com substâncias que fortalecem o baço e dispersam umidade; para deficiência do Yang do baço e dos rins, são combinadas com substâncias que beneficiam o Qi e nutrem os rins; e para a exaustão do Yang e depleção do Qi, são prescritas com substâncias que fortalecem o Qi primordial.

III. Algumas precauções que devem ser tomadas na aplicação de substâncias que aquecem o interior:

Substâncias que aquecem o interior são picantes, quentes e secas e podem consumir os líquidos corporais, são contraindicadas nas síndromes de calor, nas síndromes de insuficiência de Yin e em mulheres grávidas.

I. Fu Zi 附子 Radix Aconiti Carnichaeli Praeparata

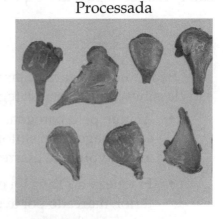

Aconite carmichaeli Debx

Radix Aconiti Carmichaeli Praeparata

Natureza – Sabor – Correspondência ao canal:

Xin (picante), Re (quente) e Da Du (muito tóxica). Co-canal: Xin (coração), Shen (rim) e Pi (baço).

Funções:

- Aquecer e fortalecer o Yang do rim.
- Expelir o frio e parar a dor.

Aplicação e combinação:

- Aquecer e fortalecer o Yang do rim:
1) Na Síndrome de Colapso do Yang, manifestando frio nas extremidades, suor frio espontâneo e pulso sem vigor – fraco. Fu Zi é utilizado com Gan Jiang e Gan Cao na fórmula Si Ni Tang.
2) Na Síndrome de Colapso do Yang Qi, manifestando profuso suor, respiração curta e asma. Fu Zi é utilizado com Ren Shen na Fórmula Shen Fu Tang.
3) Na deficiência do Yang dos rins e declínio do fogo dos rins manifestando arrepios, membros frios, inflamação e fraqueza da região lombar, impotência e frequente urinação. Fu Zi é utilizado com Rou Gui, Shan Yu Rou e Shu Di Huang na Fórmula Gui Fu Ba Wei Wan.
4) Na fraqueza do Yang do baço manifestando frio na região epigástrica e abdominal e diarreia. Fu Zi é utilizado com Ren Shen, Bai Zhu e Gan Jiang na Fórmula Fu Zi Li Zhong Wan.
5) Na deficiência do Yang do baço e dos rins, manifestando disúria e edema geral. Fu Zi é utilizado com Bai Zhu e Fu Ling na Fórmula Zhen Wu Tang.
6) Na deficiência do Yang do coração manifestando palpitações, respiração curta e sufocante e dor no peito. Fu Zi é utilizado com Ren Shen e Gui Zhi.
7) Na fraqueza do Yang defensivo (Wei Qi), manifestando suor espontâneo. Fu Zi é utilizado com Huang Qi e Gui Zhi.

- Expelir o frio e parar a dor:
1) Na invasão por vento e frio em pessoa com deficiência de Yang. Fu Zi é utilizado com Ma Huang e Xi Xin na Fórmula Ma Huang Fu Zi Xi Xin Tang.

2) Nas síndromes de obstrução por frio umidade. Fu Zi é utilizado com Gui Zhi e Bai Zhu na Fórmula Gan Cao Fu Zi Tang.

Dosagem:

3 a 15 g.

Precauções e contraindicações:

Esta substância é contraindicada durante a gravidez.

II. Gan Jiang 干姜 Rhizoma Zingiberis Officinalis

In Natura — Processada

Zingiber officinale Roscoe — *Rhizoma Zingiberis Officinalis*

Natureza – Sabor – Correspondência ao canal:

Xin (picante) e Re (quente). Co-canal: Pi (baço), Wei (estômago), Xin (coração) e Fei (pulmão).

Funções:

- Aquecer o baço e o estômago e dispersar o frio.
- Prevenir o colapso do Yang.
- Aquecer os pulmões e eliminar fleuma umidade.

Aplicação e combinação:

- Aquecer o baço e o estômago e dispersar o frio:

1) Ataque de frio ao baço e estômago manifestando dor fria epigástrica e na região abdominal, vômito e diarreia. Gan Jiang é utilizada com Wu Zhu Yu e Ban Xia.

2) Fraqueza e frio no baço e estômago manifestando distensão e plenitude epigástrica e abdominal, vômito, náusea, fezes moles, pouco apetite, lassidão e pulso fraco e deficiente. Gan Jiang é utilizado com Bai Zhu e Fu Ling na Fórmula Li Zhong Wan.

- Prevenir o colapso do Yang:

No Colapso do Yang manifestando suor frio, extremidades frias, suor espontâneo, pulso fraco. Gan Jiang é utilizado com Fu Zi na Fórmula Si Ni Tang.

- Aquecer os pulmões e eliminar fleuma umidade:

Nos casos de fleuma fria manifestando arrepio, asma, tosse e catarro claro e profuso e sensação de frio nas costas. Gan Jiang é utilizado em combinação com Ma Huang, Xi Xin e Ban Xia na Fórmula Xiao Qing Long Tang.

Dosagem:

3 a 10 g.

Precauções e contra-indicacões:

Esta substância deve ser utilizada com precaução na gravidez.

III. Rou Gui 肉桂 Cortex Cinnamomi Cassiae

In Natura

Cinnamomum cassia Presl

Processada

Cortex Cinnamomi Cassiae

Natureza – Sabor – Correspondência ao canal:

Xin (picante), Gan (doce) e Re (quente). Co-canal: Shen (rim), Pi (baço), Xin (coração) e Gan (fígado).

Funções:

1) Aquecer o Yang dos rins.
2) Dispersar o frio e parar a dor.
3) Aquecer os canais e promover a circulação.

Aplicação e combinação:

- Aquecer o Yang dos rins:

1) Deficiência do Yang dos rins manifestando os sintomas de membros frios, inflamação e fraqueza da região lombar e joelhos, impotência, espermatorreia e frequente urinação. Rou Gui é utilizado com Fu Zi, Shu Di Huang e Shan Yu Rou na Fórmula Gui Fu Ba Wei Wan.
2) Deficiência do Yang do baço e rins manifestando dor fria na região epigástrica e abdominal, perda do apetite e fezes moles. Rou Gui é utilizado com Gan Jiang, Bai Zhu e Fu Zi na Fórmula Gui Fu Li Zhong Wan.

- Dispersar o frio e parar a dor:

    Estagnação de frio nos meridianos, manifestando dor fria na região epigástrica e abdominal, dor lombar, dor generalizada, menstruação irregular e dismenorreia. Rou Gui é utilizado com Gan Jiang, Wu Zhu Yu, Dang Gui e Chuan Xiong.

- Aquecer os canais e promover a circulação:

    Furunculose do tipo Yin (furunculose crônica). Rou Gui é utilizado com Huang Qi e Dang Gui na Fórmula Tuo Li Huang Qi Tang.

Dosagem:

2 a 5 g.

Precauções e contraindicações:

Esta substância é contraindicada durante a gravidez. Contraindicada em pacientes com deficiência de Yin, calor interno e extravasamento de sangue devido a calor no sangue.

IV. Wu Zhu Yu 吴茱萸 Fructus Evodiae Rutaecarpae

In Natura Processada

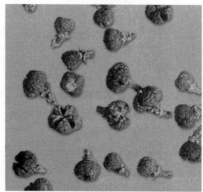

Evodia rutaecarpa Benth.   *Fructus Evodiae Rutaecarpae*

Natureza – Sabor – Correspondência ao canal:

Xin (picante), Ku (amarga), Re (quente) e Xiao du (levemente tóxica). Co-canal: Gan (fígado), Pi (baço) e Wei (estômago).

Funções:

- Dispersar o frio e parar a dor.
- Pacificar o fígado e direcionar o Qi rebelde para baixo.
- Cessar vômitos.

Aplicação e combinação:

- Dispersar o frio, parar a dor, tratar hérnias e diarreia:
1) Frio atacando o baço e estômago manifestando dor fria no abdome e região epigástrica. Wu Zhu Yu é utilizada com Gan Jiang e Mu Xiang.
2) Estagnação de frio no meridiano do fígado, manifestando como hérnia. Wu Zhu Yu é utilizado em combinação com Xiao Hui Xiang e Wu Yao.
3) Deficiência e frio do baço e rins manifestando diarreia crônica. Wu Zhu Yu é utilizado com Wu Wei Zi e Rou Dou Kou na Fórmula Si Shen Wan.

- Pacificar o fígado e direcionar o Qi rebelde para baixo:
Fraqueza do baço e estômago e subida do Qi do fígado manifestando dor de cabeça e vômito. Wu Zhu Yu é utilizado com Ren Shen e Sheng Jiang na Fórmula Wu Zhu Yu Tang.

- Cessar vômitos:
Vômito e regurgitação ácida:
1) Frio no estômago – Wu Zhu Yu é utilizado com Sheng Jiang e Ban Xia.
2) Fogo originado por prolongada estagnação do fígado – Wu Zhu Yu é utilizado com Huang Lian na Fórmula Zuo Jin Wan.

Dosagem:

1,5 a 5 g.

Precauções e contraindicações:

Esta substância é picante, quente e seca podendo produzir fogo e consumir líquidos orgânicos. Portanto não se deve utilizar por longo período de tempo. É contraindicada em pacientes com deficiência de Yin devido a calor interno.

V. Xi Xin 细辛 Herba Asari cum Radice

In Natura

Processada

Asarum sieboldii Mig.

Herba Asari cum Radice

Natureza – Sabor – Correspondência ao canal:

Xin (picante), Wen (morna) e Xiao Du (levemente tóxica). Co-canal: Fei (pulmão) e Shen (rim).

Funções:

- Dispersar o frio e parar a dor.
- Aquecer os pulmões e eliminar fleuma e umidade.
- Liberar a congestão nasal.

Aplicação e combinação:

- Dispersar o frio e parar a dor: dor de cabeça, dor de dente e obstrução dolorosa:

1) Dor de cabeça por vento frio – Xi Xin é utilizada com Chuan Xiong na Fórmula Chuan Xiong Cha Tiao San.
2) Dor de dente por vento frio – Xi Xin é utilizado com Bai Zhi.
3) Dor de dente devido a excessivo calor no estômago – Xi Xin é utilizado com Shi Gao e Huang Qin.
4) Dor articular devido a obstrução por vento frio-umidade – Xi Xin é utilizado com Qiang Huo, Fang Feng e Gui Zhi.

- Aquecer os pulmões e eliminar fleuma e umidade:
1) Síndrome exógena por vento frio manifestando arrepio, febre, dor de cabeça e dor corporal. Xi Xin é utilizada com Qiang Huo e Fang Feng na Fórmula Ji Wei Qiang Huo Tang.
2) Fleuma fria atacando os pulmões manifestando asma e tosse com catarro profuso e claro. Xi Xin é utilizado com Ma Huang e Gan Jiang na Fórmula Xiao Qing Long Tang.

- Liberar a congestão nasal:
Rinorreia manifestando corrimento nasal copioso, congestão nasal e dor de cabeça. Xi Xin é combinada com Bai Zhi, Xin Yi e Bo He.

Dosagem:

1 a 3 g.

Precauções e contraindicações:

Esta substância é contraindicada na dor de cabeça devido a deficiência de Yin e hiperatividade do Yang ou tosse causada por calor nos pulmões.

Atenção:

Devido a sua característica picante e aromática e ação dispersiva, é contraindicada em pacientes com profuso suor devido a deficiência de Qi.

Grandes dosagens não devem ser utilizadas.

VI. Ding Xiang 丁香 Flos Caryophylli – Cravo

In Natura

Processada

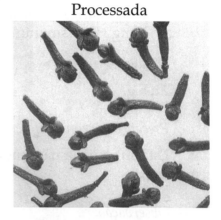

Eugenia caryopyllata Thunb.   *Flos Caryophylli*

Natureza – Sabor – Correspondência ao canal:

Xin (picante) e Wen (morna). Co-canal: Pi (baço), Wei (estômago) e Shen (rim).

Funções:
- Aquecer o baço e estômago e direcionar o Qi rebelde para baixo.
- Aquecer os rins e tonificar o Yang.

Aplicação e combinação:
- Aquecer o baço e estômago e direcionar o Qi rebelde para baixo:
1) Frio no estômago manifestando eructação e vômito. Ding Xiang é utilizado com Ban Xia e Sheng Jiang.
2) Fraqueza e frio no baço e estômago manifestando apetite fraco, vômito e diarreia. Ding Xiang é utilizado com Sha Ren e Bai Zhu.
3) Fraqueza e frio no estômago manifestando eructação e vômito. Din Xiang é utilizado com Ren Shen ou Dang Shen e Sheng Jiang.

- Aquecer os rins e tonificar o Yang:

    Na deficiência do Yang do rim manifestando impotência. Ding Xiang é utilizado com Fu Zi, Rou Gui, Bai Ji Tian e Yin Yang Huo (sinonímia: Xian Ling Pi – Herba Epimedii).

Dosagem:

2 a 5 g.

Precauções e contraindicações:

Esta substância não pode ser combinada com Yu Jin (Raiz de curcuma).

Observação:

Ding Xiang é uma importante substância para o tratamento do soluço devido a frio no estômago e também do vômito devido a frio no estômago e dor na região epigástrica e abdominal devido ao frio.

VII. Xiao Hui Xiang 小茴香 Fructus Foeniculi Vulgaris

In Natura

Processada

Foeniculum vulgare Mill. *Fructus Foeniculi Vulgaris*

Natureza – Sabor – Correspondência ao canal:

Xin (picante) e Wen (morna). Co-canal: Gan (fígado), Shen (rim), Pi (baço) e Wei (estômago).

Funções:

- Dispersar o frio e parar a dor.
- Regular o Qi e harmonizar o estômago.

Aplicação e combinação:

- Dispersar o frio e parar a dor:

  Frio estagnando o meridiano do fígado manifestando como hérnia. Xiao Hui Xiang é utilizado com Rou Gui e Wu Yao na Fórmula Nuan Gan Jian.

- Regular o Qi e harmonizar o estômago:

  Frio no estômago manifestando vômito com dor, distensão epigástrica e anorexia. Xiao Hui Xiang é utilizada em combinação com Gan Jiang e Mu Xiang.

Dosagem:

3 a 8 g.

CAPÍTULO VIII

理气药 Li Qi Yao
Substâncias que regulam o Qi

I. Conceito:

São indicadas para estagnação do Qi do baço e estômago marcada por dor e distensão abdominal e epigástrica e apetite diminuído; estagnação do Qi do fígado marcada por dor na região subcostal (hipocôndrios); inversão do Qi do estômago marcada por náusea, vômitos, arrotos e soluço; e inversão do Qi do pulmão marcada por tosse e dispneia (asma).

II. Propriedades terapêuticas predominantes:

Substâncias que regulam o livre fluxo do Qi e libera estagnação do Qi, são em sua maioria, aromáticas, picantes e amargas.

Funções:

Podem revigorar a circulação do Qi, aliviar sintomas do aquecedor médio, liberar estagnação do Qi, parar a dor, suprimir inversão do Qi, fortalecer o baço e harmonizar o estômago.

Adaptabilidade:

A estagnação do Qi e inversão do Qi podem ser divididos em quatro tipos: frio, calor, deficiência e excesso e as substâncias que regulam o Qi podem ser prescritas juntas com outras substâncias dependendo dos sintomas. Por exemplo, para estagnação do Qi acompanhada de retenção de frio, substâncias que regulam o Qi são combinadas com substâncias que aquecem o interior; para estagnação do Qi que se transforma em fogo, estas substâncias são utilizadas junto com substâncias que purgam o calor; para estagnação do Qi complicada por retenção de fleuma e umidade, são combinadas com substâncias que eliminam fleuma e removem umidade; para estagnação de Qi e Sangue, elas são combinadas com substâncias que ativam a circulação do sangue; para estagnação de Qi devido a acumulação de alimentos, elas são combinadas com substâncias digestivas; para casos de estagnação do Qi devido a deficiência de Qi do baço e estômago, elas são combinadas com substâncias que fortalecem o baço e reforçam o Qi.

III. Algumas precauções que devem ser tomadas na aplicação das substâncias que regulam o Qi:

Substâncias que regulam o Qi são normalmente mornas e secas e podem consumir o Qi e o Yin. Atenção ao aplicá-las em pacientes que possuam deficiência de Qi e deficiência de Yin.

I. Chen Pi 陈皮   Ju Pi 橘皮   Pericarpium Citri Reticulatae

In Natura   Processada

Citrus reticulata Blanco   *Pericarpium Citri Reticulatae*

Natureza – Sabor – Correspondência ao canal:

Xin (picante), Ku (amarga) e Wen (morna). Co-canais: Pi (baço) e Fei (pulmão).

Funções:

- Regular o Qi no baço e estômago.
- Secar umidade e eliminar fleuma.

Aplicação e combinação:

- Regular o Qi no baço e estômago:

  Estagnação do Qi no baço e estômago manifestando distensão e plenitude epigástrica e abdominal, eructação, náusea e vômito, apetite ruim e diarreia. Para cada caso Chen Pi é combinado com substâncias específicas. Chen Pi é utilizada com Zi Qiao (laranja amarga) e Mu Xiang para distensão e plenitude epigástrica e abdominal. Combinada com Sheng Jiang e Zhu Ru para náusea e vômito, combinada com Dang Shen e Bai Zhu para apetite ruim e diarreia (deficiência do baço).

- Secar umidade e eliminar fleuma:
1) Umidade bloqueando o baço e o estômago manifestando plenitude e sensação de sufoco no peito e região epigástrica, apetite ruim, lassidão, diarreia e revestimento branco e gorduroso na língua. Chen Pi é utilizada com Cang Zhu e Hou Po na Fórmula Ping Wei San.
2) Umidade excessiva, deficiência do baço e fleuma turva bloqueando os pulmões, manifestando tosse com profusa mucosidade. Chen Pi é utilizado com Ban Xia e Fu Ling na Fórmula Er Chen Tang.

Dosagem:

3 a 10 g.

II. Qing Pi 青皮 Pericarpium Citri Reticulatae Viride

In Natura — Citrus reticulata Blanco

Processada — Pericarpium Citri Reticulatae Viride

Natureza – Sabor – Correspondência ao canal:

Ku (amarga), Xin (picante) e Wen (morna). Co-canal: Gan (fígado), Dan (vesícula biliar) e Wei (estômago).

Obs.: Esta substância é a casca verde da tangerina, sendo o Chen Pi a casca amarela (madura) da tangerina. Suas propriedades se diferem conforme descreveremos no final desta explanação.

Funções:

- Promover o livre fluxo do Qi no fígado.
- Liberar a retenção de comida e dispersar estagnações.

Aplicação e combinação:

- Promover o livre fluxo do Qi no fígado:
1) Estagnação do Qi no fígado manifestando dor e distensão no peito e região dos hipocôndrios. Qing Pi é utilizada com Chai Hu, Yu Jin (Curcuma), Xiang Fu (Tiririca) e Qing Ju Ye* (folha da tangerina).
2) Mastite. Qing Pi é utilizado com Gua Lou, Pu Gong Ying, Jin Yin Hua e Lian Qiao.
3) Estagnação de frio no canal do fígado manifestando inflamação e dor nos testículos e escroto ou hérnia. Qing Pi é utilizado em combinação com Wu Yao, Xiao Hui Xiang e Mu Xiang na Fórmula Tian Tai Wu Yao San.

- Liberar a retenção de comida e dispersar estagnações:
Retenção de comida manifestando dor, distensão e plenitude na região epigástrica. Qing Pi é utilizada com Shan Zha, Ma Ya (cevada germinada) e Shen Qu (massa fermentada) na Fórmula Qing Pi Wan.

Dosagem:

3 a 10 g.

Observação:

Diferenças entre Chen Pi e Qing Pi:

A substância Chen Pi (casca de tangerina amarela – madura) regula o Qi do baço e estômago, elimina fleuma e umidade, entretanto a substância Qing Pi (casca de tangerina verde), remove estagnação do Qi e alivia estase de alimentos e é melhor para revigorar a circulação do Qi.

---

*Qing Ju Ye (Citri Reticulatae, folium) - Substância não descrita neste livro.

III. Zhi Shi 枳实 Fructus Aurantii Immaturus
Sinonímia: Fructus Citri seu Ponciri Immaturus

In Natura | Processada

 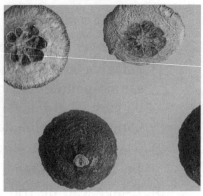

Citrus aurantium L.
Sinonímia: *Poncirus trifoliata*
(L.) Raf.

Fructus Aurantii Immaturus

Natureza – Sabor – Correspondência ao canal:

Ku (amarga), Xin (picante) e Wei Han (levemente fria). Pi (baço), Wei (estômago) e Da Chang (intestino grosso).

Funções:

- Dispersar a estagnação do Qi e aliviar retenção de alimentos.
- Eliminar fleuma e aliviar sensação de plenitude, dor epigástrica, náusea e diarreia.
- Tratar prolapsos.

Aplicação e combinação:

- Dispersar a estagnação do Qi e aliviar retenção de alimentos:

1) Retenção de alimentos manifestando distensão e plenitude epigástrica e abdominal e eructação fétida. Zhi Shi é utilizada com Shan Zha, Ma Ya e Shen Qu.
2) Distensão e plenitude abdominal e constipação. Zhi Shi é utilizado com Hou Po e Da Huang.

3) Fraqueza do baço e estômago no transporte e transformação manifestando distensão e plenitude epigástrica e abdominal após as refeições. Zhi Shi é utilizada com Bai Zhu na Fórmula Zhi Zhu Wan.

- Eliminar fleuma e aliviar sensação de plenitude, dor epigástrica, náusea e diarreia:

1) Umidade-calor estagnada nos intestinos manifestando disenteria, tenesmo e dor abdominal. Zhi Shi é utilizado com Da Huang, Huang Lian e Huang Qi na Fórmula Zhi Shi Dao Zhi Wan.

2) Fleuma turva bloqueando a circulação do Qi no tórax manifestando sufoco e dor no tórax, plenitude epigástrica e náusea. Zhi Shi é utilizado com Xie Bai, Gui Zhi e Gua Lou na Fórmula Zhi Shi, Xie Bai, Gui Zhi Tang.

- Tratar prolapsos:

Prolapso do útero, do reto e estômago. Zhi Shi é utilizado com Bai Zhu e Huang Qi.

Dosagem:

3 a 10 g.

Precauções e contraindicações:

Esta substância deve ser utilizada com cautela na gravidez.

APÊNDICE:

a – Zhi Qiao ou Zhi ke 枳壳或枳壳 **Fructus Aurantii**

In Natura — *Citrus aurantium* L.

Processada — *Fructus Aurantii*

Trata-se da laranja amarga madura, sua natureza e sabor são similares ao Zhi Shi (a laranja amarga imatura).

Entretanto suas indicações se diferem:

- Pode revigorar a circulação do Qi e aliviar estagnação no aquecedor médio.
- Também utilizada para tratar dor e distensão epigástrica e abdominal e diminuição do apetite.

Dosagem:

3 a 10 g.

Diferenças importantes:

Tanto Zhi Shi quanto Zhi Qiao derivam da mesma planta, a diferença se encontra na maturidade da fruta. Ambas revigoram o Qi, entretanto Zhi Shi possui ação mais forte e é mais utilizada para aliviar estases gastrintestinais; Zhi Qiao é mais utilizada para remover estagnação no aquecedor médio.

b – Fo Shou 佛手 Fructus Citri Sarcodactylis

In Natura

Processada

 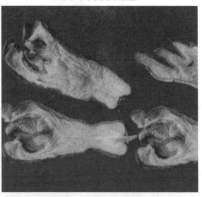

Citrus medica L. var. sarcodactynis   *Fructus Citri Sarcodactylis*

Natureza – Sabor – Correspondência ao canal:

Xin (picante), Ku (amarga) e Wen (morna). Co-canal: Gan (fígado), Pi (baço), Wei (estômago) e Fei (pulmão).

Funções:

Possui ação e indicações similares a de Zhi Qiao como: revigorar a circulação do Qi e eliminar fleuma. É indicada para síndromes de estagnação do Qi do fígado e baço e tosse com expectoração de catarro profuso.

Dosagem:

3 a 10 g.

Diferenças marcantes entre os citrus:

Pericarpium Citri Reticulatae – Chen Pi, Pericarpium Citri Reticulatae Viride – Qing Pi, Fructus Aurantii Immaturus – Zhi Shi, Fructus Aurantii – Zhi Qiao, Fructus Citri Sarcodactylis – Fo Shou são frutos ou cascas de laranja, tangerina ou cidra.

Possuem a ação de revigorar o Qi e eliminar fleuma e são na maioria, indicados para estagnação do fígado e do baço, bem como tratar tosse com expectoração profusa.

Geralmente os imaturos como o Citri Reticulatae Viridi – Qing Pi e Aurantii Immaturus – Zhi Shi possuem ação mais forte. Os maduros como o Citri Aurantii - Zhi Qiao possuem ação moderada.

IV. Mu Xiang 木香 Radix Saussureae seu Vladimiriae

In Natura

Processada

Saussurea lappa Clark

Radix Saussureae seu Vladimiriae

Natureza – Sabor – Correspondência ao canal:

Xin (picante), Ku (amarga) e Wen (morna). Co-canais: Pi (baço), Wei (estômago), Da Chang (intestino grosso) e Dan (vesícula biliar).

Funções:

- Regular o Qi no baço e estômago.
- Cessar dor.

Aplicação e combinação:

- Regular o Qi no baço e estômago:
  Estagnação no baço e estômago manifestando diminuição do apetite e distensão e dor epigástrica e abdominal, borborigmo e diarreia. Mu Xiang é utilizada com Fu Ling, Zhi Qiao e Chen Pi.

- Cessar dor:
Disenteria por umidade-calor, manifestando tenesmo e dor abdominal. Mu xiang é utilizada em combinação com Da Huang e Bing Lang na Fórmula Mu Xiang, Bing Lang Wan.

Dosagem:

3 a 10g.

Precauções e contraindicações:

A substância crua é utilizada nas estagnações do Qi e a substância tostada é utilizada nos casos de diarreia. Não se deve cozinhar por longo período.

V- Xiang Fu 香附 Rhizoma Cyperi Rotundi - Raiz de tiririca

In Natura

Processada

Cyperus rotundus L.

Rhizoma Cyperi Rotundi

Natureza – Sabor – Correspondência ao canal:

Xin (picante), Wei Ku (levemente amarga), Wei Gan (levemente doce) e Ping (neutra). Co-canal: Gan (fígado) e San Jiao (triplo aquecedor).

Funções:

- Promover o livre fluxo do Qi no fígado.
- Regular a menstruação e cessar a dor.

Aplicação e combinação:

- Promover o livre fluxo do Qi no fígado:

1) Estagnação do Qi no fígado manifestando dor costal e sensação de sufoco no tórax. Xiang Fu é utilizada com Chai} Hu, Yu Jin e Bai Shao.

2) Dominância (ataque) do fígado sobre o estômago manifestando dor e distensão epigástrica e abdominal. Xiang Fu é utilizada com Mu Xiang, Xiang Yuan* e Fo Shou.

3) Frio e estagnação do Qi no estômago. Xiang Fu é utilizado em combinação com Gao Liang Jiang** na Fórmula Liang Fu Wan.

4) Frio estagnando o canal do fígado manifestando inflamação e dor nos testículos ou escroto e hérnia. Xiang Fu é utilizado com Xiao Hui Xiang e Wu Yao.

- Regular a menstruação e cessar a dor:

Estagnação do Qi no fígado manifestando menstruação irregular, dismenorreia e dor e distensão nas mamas. Xiang Fu é utilizado com Chai Hu, Dang Gui e Chuan Xiong.

Dosagem:

6 a 12 g.

VI. Wu Yao 乌药 Radix Linderae Strychnifoliae

In Natura　　　　　　　　　Processada

 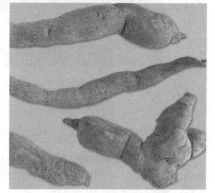

Lindera strychnifolia (Sieb. et Zucc.) Villar

Radix Linderae Strychnifolia

* Xiang Yuan - Citri, Fructus - *Citrus medica* L. - Cidra - Substância não descrita neste livro.
** Gao Liang Jiang – Alpinia Officinarum, Rhizoma. - Substância não descrita neste livro.

Natureza – Sabor – Correspondência ao canal:

Xin (picante) e Wen (morna). Co-canal: Fei (pulmão), Pi (baço), Shen (rim) e Pang Guang (bexiga).

Funções:

- Regular o Qi e parar a dor.
- Aquecer os rins e dispersar o frio.

Aplicação e combinação:

- Regular o Qi e parar a dor :

  Frio e estagnação do Qi:

  1) Manifestando sensação de sufoco no tórax e dor costal – Wu Yao é utilizado com Gua Lou, Yu Jin e Zhi Qiao.
  2) Manifestando dor e distensão epigástrica e abdominal – Wu Yao é utilizado com Mu Xiang.
  3) Manifestando dor e inflamação do testículo e escroto ou hérnia – Wu Yao é utilizado com Xiao Hui Xiang e Qing Pi na Fórmula Tian Tai Wu Yao San.
  4) Manifestando dismenorreia – Wu Yao é utilizado com Xiang Fu, Dang Gui e Chuan Xiong.

- Aquecer os rins e dispersar o frio:

  Nas deficiências do Yang dos rins e deficiência e frio na bexiga manifestando frequente urinação e enuresis. Wu Yao é utilizado com Yi Zhi Ren (cardamomo amargo) e Shan Yao na Fórmula Suo Quan Wan.

Dosagem:

3 a 10 g.

VII. Chuan Lian Zi 川楝子 Fructus Meliae Toosendan

In Natura  Processada

Melia toosendan (Siebold et Zucc.)   *Fructus Meliae Toosendan*

Natureza – Sabor – Correspondência ao canal:

Ku (amarga), Han (fria) e Wei Du (levemente tóxica). Co-canal: Gan (fígado), Wei (estômago), Xiao Chang (intestino delgado) e Pang Guang (bexiga).

Funções:

Regular o Qi e parar a dor.

Aplicação e combinação:

- Regular o Qi e parar a dor:
1) Estagnação do Qi no fígado e estômago manifestando distensão e dor epigástrica. Chuan Lian Zi é utilizada com Yan Hu Suo na Fórmula Jin Ling Zi San.
2) Hérnia com inflamação dolorosa nos testículos e escroto. Chuan Lian Zi é utilizado com Xiao Hui Xiang, Mu Xiang e Wu Zhu Yu na Fórmula Dao Qi Tang.

Dosagem:

3 a 10 g.

Precauções e contraindicações:

Esta substância é contraindicada nos casos de deficiência e frio no estômago e baço.

VIII. Xie Bai 薤白 Bulbus Allii Macrostemi

In Natura

Processada

Allium macrostemon Bunge

Bulbus Allii Macrostemi

Natureza – Sabor – Correspondência ao canal:

Xin (picante), Ku (amarga) e Wen (morna). Co-canal: Fei (pulmão), Wei (estômago) e Da Chang (intestino grosso).

Funções:
- Promover o fluxo do Yang e dissipar fleuma fria.
- Regular o Qi e reduzir estagnação.

Aplicação e combinação:
- Promover o fluxo do Yang e dissipar fleuma fria:
  Fleuma fria estagnada no tórax manifestando sensação de sufoco, dor no tórax e dispneia (Xiong Bi). Xie Bai é utilizado em combinação com Gua Lou na Fórmula Gua Lou Xie Bai Bai Jiu Tang.
- Regular o Qi e reduzir estagnação:
  Manifestando disenteria com tenesmo. Xie Bai é utilizado com Zhi Shi, Mu Xiang e Bai Shao.

Dosagem:

5 a 10 g.

IX. Shi Di 柿蒂 Calyx Diospyros Kaki - Cálice do caqui

In Natura · Processada

Diospyros kaki L. · *Calyx Diospyros Kaki*

Natureza – Sabor – Correspondência ao canal:

Ku (amarga) e Ping (neutra). Co-canal: Wei (estômago).

Funções:

Direcionar o Qi para baixo e parar soluço.

Aplicação e combinação:

Direcionar o Qi para baixo e parar soluço:
1) Devido a frio no estômago – Shu Di é utilizado com Ding Xiang (cravo) e Sheng Jiang (gengibre cru).
2) Devido a calor no estômago – Shu Di é combinado com Lu Gen e Zhu Ru.

Dosagem:

6 a 10 g.

X. Mei Gui Hua 玫瑰花 Flos Rosae Rugosae – Rosa

In Natura   Processada

Rosa rugosa Thunb.   *Flos Rosae Rugosae*

Natureza – Sabor – Correspondência ao canal:

Han (doce), Wei Ku (levemente amarga) e Wen (morna). Co-canal: Gan (fígado) e Pi (baço).

Funções:
- Regular o Qi e reduzir estagnação.
- Remover estase de sangue.

Aplicação e combinação:
- Regular o Qi e reduzir estagnação:

1) Estagnação do Qi do fígado e estômago, manifestando dor intercostal, distensão epigástrica e dor estomacal. Mei Gui Hua é utilizada com Fo Shou, Xiang Fu e Yu Jin.

2) Estagnação do Qi no fígado e sangue manifestando menstruação irregular e distensão e dor nas mamas antes do período menstrual. Mei Gui Hua é utilizado com Dang Gui, Chuan Xiong, Bai Shao e Ze Lan*.

- Remover estase de sangue:
  Estase de sangue e dor causada por traumas externos. Mei Gui Hua é utilizado com Dang Gui, Yan Hu Suo e Chi Shao.

Dosagem:

3 a 6g.

*Ze Lan - Lycopi, Herba - *Lycopus lucidus* Turcz - Substância não descrita neste livro.

XI. Lu e Mei 绿萼梅 Flos Mume – Flor da ameixa Wumei

In Natura   Processada

Prunus mume Sieb. et Zucc.   *Flos Mume*

Natureza – Sabor – Correspondência ao canal:

Ku (azeda), Se (adstringente) e Ping (neutra). Co-canal: Gan (fígado) e Wei (estômago).

Funções:
- Promover o livre fluxo do Qi no fígado e reduzir estagnação.
- Regular o Qi e harmonizar o estômago.

Aplicação e combinação:
- Promover o livre fluxo do Qi no fígado e reduzir estagnação:
  Estagnação do Qi no fígado e estômago manifestando dor e distensão nos hipocôndrios, eructação e dor epigástrica. Lu e Mei é utilizada com Chai Hu, Xiang Fu, Qing Pi e Mu Xiang.
- Regular o Qi e harmonizar o estômago:
  Fleuma e estagnação do Qi na garganta (globus histericus) manifestando sensação de corpo estranho na garganta. Lu e Mei é utilizada com Gua Lo Pi (casca de Gua Lou), Chen Pi, Sang Bai Pi, He Huan Pi (casca de Albizia) e Zi Su Ye (folha de perila).

Dosagem:

3 a 6 g.

CAPÍTULO IX

消食药 Xiao Shi Yao
Substâncias que aliviam estagnação de alimentos
Substâncias digestivas

I. Conceito:

Substâncias que promovem digestão e removem estagnação de alimentos tratam os sintomas de distensão e plenitude epigástrica e abdominal, eructação, regurgitação ácida, náusea, vômitos, desordens na defecação, dispepsia e apetite diminuído devido a deficiência do baço e estômago.

II. Propriedades terapêuticas predominantes:

Estagnação de alimentos usualmente é causada pela estagnação do Qi e ativar a circulação do Qi melhora a digestão, portanto as substâncias digestivas são geralmente combinadas com substâncias que ativam a circulação do Qi.

Adaptabilidade:

Nos casos de estagnação de alimentos acompanhado de constipação, as substâncias digestivas são combinadas com substâncias purgativas; nos casos de dispepsia devido a deficiência do baço e estômago, as substâncias digestivas são associadas a substâncias que fortalecem o baço e estômago; para os casos de sintomatologia ocasionadas pelo frio, substâncias que aquecem o interior devem ser associadas; para os casos de umidade afetando a digestão, as substâncias digestivas são combinadas com substâncias que eliminam umidade e nos casos devido ao calor, as substâncias digestivas se combinam com substâncias que eliminam calor.

I. Shan Zha 山楂 Fructus Crataegi

In Natura
Crataegus pinnatifida Bunge

Processada
Fructus Crataegi

Natureza – Sabor – Correspondência ao canal:

Ku (azeda), Gan (doce) e Wei Wen (levemente morna). Co-canal: Pi (baço), Wei (estômago) e Gan (fígado).

Funções:

- Eliminar retenção de alimentos.
- Revigorar a circulação do sangue e remover estagnação.

Aplicação e combinação:

- Eliminar retenção de alimentos:
Retenção de alimentos, especialmente de alimentos gordurosos, acompanhado de distensão epigástrica e abdominal, dor e diarreia, Shan Zha é utilizado em combinação com Shen Qu, Ma Ya, Mu Xiang e Zhi Qiao.

- Revigorar a circulação do sangue e remover estagnação:
  Dor abdominal pós-parto e lóquios devido a estagnação de sangue, Shan Zha é combinado com Dang Gui, Chuan Xiong e Yi Mu Cao.

Dosagem:

10 a 15 g.

II. Shen Qu 神麴 Massa Fermentata Medicinalis

In Natura

Massa fermentata medicinalis

Processada

Massa Fermentata Medicinalis

Natureza – Sabor – Correspondência ao canal:

Gan (doce), Xin (picante) e Wen (morna). Co-canal: Pi (baço) e Wei (estômago).

Funções:

Eliminar retenção de alimentos e harmonizar o estômago.

Aplicação e combinação:

Eliminar retenção de alimentos e harmonizar o estômago:

Retenção de alimentos manifestando distensão e plenitude epigástrica e abdominal, falta de apetite, borborigmos e diarreia, Shen Qu é utilizado com Shan Zha e Ma Ya.

Dosagem:

6 a 15 g.

III. Mai Ya 麦芽 Fructus Hordei Vulgaris Germinatus

In Natura

Hordeum vulgare L.

Processada

Fructus Hordei Vulgaris Germinatus

Natureza – Sabor – Correspondência ao canal:

Gan (doce) e Ping (neutra). Co-canal: Pi (baço), Wei (estômago) e Gan (fígado).

Funções:

- Eliminar retenção de alimentos e harmonizar o estômago.
- Restringir a lactação.
- Promover o livre fluxo do Qi do fígado e remover estagnação.

Aplicação e combinação:

- Eliminar retenção de alimentos e harmonizar o estômago:
  Retenção de alimentos manifestando perda de apetite e distensão epigástrica e abdominal, Mai Ya é utilizada em combinação com Shan Zha, Shen Qu e Ji Nei Jin.

- Restringir a lactação:

  Lactação excessiva e distensão da mama com dor. Decocção de metade de Ma Ya cru e metade de Ma Ya tostado pode ser tomada 2 vezes ao dia, em uma quantidade de 60 a 90 gramas.

- Promover o livre fluxo do Qi do fígado e remover estagnação:

  Estagnação do Qi do fígado e estômago manifestando plenitude e distensão do peito (tórax) e região costal e dor epigástrica, Ma Ya é utilizado com Chai hu, Zhi Shi e Chuan Lian Zi.

Dosagem:

10 a 15 g.

Precauções e contraindicações:

Contraindicada durante a lactação.

IV. Gu Ya 谷芽 Fructus Setariae Germinatus

In Natura

Setaria italica L.

Processada

Fructus Setariae Germinatus

Natureza – Sabor – Correspondência ao canal:

Gan (doce) e (neutra). Co-canal: Pi (baço) e Wei (estômago).

Funções:

- Eliminar retenção de alimentos e harmonizar o estômago.
- Aumentar o apetite.

Aplicação e combinação:

- Eliminar retenção de alimentos e harmonizar o estômago, Gu Ya é utilizado com Shen Qu e Shan Zha.
- Aumentar o apetite:
  Fraqueza do baço e estômago manifestando apetite ruim, Gu Ya é utilizado com Dang Shen, Bai Zhu e Chen Pi.

Dosagem:
10 a 15 g.

Apêndice:

Dao Ya – Fructus Oryzae Germinatus – Grão de Arroz
Oryza sativa L. Possui as mesmas funções de Gu Ya.

V. Lai Fu Zi 莱菔子 **Semen Raphani - Semente de Rabanete**

In Natura — Processada

Raphanus sativus L. — *Semen Raphani Sativi*

Natureza – Sabor – Correspondência ao canal:

Xin (picante), Gan (doce) e Ping (neutra). Co-canais: Pi (baço), Wei (estômago) e Fei (pulmão).

Funções:

- Eliminar retenção de alimentos.
- Descender o Qi e eliminar fleuma.

Aplicação e combinação:

- Eliminar retenção de alimentos:
  Retenção de alimentos manifestando plenitude e distensão epigástrica e abdominal, regurgitação ácida, dor abdominal, diarreia e tenesmo. Lai Fu Zi é utilizado em combinação com Shan Zha, Shen Qu e Chen Pi na Fórmula Bao He Wan.

- Descender o Qi e eliminar fleuma:
  Excessiva fleuma manifestando tosse com catarro profuso ou asma. Lai Fu Zi é utilizado com Bai Jie Zi e Su Zi na Fórmula San Zi Yang Qing Tang.

Dosagem:

6 a 10 g.

Observação:

Além de promover a digestão, Lai Fu Zi é útil para fortalecer a circulação do Qi e é indicado para distensão e plenitude devido a estagnação do Qi, especialmente distensão abdominal devido a estagnação de alimentos e estagnação do Qi.

Pode também suprimir a inversão do Qi do pulmão e eliminar fleuma turva, é também aplicado quando ocorre obstrução do Qi e dificuldade de descenso do Qi dos pulmões devido a acumulação de fleuma, causando tosse dispneica com copiosa expectoração.

Pode entretanto, consumir o Qi e deve ser portanto utilizado com cautela nos casos de deficiência de Qi.

VI. Ji Nei Jin 鸡内筋 Endothelium Corneum Gigeriae Galli

In Natura

Gallus gallus domesticus Brisson

Processada

Endothelium Corneum Gigeriae Galli

Natureza – Sabor – Correspondência ao canal:

Gan (doce) e Ping (neutra). Co-canal: Pi (baço), Wei (estômago), Xiao Chang (intestino delgado) e Pang Guang (bexiga).

Funções:

- Eliminar estagnação de alimentos.
- Transformar cálculos.

Aplicação e combinação:

- Eliminar estagnação de alimentos:
1) Indigestão, retenção de alimentos e plenitude e distensão abdominal, Ji Nei Jin é utilizado com Shan Zha e Mai Ya.
2) Deficiência do baço em crianças, incluindo desnutrição infantil, Ji Nei Jin é utilizado com Bai Zhu, Shan Yao e Fu Ling.
- Transformar cálculos:
Colelitíase e nefrolitíase. Ji Nei Jin é utilizado com Jin Qian Cao e Hai Jin Sha na Fórmula San Jin Tang.

Dosagem:

3 a 10 g.

Precauções e contraindicações:

Se for preparada em forma de pó, a dosagem passa a ser de 1,5 a 3 g.

CAPÍTULO X

驱虫药 Qu Chong Yao
Substâncias anti-helmínticas

I. Conceito:

Substâncias que expelem ou matam parasitas intestinais são conhecidas como anti-helmínticas. São utilizadas para matar ou expelir parasitose intestinal como ascaradis, ancilóstomos, oxyuros, tênias e fasciolopos, com sintomas de dor e distensão abdominal ao redor do umbigo, perda de apetite ou fome excessiva, prurido anal, nos ouvidos e nariz e complexão pálida, amarelada.

II. Propriedades terapêuticas predominantes:

Adaptabilidade:

Um ou vários anti-helmínticos são aplicados dependendo do parasita, da constituição do paciente e de seus sintomas. Outras substâncias específicas podem ser adicionadas. Por exemplo, para pacientes com constipação e forte constituição, substâncias purgativas são adicionadas para ajudar a expelir os parasitas; para aqueles com baço e estômago deficientes, substâncias que fortalecem o baço e estômago são adicionadas para que se expulse os parasitas mas os órgãos sejam preservados (não sejam danificados); para os casos acompanhados de dispepsia, substâncias digestivas são acrescidas; para os casos de retenção de frio, substâncias que aqueçam o interior são acrescidas; nas doenças que causem prostração, acompanhadas de fraca constituição, substâncias tônicas devem ser prescritas primeiramente e as anti-helmínticas posteriormente, ou ambas aplicadas ao mesmo tempo, dependendo da avaliação do terapeuta.

Para os casos de ascaridíase com severa dor abdominal, primeiro devemos aplicar substâncias que acalmam os vermes e aliviam a cólica e utilizar os anti-helmínticos quando a dor for aliviada.

Geralmente, anti-helmínticos são utilizados em grandes doses e com o estômago vazio para que a(s) substância(s) possam agir diretamente nos parasitas e obtermos melhores efeitos.

III. Algumas precauções que devem ser tomadas na aplicação das substâncias anti-helmínticas:

Anti-helmínticos tóxicos devem ser aplicados com precaução em mulheres grávidas, e em pacientes fracos e senis. Durante o uso de anti-helmínticos, deve-se ter atenção à higiene pessoal para prevenir reinfectações.

I. Shi Jun Zi 使君子 Fructus Quisqualis Indicae

In Natura

Quisqualis indica L.

Processada

Fructus Quisqualis Indicae

Natureza – Sabor – Correspondência ao canal:

Gan (doce) e Wen (morno). Co-canal: Pi (baço) e Wei (estômago).

Funções:

Matar parasitas.

Aplicação e combinação:

Matar parasitas:
Ascaridíase. Shi Jun Zi é utilizado com Ku Lian Pi e Bing Lang.

Dosagem:

6 a 10 g.

Precauções e contraindicações:

Overdose pode causar soluço, tonteira, vertigem e vômitos. Tomar esta substância com chá quente pode causar soluço. Pode ser utilizado Ding Xian para tratar o soluço.

II. Ku Lian Pi 苦楝皮 Cortex Meliae Radicis

Melia azedarach L.

Cortex Meliae Radicis

Natureza – Sabor – Correspondência ao canal:

Ku (amarga) e Han (fria). Co-canal: Pi (baço), Wei (estômago) e Gan (fígado).

Funções:

Matar parasitas.

Aplicação e combinação:

- Matar parasitas:
1) Ascaridíase. Ku Lian Pi é utilizado como mono-erva.
2) Ancilostomose. Ku Lian Pi é utilizado com Bing Lang.
3) Enterobius vernicularis. Ku Lian Pi é utilizado com Bai Bu (Radix Stemona) e Wu Mei. Decocção grossa pode ser aplicada em forma de enema para lavar os intestinos por 2 a 4 noites seguidas.

Dosagem:

6 a 15 g.

Precauções e contraindicações:

Esta substância é tóxica e não deve ser tomada por longo período. É contraindicada para pessoas com fraca constituição ou com desordens do fígado.

III. Bin Lang 槟榔 Semen Arecae Catechu

In Natura

Areca catechu L.

Processada

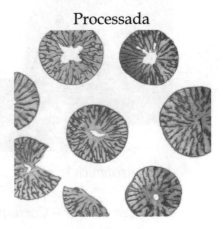

Semen Arecae Catechu

Natureza – Sabor – Correspondência ao canal:

Xin (picante), Ku (amarga) e Wen (morna). Co-canal: Wei (estômago) e Da Chang (intestino grosso).

Funções:

- Matar parasitas.
- Promover a circulação do Qi.
- Promover o metabolismo da água.

Aplicação e combinação:

- Matar parasitas:

  Indicado para vários tipos de parasitose intestinal, como tênia, ascaradis, fasciolopes, oxiúros, especialmente teníase. Bing Lang é utilizado com Nan Gua Zi.

- Promover a circulação do Qi:

  Retenção de alimentos com distensão abdominal e constipação ou tenesmo nas disenterias. Bing Lang é utilizado com Mu Xiang, Zhi Qiao e Da Huang na Fórmula Mu Xiang Bing Lang Wan.

- Promover o metabolismo da água:
1) Edema. Bing Lang é utilizado com Fu Ling Pi e Ze Xie.
2) Inchaço e dor nas pernas. Bing Lang é utilizado com Mu Gua, Wu Zhu Yu e Zi Su Ye.

Dosagem:

10 a 15 g; para a função de matar parasitas de 60 a 100 g.

Precauções e contraindicações:

Contraindicada para pessoas com fraqueza do baço acompanhado de diarreia.

IV. Nan Gua Zi 南瓜子 Semen Cucurbitae Moschatae – Semente de abóbora

In Natura  Processada

Cucurbita moschata Duchesne et Poir

Semen Cucurbitae Moschatae

Natureza – Sabor – Correspondência ao canal:

Gan (doce) e Ping (neutra). Wei (estômago) e Da Chang (intestino grosso).

Funções:

Matar parasitas.

Aplicação e contraindicação:

Matar parasitas:

É indicada para tratar teníase e ascaridíases, especialmente para teníase. Nan Gua Zi é utilizada no tratamento da Shistozomose, mata o ghistozoma jovem mas não mata os adultos.

Dosagem:

60 a 120 g.

Observações:

Para tratar teníase, 60 a 120 gramas do pó deve ser ingerido. Duas horas depois, tomar o produto da decocção de 60 a 120 g de Bing Lang, após meia a 1 hora, tomar 15 g de Mang Xiao (sal de Glauber) em decocção para expulsar os parasitas. Desta maneira é possível observar tênias nas fezes.

CAPÍTULO XI

止血药 Zhi Xue Yao
Substâncias anti-hemorrágicas, hemostáticas

I. Conceito:

Substâncias que cessam sangramentos ou anti-hemorrágicas são utilizadas para tratar vários tipos de sangramentos internos ou externos, como hemoptise, hematêmese, hematúria, metrorragia, menorragia, melena e hemorragias traumáticas.

II. Propriedades terapêuticas predominantes:

Funções:

Substâncias hemostáticas são classificadas como substâncias que refrescam o sangue; substâncias adstringentes; substâncias que removem estases de sangue e substâncias que aquecem os meridianos. São seletivamente aplicadas e combinadas com outras substâncias para obter resultados terapêuticos satisfatórios.

Adaptabilidade:

Nos casos de sangramento devido ao calor no sangue, as substâncias anti-hemorrágicas são utilizadas junto com substâncias que eliminam calor e refrescam o sangue; nos casos complicados por deficiência de Yin e hiperatividade do Yang, as substâncias hemostáticas são prescritas junto com as substâncias que fortalecem o Yin e purgam o fogo; nos casos de incessante sangramento devido a estagnação de sangue, as substâncias hemostáticas são combinadas com substâncias que fortalecem o Qi e a circulação do sangue; nos casos devidos a frio deficiência, as substâncias hemostáticas são combinadas com substâncias que aqueçam o Yang, fortaleçam o Qi e tonifiquem o baço. Nas perdas excessivas de sangue causadas por colapso e deficiência de Qi, as substâncias hemostáticas utilizadas sozinhas não produzirão resultados efetivos rápidos, necessitando utilizar primeiramente substâncias tônicas potentes para fortalecer o Qi primordial e prevenir o colapso.

Algumas substâncias hemostáticas são tostadas ou carbonizadas para aumentar seu efeito, mas isto não é indicado para todas as substâncias deste grupo.

III. Algumas precauções que devem ser tomadas na aplicação das ervas hemostáticas:

Uso inapropriado de substâncias hemostáticas para refrescar e adstringir o sangue promove estase de sangue, por isto estas substâncias não devem ser utilizadas sozinhas nos casos de sangramentos acompanhados de estagnação de sangue.

I. Da Ji 大薊 Herba seu Radix Cirsii Japonici

Cirsium japonicum DC.

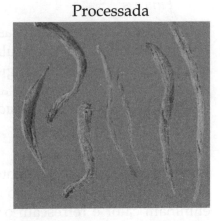

Herba seu Radix Cirsii Japonici

Natureza – Sabor – Correspondência ao canal:

Gan (doce), Ku (amarga) e Liang (fresca). Co-canal: Xin (coração) e Gan (fígado).

Funções:

- Refrescar o sangue e parar sangramentos.
- Reduzir inflamações e eliminar estagnação.

Aplicação e combinação:

- Refrescar o sangue e parar sangramentos:
  Hemorragias devido a extravasamento de sangue pelo calor, manifestando tosse com sangue, epistaxe, sangramento uterino e hematúria. Da Ji é utilizada com Xiao Ji e Ce Bai Ye.

- Reduzir inflamações e eliminar estagnação:
  Furúnculos, carbúnculos e inflamações. Da Ji é utilizado interna e externamente.

Dosagem:

10 a 15 g, 60 g se a erva for fresca.

II. Xiao Ji 小薊 Herba Cirsii Setosi

In Natura — *Cirsium setosum* (Willd.) MB

Processada — *Herba Cirsii*

Natureza – Sabor – Correspondência ao canal:

Gan (doce) e Liang (fresca). Co-canal: Xin (coração) e Gan (fígado).

Funções:

- Refrescar o sangue e parar sangramentos.
- Promover urinação e aliviar a dor ao urinar.

Aplicação e combinação:

- Refrescar o sangue e parar sangramentos:
  Hemorragias devido a extravasamento de sangue pelo calor. Xiao Ji é utilizado com Bai Mao Gen, Pu Huang e Ce Bai Ye.

- Promover urinação e aliviar a dor ao urinar:
  Hematúria, dor ao urinar. Xiao Ji é utilizado com Ou Jie, Hua Shi e Mu Tong na Fórmula Xiao Ji Yin Zi.

Dosagem:

10 a 15 g, 30 – 60 g se a erva for fresca.

Observação: Ambas as substâncias Da Ji e Xiao Ji refrescam o sangue e param sangramentos, eliminam toxidade e tratam carbúnculos, entretanto Dai Ji é mais potente que Xiao Ji.

III. Di Yu 地榆 Radix Sanguisorbae

In Natura

Processada

Sanguisorba officinalis L.

Radix Sanguisorbae

Natureza – Sabor – Correspondência ao canal:

Ku (amarga), azeda e Wei Han (levemente fria). Co-canal: Gan (fígado), Wei (estômago) e Da Chang (intestino grosso).

Funções:

- Refrescar o sangue e parar sangramentos.
- Expelir toxinas e promover recuperação de úlceras.

Aplicação e combinação:

- Refrescar o sangue e parar sangramentos:
  Hemorragias devido a extravasamento de sangue pelo calor especialmente na região inferior do corpo.
1) Sangramento uterino – Di Yu é utilizado com Pu Huang, Huang Qin e Sheng Di Huang.
2) Hemorroidas e disenterias – Di Yu é utilizado com Huai Hua, Huang Lian e Mu Xiang.

- Expelir toxinas e promover recuperação de úlceras:
  Queimaduras, eczemas, úlceras de pele. Di Yu é utilizada com Huang Lian para uso externo.

Dosagem:

10 a 15 g.

Precauções e contraindicações:

Esta substância é contraindicada em grandes queimaduras, pois o linimento obtido desta substância pode causar reação tóxica após absorvido pelo corpo.

IV. Bai Mao Gen 白茅根 Rhizoma Imperatae

In Natura

Imperata cylindrica L.

Processada

Rhizoma Imperatae

Natureza – Sabor – Correspondência ao canal:

Gan (doce) e Han (fria). Co-canal: Fei (pulmão), Wei (estômago) e Pang Guang (bexiga).

Funções:

- Refrescar o sangue e parar sangramentos.
- Limpar calor e promover diurese.

Aplicação e combinação:

- Refrescar o sangue e parar sangramentos:
  Hemorragias devido a extravasamento de sangue pelo calor, hematêmese, epistaxe e hematúria. Bai Mao Gen é utilizado com Ce Bai Ye, Xiao Ji e Pu Huang.

- Limpar calor e promover diurese:

1) Urinação quente, disúria, edema e icterícia por umidade calor. Bai Mao Gen é utilizado com Che Qian Zi e Jin Qian Cao.

2) Esta substância também purga calor dos pulmões e estômago e é indicada para polidipsia nas doenças febris, vômitos devido a calor no estômago e tosse causada por calor nos pulmões.

Dosagem:

15 a 30 g., 30 a 60 g se a erva for fresca.

V. Huai Hua 槐花 Flos Sophorae Japonicae Immaturus

In Natura — Processada

Sophora japonica L.   *Flos Sophorae Joponicae*

Natureza – Sabor – Correspondência ao canal:

Ku (amarga) e Wei Han (levemente fria). Co-canal: Gan (fígado) e Da Chang (intestino grosso).

Funções:

- Refrescar o sangue e parar sangramentos.
- Purgar o calor e pacificar o fígado.

Aplicação e combinação:

Refrescar o sangue e parar sangramentos:

- Hemorragias devido a extravasamento de sangue pelo calor:

a) Disenteria e sangramento devido a hemorróida – Huai Hua é utilizado com Di Yu;

b) Tosse com sangramento e epistaxe – Huai Hua é utilizado com Ce Bai Ye, Bai Mo Gen e Xian He Cao (Agrimônia).

- Purgar o calor e pacificar o fígado:

    É indicada nos casos de elevação do fogo do fígado caracterizado por dor de cabeça e olhos vermelhos. Recentemente tem sido indicada no tratamento de hipertensão arterial.

Dosagem:

10 a 15 g.

Geralmente utilizada crua, mas é utilizada carbonizada para tratar sangramentos.

VI. Ce Bai Ye 侧柏叶 Cacumen Biotae Orientalis

In Natura   Processada

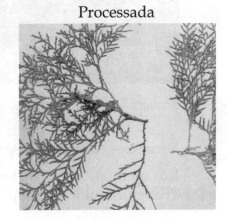

Biota orientalis (L.) Endl.   *Cacumen Biotae Orientalis*

Natureza – Sabor – Correspondência ao canal:

Ku (amarga), adstringente e Wei Han (levemente fria). Co-canal: Fei (pulmão), Gan (fígado) e Da Chang (intestino grosso).

Funções:

- Refrescar o sangue e parar sangramentos.
- Eliminar fleuma e aliviar tosse.

Aplicação e combinação:

- Refrescar o sangue e parar sangramentos:
1) Hemorragias devido a extravasamento de sangue pelo calor, manifestando tosse com sangue, vômito com sangue, epistaxe, hematúria, sangramento uterino. Ce Bai Ye é utilizado com Da Ji, Xiao Ji e Bai Mo Gen.
2) Hemorragia devido a deficiência e frio. Ce Bai Ye é utilizada em combinação com Ai Ye.

- Eliminar fleuma e aliviar tosse:
   Esta substância possui ação de eliminar fleuma e aliviar tosse com expectoração copiosa devido a penetração do calor nos pulmões.

Dosagem:

10 a 15 g.

VII. Xian He Cao 仙鹤草 Herba Agrimoniae Pilosae

In Natura — *Agrimonia pilosa* Ledeb.

Processada — *Herba Agrimoniae Pilosae*

Natureza – Sabor – Correspondência ao canal:

Ku (amarga), Se (adstringente) e Ping (neutra). Co-canal: Fei (pulmão), Gan (fígado) e Pi (baço).

Funções:

- Parar sangramento.
- Aliviar disenteria e remover estagnação de alimentos.
- Matar parasitas.

Aplicação e combinação:

- Parar sangramento:
1) Hemorragias devido a extravasamento de sangue pelo calor manifestando tosse com sangue, epistaxe, hematúria, sangue nas fezes e sangramento uterino. Xian He Cao é utilizado com Sheng Di Huang, Mu Dan Pi, Zhi Zi e Ce Bai Ye.
2) Hemorragia devido a deficiência do Yang Qi, levando o baço a não controlar o sangue, resultando sangue nas fezes ou sangramento uterino. Xian He Cao é utilizado com Ren Shen, Huang Qi e Shu Di Huang.

- Aliviar disenteria e remover estagnação de alimentos:

    Esta substância também remove estagnação de alimentos, diarreia e disenteria.

- Matar parasitas:

    Tricomoníase. Preparar 120 g. em decocção, embeber um pedaço grande de algodão e colocar dentro do canal vaginal por 3 a 4 horas, diariamente durante uma semana.

Dosagem:

10 a 15 g.

VIII. Bai Ji 白给 Rhizoma Bletillae Striatae

In Natura  Processada

Bletilla striata (Thunb.) Reichb. f.   *Rhizoma Bletillae Striatae*

Natureza – Sabor – Correspondência ao canal:

Ku (amarga) e Gan (doce), Se (adstringente) e Wei Han (leve mente fria). Co-canal: Fei (pulmão) e Wei (estômago).

Funções:

- Parar sangramentos.
- Reduzir inflamações e promover regeneração tecidual.

Aplicação e combinação:

- Parar sangramentos:
1) Tosse com sangue devido a deficiência de Yin dos pulmões – Bai Ji é utilizado com E Jiao (gelatina de burro), Ou Jie (nó da raiz de lótus), e Pi Pa Ye (folha da ameixeira japonesa).
2) Vômitos com sangue – Bai Ji é utilizado com Wu Zei Gu na Fórmula Wu Ji San.
3) Hemorragia devido a traumas – Bai Ji pode ser aplicada sozinha ou com Duan Shi Gao (gesso carbonizado) para uso externo.

- Reduzir inflamações e promover regeneração tecidual:
Queimaduras, carbúnculos e inflamações:

1) Áreas afetadas com vermelhidão, inflamação, sensação quente e dor – Bai Ji é utilizada com Jin Yin Hua, Chuan Bei Mu, Tian Hua Fen e Zao Jiao Ci* na Fórmula Nei Xiao San.
2) Úlceras crônicas – o pó de Bai Ji é aplicado diretamente.
3) Peles quebradiças e mãos e pés rachados. O pó de Bai Ji é misturado com óleo de gergelim para uso externo.

Dosagem:

3 a 10 g.

IX. San Qi 三七 Radix Pseudoginseng

In Natura    Processada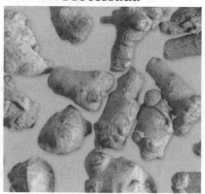

Panax pseudoginseng Wall. var. *Notoginseng* (Burkill) Hoo et Tseng

Radix Pseudoginseng

Natureza – Sabor – Correspondência ao canal:

Gan (doce), Ku (amarga) e Wen (morna). Co-canal: Gan (fígado) e Wei (estômago).

Funções:

- Parar sangramentos e liberar estagnações.
- Revigorar a circulação do sangue e parar a dor.

* Zao Jiao Ci - Gleditsiae, Spina - *Gleditsia sinensis* Lam. - Substância não descrita neste livro.

Aplicação e combinação:

- Parar sangramentos e liberar estagnações:

    Hemorragias no interior ou na superfície do corpo. O Pó de San Qi é tomado sozinho ou em combinação com Hua Rui Shi* e Xue Yu Tan (cabelo calcinado) na Fórmula Hua Xue Dan.

- Revigorar a circulação do sangue e parar a dor:

    Hemorragia e inflamações devido a trauma. Pó de San Qi é utilizado externamente.

Dosagem:

3 a 10 g., 1 a 1,5 em forma de pó.

X. Xue Yu Tan 血餘碳 Crinis Carbonisatus - (Cabelo humano carbonizado)

In Natura

Crinis humanus

Processada

Crinis Carbonisatus

Nat. Sab. Co-canal:

Ku (amarga) e Ping (neutra). Co-canal: Gan (fígado) e Wei (estômago).

Funções:

Parar sangramentos e liberar estagnações de sangue.

* Hua Rui Shi - Ophicalcitum - Substância não descrita neste livro.

Aplicação e combinação:

Parar sangramentos e liberar estagnações de sangue:

Hemorragias:

1) Sangramento ocorrendo na parte superior do corpo – Xue Yu Tan é utilizado com o suco de Ou Jie.

2) Sangramento ocorrendo na parte inferior do corpo – Xue Yu Tan é utilizado com Zong Lu Tan* carbonizado.

Dosagem:

6 a 10 g.

XI. Pu Huang 蒲黄 Pollen Typhae

In Natura

Processada

Typha latifolia L.

Pollen Typhae

Natureza – Sabor – Correspondência ao canal:

Gan (doce) e Ping (neutra). Co-canal: Gan (fígado) e Xin Bao (pericárdio).

Funções:

- Parar sangramentos.
- Liberar estagnações e parar a dor.

* Zong Lu – Thachycarpi, Petiolus – Substância não descrita neste livro.

Aplicação e combinação:

- Parar sangramentos:

1) Hemorragias manifestando tosse e sangue, vômitos com sangue, hematúria, sangue nas fezes e sangramento uterino. Pu Huang é utilizado com Xian He Cao, Mo Han Lian e Ce Bai Ye.

2) Hemorragias causada por trauma. Pu Huang pode ser utilizado como mono-erva seca para uso externo.

- Liberar estagnações e parar a dor:

    Estagnação de sangue manifestando dor cardíaca, dor abdominal, dismenorreia ou dor abdominal pós-parto. Pu Huang é utilizado com Wu Ling Zhi na Fórmula Shi Xiao San.

Dosagem:

3 a 10 g.

Observação:

A substância crua é utilizada para liberar estagnação e parar a dor; ela carbonizada é efetiva para parar sangramento.

XII. Ou Jie 藕节 Nodus Nelumbinis Nuciferae Rhizomatis

In Natura — *Nelumbo nucifera* Gaertn.

Processada — *Nodus Nelumbinis Nuciferae Rhizomatis*

Natureza – Sabor – Correspondência ao canal:

Gan (doce), Se (adstringente) e Ping (neutra). Co-canal: Gan (fígado), Fei (pulmão) e Wei (estômago).

Funções:

Promover a saúde e parar sangramentos.

Aplicação e combinação:

Promover a saúde e parar sangramentos:

Hemorragias, especialmente tosse e vômito com sangramento. Ou Jie é utilizado com Bai Ji , Ce Bai Ye e Bai Mo Gen.

Dosagem:

10 a 15 g.

XIII. Ai Ye 艾叶 Folium Artemisae Argyi

Artemisia argyi Levl. et Vant.   *Folium Artemisiae Argyi*

Natureza – Sabor – Correspondência ao canal:

Ku (amarga), Xin (picante) e Re (quente). Co-canal: Gan (fígado), Pi (baço) e Shen (rim).

Funções:

- Aquecer os canais e parar sangramento.
- Dispersar o frio e parar a dor.

Aplicação e combinação:

- Aquecer os canais e parar sangramento:
  Hemorragias devido a deficiência e frio, especialmente sangramento uterino. Ai Ye é utilizado com E Jiao na Fórmula Jiao Ai Tang.
- Dispersar o frio e parar a dor:
  Deficiência e frio no aquecedor inferior manifestando dor abdominal fria, menstruação irregular, amenorreia e leucorreia. Ai Ye é utilizada com Dang Gui, Xiang Fu, Chuan Xiong e Wu Yao.

Dosagem:

3 a 10 g.

Observação:

Esta substância é utilizada na fabricação dos cigarros e cones da moxabustão e possui a função de aquecer os canais e promover a circulação do Qi e do Sangue.

Ai Ye é uma importante substância frequentemente utilizada em doenças ginecológicas. Indicada nas síndromes de deficiência e frio no aquecedor inferior, com menstruação irrregular, frio e dor no abdome inferior, infertilidade devido a frio no útero, metrorragia, leucorragia e sangramento durante a gravidez.

Pesquisas modernas comprovam que seu óleo resulta em medicamento com ação antitussígena, expectorante e antiasmática, podendo ser aplicada em dispneia e tosse produtiva.

CAPÍTULO XII

活血去瘀药 Huo Xue Qu Yu Yao
Substâncias que ativam a circulação e removem estases de sangue

I. Conceito:

As substâncias que ativam a circulação de sangue e eliminam estagnação de sangue são conhecidas como Huo Xue Qu Yu Yao; aquelas com potente efeitos são conhecidas como Po Xue Yao ou Zhu Yu Yao.

Este tipo de substância promove a circulação do sangue, dispersa estagnação do sangue, alivia a dor, restaura o fluxo menstrual e alivia inchaços.

II. Propriedades terapêuticas predominantes:

Funções:

Elas são indicadas para vários tipos de doenças causadas por estagnação de sangue ou impedimento da circulação, como dor no peito (Xiong Bi), dor epigástrica e hipocôndrica, massas abdominais, dismenorreia, amenorreia, dor abdominal pós-parto, trauma, dor reumática, carbúnculos e úlceras.

Adaptabilidade:

Como as substâncias que promovem a circulação do Qi podem ativar o fluxo do sangue e a estagnação do Qi causa estagnação de sangue, substâncias que promovem a circulação e removem estagnação de sangue podem ser combinadas com substâncias que ativam a circulação do Qi, desta forma seu efeito é potencializado. Desta maneira outras substâncias podem ser adicionadas de acordo com as condições específicas. Por exemplo, nas estases de sangue devido a retenção de frio, elas são combinadas com substâncias que aqueçam o interior; para carbúnculos e úlceras devido a calor tóxico; elas são prescritas juntas com substâncias que eliminam calor e toxidade; para Síndromes Bi devido a vento e umidade, elas são prescritas com substâncias que expelem vento e umidade; para massas abdominais, elas são combinadas com substâncias que amolecem e eliminam massas duras; e para pacientes com estase de sangue e fraqueza constitucional, elas são prescritas junto a substâncias que fortalecem o Qi e nutre o sangue.

III. Algumas precauções que devem ser tomadas na aplicação das ervas que removem estases de sangue:

Substâncias que ativam a circulação e removem estase de sangue devem ser aplicadas com precaução; elas são contraindicadas para menorragia e amenorreia devido a deficiência de sangue (sem estase de sangue), bem como em mulheres grávidas.

I. Chuan Xiong 川芎 Radix Ligustici Wallichii
Sinonímia: Rhizoma Chuan Xiong

In Natura

Ligusticum wallichii Franch.

Processada

Radix Ligustici Wallichii

Natureza – Sabor – Correspondência ao canal:

Xin (picante) e Wen (morna). Co-canal: Gan (fígado), Dan (vesícula biliar) e Xin Bao (pericárdio).

Funções:

- Revigorar o sangue e promover a circulação do Qi.
- Expelir vento e parar a dor.

Aplicação e combinação:

Revigorar o sangue e promover a circulação do Qi:

- Estagnação do Qi e do sangue:

1) Menstruação irregular, dismenorreia e amenorreia – Chuan Xiong é utilizado com Dang Gui, Chi Shao, Xiang Fu e Yi Mu Cao.

2) Dificuldade no trabalho de parto – Chuan Xiong é utilizado com Niu Xi e Gui Ban (casco de tartaruga).

3) Dor abdominal pós-parto – Chuan Xiong é utilizado com Yi Mu Cao, Tao Ren e Hong Hua.

4) Dor hipocôndrica – Chuan Xiong é utilizado com Chai Hu, Xiang Fu e Yu Jin (curcuma).

5) Dormência nos membros – Chuan Xiong é utilizado com Chi Shao, Di Long (minhoca) e Ji Xue Teng.

- Expelir vento e parar a dor:

1) Dor de cabeça:

a) Cefaleia por vento frio – Chuan Xiong é utilizado com Bai Zhi e Xi Xin na Fórmula Chuan Xiong Cha Tiao San.

b) Cefaleia por vento calor – Chuan Xiong é utilizado com Ju Hua, Shi Gao e Bai Jiang Can (bicho-da-seda) na Fórmula Chuan Xiong San.

c) Cefaleia por vento umidade – Chuan Xiong é utilizado com Qiang Huo, Gao Ben e Fang Feng na Fórmula Qiang Huo Sheng Shi Tang.

d) Cefaleia devido a estagnação de sangue – Chuan Xiong é utilizado com Chi Shao, Dan Shen e Hong Hua.

e) Cefaleia devido a deficiência de sangue – Chuan Xiong é utilizado com Dang Gui e Bai Shao.

2) Síndrome de obstrução por vento umidade (dores articulares) – Chuan Xiong é utilizado com Qiang Huo, Du Huo, Fang Feng e Sang Zhi.

Dosagem:

3 a 10 g.

Precauções e contraindicações:

Esta substância é contraindicada durante o período de sangramentos nas doenças hemorrágicas e durante profuso fluxo menstrual.

II. Ru Xiang 乳香 Gummi Olibanum

In Natura

Boswellia carterii Birdw.

Processada

Gummi Olibanum

Natureza – Sabor – Correspondência ao canal:

Xin (picante), Ku (amarga) e Wen (morna). Co-canal: Xin (coração), Gan (fígado) e Pi (baço).

Funções:

- Revigorar o sangue e parar a dor.
- Reduzir inchaços.
- Recuperar tecidos ulcerados.

Aplicação e combinação:

- Revigorar o sangue e parar a dor:
  Dor causada por estagnação de sangue:
1) Dismenorreia – Ru Xiang é utilizada com Dang Gui, Chuan Xiong e Xiang Fu.
2) Gastralgia – Ru Xiang é utilizada com Chuan Lian Zi e Yan Hu Suo.
3) Dor geral ou dor articular devido a invasão de vento-frio-umidade – Ru Xiang é utilizado com Qiang Huo, Hai Feng Teng*, Qin Jiao, Dang Gui e Chuan Xiong na Fórmula Juan Bi Tang.

* Hai Feng Teng – Piperis Kadsurae, Caulis. Substância não descrita neste livro.

4) Dores causadas por traumas – Ru Xiang é utilizado com Mo Yao, Xue Jie* (sangue de dragão) e Hong Hua na Fórmula Qi Li San.

- Reduzir inchaços:

    Dor causada por carbúnculos e furúnculos com inchaços – Ru Xiang é utilizado com Mo Yao (Mirra), Chi Shao (paeonia vermelha) e Jin Yin Hua na Fórmula Xian Fang Huo Ming Yin.

- Recuperar tecidos ulcerados:

    Úlceras – o pó de Ru Xiang e Mo Yao são utilizados externamente. A combinação é chamada de Hai Fu San.

Dosagem:

3 a 10 g.

Precauções e contraindicações:

Esta substância é contraindicada durante a gravidez.

III. Mo Yao 没药 Myrra

In Natura Processada

Commiphora myrrha Engl.   *Myrrha*

Natureza – Sabor – Correspondência ao canal:

Ku (amarga) e Ping (neutra). Co-canal: Xin (coração), Gan (fígado) e Pi (baço).

* Xue Jie – Sanguis Draconis (Resina da planta *Daemonorops draco* Bl.)

Funções:

- Revigorar o sangue e parar a dor.
- Reduzir inchaços e promover a saúde.

Aplicação e combinações:

As indicações e combinações são as mesmas de Ru Xiang.

Dosagem:

3 a 10 g.

Precauções e contraindicações:

Esta substância é contraindicada durante a gravidez.

Observações:

Ambas as substâncias, Ru Xiang e Mo Yao são picantes e aromáticas fortes e podem promover a circulação do sangue, ativar a circulação do Qi, aliviar a dor e inchaço e promover os tecidos de granulação. Com um marcado efeito anestésico, elas são agentes reguladoras do Qi, juntamente com seu efeito ativador da circulação sanguínea são efetivas para tratar várias Síndromes ocasionadas por estagnação do Qi e do Sangue.

Elas são também utilizadas juntas e largamente aplicadas no tratamento em medicina interna, ginecologia e especialmente em traumatologia e cirurgia.

Suas diferenças são: Ru Xiang pode também ajudar os tendões e músculos enquanto Mo Yao é melhor para ativar a circulação do sangue e remover estases de sangue.

IV. Yu Jin 郁金 Radix Curcumae

Curcuma longa L.   Radix Curcumae

Natureza – Sabor – Correspondência ao canal:

Xin (picante), Ku (amarga) e Han (fria). Co-canal: Xin (coração), Gan (fígado) e Dan (vesícula biliar).

Funções:

- Revigorar o sangue e parar a dor, promover a circulação do Qi e liberar estagnação.
- Refrescar o sangue e limpar o calor no coração.
- Eliminar icterícia e facilitar a função da vesícula biliar.

Aplicação e combinação:

- Revigorar o sangue e parar a dor, promover a circulação do Qi e liberar estagnação:
- Estagnação de Qi e Sangue:
1) Dor no peito ou região abdominal e hipocôndrica – Yu Jin é utilizado com Dan Shen, Xiang Fu, Chai Hu e Zhi Qiao.
2) Dismenorreia devido a estagnação do Qi e do Sangue – Yu Jin é utilizado com Chai Hu, Xiang Fu, Bai Shao e Dang Gui.

- Refrescar o sangue e limpar o calor no coração:

    Loucura devido a ataque interior de umidade quente. Yu Jin é utilizado com Shi Chang Pu na Fórmula Chang Pu Yu Jin Tang.

- Eliminar icterícia e facilitar a função da vesícula biliar:

    Icterícia devido a acumulação no interior de umidade calor. Yu Jin é utilizado com Yin Chen Hao e Zhi Zi.

Dosagem:

6 a 12 g.

Precauções e contraindicações:

Esta substância não pode ser combinada com Ding Xiang.

V. Yan Hu Suo 延胡索 Rhizoma Corydalis

In Natura — Processada

Corydalis yanhusuo Wang — *Rhizoma Corydalis*

Natureza – Sabor – Correspondência ao canal:

Xin (picante), Ku (amarga) e Wen (morna). Co-canal: Xin (coração), Gan (fígado) e Pi (baço).

Funções:

Revigorar o sangue e promover a circulação do Qi, parar a dor.

Aplicação e combinação:

Revigorar o sangue e promover a circulação do Qi, parar a dor:

Dores devido a estagnação do Qi e do Sangue. Yan Hu Suo é utilizada com Chuan Lian Zi, Dang Gui, Chuan Xiong, Ru Xiang e Mo Yao.

Dosagem:

5 a 10 g.

Observação:

Tratada no vinagre aumenta sua capacidade de parar a dor.

VI. Jiang Huang 姜黄 Rhizoma Curcumae

In Natura   Processada

Curcuma longa L.   *Rhizoma Curcumae*

Natureza – Sabor – Correspondência ao canal:

Xin (picante), Ku (amarga) e Wen (morna). Co-canal: Gan (fígado) e Pi (baço).

Funções:

- Revigorar o sangue e promover a circulação do Qi.
- Promover a menstruação e parar a dor.

Aplicação e combinação:

- Revigorar o sangue e promover a circulação do Qi:
  Estagnação do Qi e do Sangue manifestando dor no peito, dor nos hipocôndrios, amenorreia e dor abdominal. Jiang Huang é utilizado com Dang Gui, Yu Jin, Xiang Fu e Yan Hu Suo.

- Promover a menstruação e parar a dor:
  Síndrome de obstrução por vento umidade manifestando rigidez no pescoço (nuca), dor nos ombros e impedimento de mover os membros. Jiang Huang é utilizado com Qiang Huo e Dang Gui na Fórmula Shu Jing Tang.

Dosagem:

5 a 10 g.

VII. E Zhu 莪术 Rhizoma Curcumae Zedoariae

In Natura   Processada

Curcuma Zedoária (Berg.) Roscoe   *Rhizoma Curcumae Zedoariae*

Natureza – Sabor – Correspondência ao canal:

Xin (picante) e Ku (amarga). Co-canal: Gan (fígado) e Pi (baço).

Funções:

- Revigorar o sangue e mover estagnação.
- Promover a circulação do Qi e parar a dor.

Aplicação e combinação:

- Revigorar o sangue e mover estagnação:
  Estagnação do Qi e do Sangue manifestando dor abdominal, amenorreia, massas abdominais e epigástricas. E Zhu é utilizada com San Leng na Fórmula E Zhu Wan.

- Promover a circulação do Qi e parar a dor:
  Disfunção do baço na transformação e transporte manifestando retenção de alimentos, distensão abdominal epigástrica, plenitude e dor. E Zhu é utilizado com San Leng, Shan Zha, Mu Xiang e Zhi Shi.

Dosagem:

3 a 10 g.

Precauções e contraindicações:

Esta substância é contraindicada durante a gravidez e durante profusos fluxos menstruais.

VIII. San Leng 三棱 Rhizoma Sparganii

In Natura — Processada

Sparganuim simplex Huds. — *Rhizoma Sparganii*

Natureza – Sabor – Correspondência ao canal:

Ku (amarga) e Ping (neutra). Co-canal: Gan (fígado) e Pi (baço).

Funções:

- Revigorar o sangue e mover estagnação.
- Promover a circulação do Qi e parar a dor.

Aplicação e combinação:

- Revigorar o sangue e mover estagnação:

   Estagnação do Qi e do Sangue manifestando amenorreia, dor abdominal e massas epigástricas e abdominais. San Leng é utilizada com E Zhu na Fórmula E Zhu Tang.

- Promover a circulação do Qi e parar a dor:

   Retenção de alimentos e estagnação do Qi manifestando distensão abdominal e epigástrica e dor. San leng é utilizada com E Zhu, Qing Pi e Ma Ya.

Dosagem:

3 a 10 g.

Observações:

Ambos, E Zhu e San Leng são frequentemente utilizados para tratar massas abdominais e são clinicamente combinadas. Entretanto, E Zhu é melhor para ativar a circulação do Qi e San Leng elimina melhor as estases de sangue.

IX. Dan Shen 丹参 Radix Salviae Miltiorrhizae

In Natura

Processada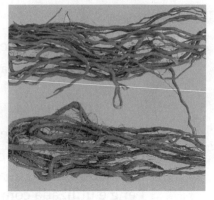

Salvia miltiorrhiza Bunge   *Radix Salviae Miltiorrhizae*

Natureza – Sabor – Correspondência ao canal:

Ku (amarga) e Wei Han (levemente fria). Co-canal: Xin (coração), Xin Bao (pericárdio) e Gan (fígado).

Funções:
- Revigorar o sangue e mover estagnação.
- Resfriar o sangue e reduzir carbúnculos.
- Limpar calor no coração e acalmar irritabilidade.

Aplicação e combinação:
- Revigorar o sangue e mover estagnação:
1) Estagnação interna de sangue manifestando menstruação irregular, amenorreia, dor abdominal e dor pós-parto. Dan Shen é utilizada com Yi Mu Cao, Tao Ren, Hong Hua e Dang Gui.
2) Estagnação de Qi e sangue manifestando dor cardíaca, dor abdominal ou epigástrica. Dan Shen é utilizada com Sha Ren e Tan Xiang* (sândalo) na Fórmula Dan Shen Yin.
3) Estagnação de sangue manifestando dor generalizada ou dor articular. Dan Shen é utilizada com Dang Gui, Chuan Xiong e Hong Hua.

* Tan Xiang – Santali Albi, Ligmun – Sândalo. Substância não descrita neste livro.

- Resfriar o sangue e reduzir carbúnculos:

  Carbúnculos, furúnculos e inchaços. Dan Shen é utilizado com Jin Yin Hua, Lian Qiao e Ru Xiang na Fórmula Xiao Ru Tang.

- Limpar calor no coração e acalmar irritabilidade:

1) Doenças febris com invasão do Vento na Camada Nutritiva (Ying Fen), manifestando febre alta, irritabilidade, língua vermelha escura com revestimento escasso. Dan Shen é utilizado com Sheng Di Huang, Xuan Shen e Zhu Ye.

2) Deficiência de sangue nutritivo com calor interno manifestando palpitações, irritabilidade e insônia. Dan Shen é utilizado com Suan Zao Ren e Ye Jiao Teng.

Dosagem:

5 a 15 g.

Precauções e contraindicações:

Para a função de revigorar o sangue, fritar a substância com vinho potencializa seu efeito. Não se combina com Li Lu.

X. Yi Mu Cao 益母草 Herba Leonuri – Erva de macaé

In Natura   Processada

Leonurus heterophyllus Sweet   *Herba Leonuri*

Natureza – Sabor – Correspondência ao canal:

Xin (picante), Ku (amarga) e Wei Han (levemente fria). Co-canal: Xin (coração), Gan (fígado) e Pang Guang (bexiga).

Funções:

- Revigorar o sangue e mover estagnação.
- Promover urinação e reduzir edema.

Aplicação e combinação:

- Revigorar o sangue e mover estagnação:

    Estagnação de sangue manifestando menstruação irregular, dismenorreia, amenorreia, dor abdominal pós-parto, inchaço e dor devido a traumas. Yi Mu Cao é utilizado com Dang Gui, Chuan Xiong e Chi Shao. Yi Mu Cao pode ser utilizada como mono-erva.

- Promover urinação e reduzir edema:

    Disúria ou edema. Yi Mu Cao é utilizada com Bai Mao Gen.

Dosagem:

10 a 15 g.

XI. Ji Xue Teng 鸡血藤 Radix et Caulis Jixueteng

In Natura · Processada

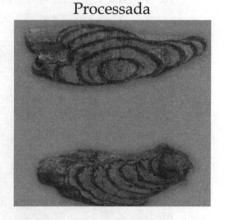

Millettia dielsiana Harms
Sinonímia: *Spatholobus suberectus* Dunn

Radix et Caulis Jixueteng

Natureza – Sabor – Correspondência ao canal:

Ku (amarga), Wei Gan (levemente doce) e Wen (morna). Co-canal: Gan (fígado).

Funções:

- Revigorar e nutrir o sangue.
- Relaxar e ativar os tendões.

Aplicação e combinação:

- Revigorar e nutrir o sangue:

    Deficiência e estagnação de sangue manifestando menstruação irregular, dismenorreia ou amenorreia. Ji Xue Teng é utilizado com Dang Gui, Bai Shao e Chuan Xiong.

- Relaxar e ativar os tendões:

    Inflamação e dor articular causada por invasão de vento frio e umidade manifestando dormência dos membros ou paralisia causada por baixa nutrição dos tendões e músculos devido a deficiência de sangue. Ji Xue Teng é utilizado com Dang Gui, Chuan Xiong, Mu Gua e Sang Ji Sheng.

Dosagem:

10 a 15 g.

XII. Tao Ren 桃仁 Semem Persicae - Amêndoa da semente de pêssego

In Natura — Prunus persica L.

Processada — Semen Persicae

Natureza – Sabor – Correspondência ao canal:

Ku (amarga) e Ping (neutra). Co-canal: Xin (coração), Gan (fígado), Fei (pulmão) e Da Chang (intestino grosso).

Funções:

- Revigora o sangue e remove estagnação.
- Lubrifica os intestinos e move as fezes para baixo.

Aplicação e combinação:

- Revigora o sangue e remove estagnação:

    Estagnação de sangue manifestando amenorreia, dismenorreia, dor abdominal pós-parto, dor e inchaço devido a trauma. Tao Ren é utilizado em combinação com Chi Shao, Hong Hua, Dang Gui e Chuan Xiong na Fórmula Tao Hong Si Wu Tang.

- Lubrifica os intestinos e move as fezes para baixo:

    Constipação devido a secura nos intestinos. Tao Ren é utilizado com Dang Gui, Bai Zi Ren, Huo Ma Ren e Xing Ren.

Dosagem:

6 a 10 g.

Precauções e contraindicações:

Esta substância é contraindicada durante a gravidez.

XIII. Hong Hua 红花 Flos Carthami Tinctorii

In Natura

Processada

Carthamus tinctorius L.

Flos Carthami Tinctorii

Natureza – Sabor – Correspondência ao canal:

Xin (picante) e Wen (morna). Co-canal: Xin (coração) e Gan (fígado).

Funções:

Revigorar o sangue, liberar estagnações e promover a menstruação.

Aplicação e combinação:

Estagnação de sangue manifestando amenorreia, dismenorreia, dor abdominal pós-parto e dor e inchaço devido a trauma.

Hong Hua é utilizado com Tao Ren, Dang Gui, Chuan Xiong e Chi Shao na Fórmula Tao Hong Si Wu Tang.

Dosagem:

3 a 10 g.

Precauções e contraindicações:

Esta substância é contraindicada durante a gravidez.

Observação:

Hong Hua é frequentemente utilizada para ativar a circulação do sangue e remover estases e é indicada para tratar vários tipos de doenças causadas por estase de sangue. Médicos tradicionais chineses da antiguidade considerava esta substância da seguinte maneira: "Se aplicada em grande dosagem, dissolve a estagnação do sangue e em pequenas doses nutre o sangue".

XIV. Niu Xi 牛膝 Radix Achyranthis Bidentatae

In Natura | Processada

Achyranthes bidentata Blume | *Rodix Achyranthis Bidentatae*

Natureza – Sabor – Correspondência ao canal:

Ku (amarga), (azeda) Ping (neutra). Co-canal: Gan (fígado) e Shen (rim).

Funções:

- Revigorar o sangue, liberar estagnação e promover menstruação.
- Tonificar o fígado e rins, fortalecer os tendões e músculos.
- Promover urinação e atenuar desordens urinárias.
- Conduzir o fluxo de sangue para baixo.
- Controlar o Yang e o fogo nas deficiências do Yin.
- Controlar extravasamento de sangue pelo calor.

Aplicação e combinação:

- Revigorar o sangue, liberar estagnação e promover menstruação: Estagnação de sangue manifestando amenorreia, dismenorreia, menstruação irregular e dor devido a trauma. Niu Xi é utilizado com Tao Ren, Hong Hua, Dang Gui e Yan Hu Suo.
- Tonificar o fígado e rins, fortalecer os tendões e músculos: Deficiência de sangue do fígado e rins manifestando inflamação e fraqueza da região lombar e pernas. Niu Xi é utilizada com Sang Ji Sheng, Du Zhong e Gou Ji.
- Promover urinação e atenuar desordens urinárias: Desordens do trato urinário manifestando dor urinária, hematúria e disúria. Niu Xi é utilizada com Tong Cao, Hua Shi e Qu Mai* na Fórmula Niu Xi Tang.
- Conduzir o fluxo de sangue para baixo: Esta substância conduz a ação de outras ervas para baixo, especialmente para os joelhos, pernas e pé.
- Controlar o Yang e o fogo nas deficiências do Yin:
1) Deficiência de Yin com hiperatividade do Yang produzindo vento interno do fígado manifestando dor de cabeça, tonteira e vertigem. Niu Xi é utilizado com Dai Zhe Shi, Mu Li e Long Gu na Fórmula Zhen Gan Xi Feng Tang.
2) Deficiência de Yin e excessivo fogo, manifestando ulceração na boca e inchaço da gengiva. Niu Xi é utilizado com Sheng Di Huang e Zhi Mu.
- Controlar extravasamento de sangue pelo calor: Extravasamento de sangue pelo calor manifestando vômito com sangue e epistaxe. Niu Xi é utilizado com Xiao Ji, Ce Bai Ye e Bai Mao Gen.

Dosagem:

6 a 15 g.

Precauções e contraindicações:

Esta substância é contraindicada durante a gravidez ou durante a menstruação com profuso fluxo.

* Qu Mai - Dianthi, Herba - Dianthus chinensis L. - Substância não descrita neste livro.

XV. Shui Zhi（水蛭）Hirudo seu Whitmaniae – Sanguessuga

In Natura　　　　　　Processada

Hirudo nipponia Whitman　　*Hirudo seu Whitmaniae*

Natureza – Sabor – Correspondência ao canal:

Xian (salgada), Ku (amarga), Ping (neutra) e Xiao Du (levemente tóxico). Co-canal: Gan (fígado).

Funções:
- Revigorar o sangue e remover estagnação.
- Promover a menstruação e dissolver massas.

Aplicação e combinação:
- Revigorar o sangue e remover estagnação:

    Dor no tórax, dor abdominal e constipação causados por estagnação do sangue e traumas que causem estase. Shui Zhi é utilizado com Qian Niu Zi e Da Huang na Fórmula Duo Ming Dan.

- Promover a menstruação e dissolver massas:

    Amenorreia ou massas abdominais e epigástricas causados por estagnação do sangue. Shui Zhi é utilizado com Tao Ren, San Leng e Dang Gui.

Dosagem:

3 a 6 g; se utilizado em pó: 0,3 a 0,5 g.

Precauções e contraindicações:

Esta substância é contraindicada durante a gravidez.

XVI. Wang Bu Liu Xing 王不留行 Semen Vaccariae Segetalis

Vaccaria segetalis (Neck.) Garcke   *Semen Vaccariae Segetalis*

Natureza – Sabor – Correspondência ao canal:

Ku (amarga) e Ping (neutra). Co-canal: Gan (fígado) e Wei (estômago).

Funções:

- Revigorar o sangue e promover a menstruação.
- Promover a lactação.
- Liberar a estagnação das mamas.

Aplicação e combinação:

- Revigorar o sangue e promover a menstruação:
  Dismenorreia por retardo da circulação do sangue ou amenorreia causada por estagnação do sangue. Wang Bu Liu Xing é utilizado com Dang Gui, Chuan Xiong, Hong Hua e Yi Mu Cao.

361

- Promover a lactação:

    Insuficiente lactação pós-parto. Wang bu liu xing é utilizado com Chuan Shan Jia* (escama de tatu chinês) e Tong Cao (papirus). Se ocorrer deficiência de Qi e sangue, Huang Qi e Dang Gui devem ser adicionados.

- Liberar a estagnação das mamas:

    Mastite com dor e inchaço das mamas. Wang Bu Liu Xing é utilizado com Pu Gong Ying (dente-de-leão), Jin Yin Hua e Gua Lou.

Dosagem:

6 a 10 g.

Precauções e contraindicações:

Esta substância deve ser utilizada com muita precaução durante a gravidez.

---

* Chuan Shan Jia – Manitis Pentadactylae, Squama – *Manis pentadactyla* L. - Substância não descrita neste livro

CAPÍTULO XIII

止咳药 Zhi Ke Yao
Substâncias antitosse

化痰止咳平喘药 **Hua Tan Zhi Ke Ping Chuan Yao**

Substâncias que eliminam fleuma (expectorantes), antitosse e antiasmática.

I. Conceito:

Substâncias que eliminam fleuma aliviam tosse e dispneia são conhecidas como expectorantes, antitussígenas e antiasmáticas. Algumas atuam principalmente eliminando fleuma e outras atuam principalmente aliviando a tosse e a asma; este grupo é dividido em substâncias que são expectorantes (eliminam fleuma) e substâncias que aliviam tosse e dispneia.

II. Propriedades terapêuticas predominantes:

Substâncias que eliminam fleuma são principalmente utilizadas para tratar doenças causadas por fleuma. Fleuma é produto patológico e fator causal de muitas doenças, existindo inúmeros tipos de doenças e síndromes causadas por fleuma. Os sintomas mais comumente vistos são: retenção de fleuma nos pulmões com tosse, dispneia e expectoração copiosa de catarro; fleuma bloqueando o Yang, com peso na cabeça e vertigem; fleuma atacando o coração, resultando em perda da consciência e psicose maníaco-depressiva; e fleuma afetando os meridianos, ocorrendo bócio, escrófula, nódulos subcutâneos, múltiplos abscessos ou parestesia dos membros e hemiplegia. Substâncias que eliminam fleuma podem ser aplicadas para tratar estas síndromes e doenças. Entretanto, as propriedades de cada substância neste grupo são diferentes, algumas são mornas e secas e outras são frescas e úmidas. Sabemos que as doenças causadas por fleuma podem ser manifestadas por frio, umidade, calor ou secura, então estas substâncias devem ser selecionadas de acordo com estas características. Por isto, substâncias que são mornas e secas são utilizadas para desordens devido a fleuma fria e fleuma umidade, enquanto substâncias frescas e úmidas são utilizadas para síndromes de fleuma calor e fleuma seca. Algumas são especialmente efetivas para eliminar fleuma e amolecer massas duras e são principalmente usadas para bócio e escrófula.

Substâncias que aliviam a tosse e a dispneia são mornas ou frescas e possuem diferentes ações, como a de promover a ação dispersiva dos pulmões, eliminar fogo dos pulmões, purgar calor dos pulmões, restaurar a função de descensão do Qi dos pulmões e eliminar fleuma, através destas funções a tosse e a dispneia são tratadas.

Embora as substâncias que eliminam fleuma e aquelas que aliviam a tosse e a dispneia estejam aqui discutidas separadamente, tosse, dispneia e fleuma, estão intimamente relacionadas. Na clínica, geralmente, tosse e dispneia são complicadas por fleuma e fleuma retida nos pulmões usualmente resulta em tosse e dispneia. Entretanto, substâncias que aliviam a tosse e a dispneia são muitas vezes combinadas com aquelas que eliminam fleuma.

Fleuma copiosa, tosse e dispneia podem ocorrer quase em todas as doenças causadas por dano interno ou fatores exógenos.

Quando usarmos substâncias que eliminam e aliviam a tosse e a dispneia, outras substâncias relacionadas devem ser prescritas em combinação. Para os casos caracterizados por calor, substâncias que purgam o calor são adicionadas; para frio, elas são utilizadas com substâncias que aqueçam o interior; para a deficiência do baço e excessiva umidade, elas podem ser combinadas com substâncias que fortalecem o baço e eliminam umidade; para deficiência de Yin dos pulmões, elas são prescritas com substâncias que nutrem o Yin e purgam o calor dos pulmões; para os casos complicados por vento endógeno, elas são utilizadas com substâncias que eliminam vento; para os casos complicados por síndrome exterior, elas são combinadas com substâncias que liberem o exterior. Também na retenção de fleuma conduzindo a estagnação do Qi, as substâncias que eliminam fleuma são combinadas com substâncias que ativam o Qi.

III. Algumas precauções que devem ser tomadas na aplicação de substâncias que aliviam tosse e eliminam fleuma:

Substâncias mornas e secas que eliminam fleuma e aliviam tosse e dispneia são contraindicadas para casos de consumo do Yin e sangramento; substâncias frescas e úmidas são contraindicadas para síndromes devido a fleuma fria e umidade fria.

SEÇÃO I

化痰止渴药 Hua Tan Zhi Ke Yao
Substâncias antitosse que eliminam fleuma

I. Ban Xia 半夏 Rhizoma Pinellae Ternatae

Pinellia ternata (Thunb.) Breitenb   *Rhizoma Pinelliae Ternatae*

Natureza – Sabor – Correspondência ao canal:

Xin (picante), Wen (morna) e Du (tóxica). Co-canal: Pi (baço), Wei (estômago) e Fei (pulmão).

Funções:

- Secar umidade e eliminar fleuma.
- Conduzir o Qi invertido para baixo e parar o vômito.
- Reduzir distensão e dispersar nódulos.

Aplicação e combinação:

- Secar umidade e eliminar fleuma:
  Tosse por fleuma umidade devido a deficiência do baço, manifestando tosse com profuso, branco e diluído catarro. Ban Xia é utilizado com Chen Pi e Fu Ling na Fórmula Er Chen Tang.

- Conduzir o Qi invertido para baixo e parar o vômito:
Náusea e vômito devido a rebelião do Qi do estômago:
1) *Tipo frio* – Ban Xia é utilizado com Sheng Jiang na Fórmula Xiao Ban Xia Tang.
2) *Tipo calor* – Ban Xia é utilizado com Zhu Ru e Pi Pa Ye.
3) *Na gravidez* – Ban Xia é utilizado com Su Geng (ramo da perilla) e Sha Ren.
4) *Tipo deficiência* – Ban Xia é utilizado com Ren Shen e Da Zao.

- Reduzir distensão e dispersar nódulos:
1) Globus hystericus devido à estagnação do Qi e acumulação de fleuma umidade manifestando sensação de peso como se estivesse um corpo estranho na garganta, plenitude e distensão no tórax e região epigástrica e náusea. Ban Xia é utilizado com Hou Po, Zi Su Ye e Fu Ling na Fórmula Ban Xia Hou Po Tang.
2) Bócio, escrófula e nódulos subcutâneos. Ban Xia é utilizado com Kum Bu, Hai Zao e Chuan Bei Mu.

Dosagem:

5 a 10 g.

Precauções e contraindicações:

Esta substância é contraindicada nos casos de tosse seca devido a deficiência de Yin ou tosse devido a fleuma calor. Também não se deve utilizar junto com Wu Tou (Acônito de Sichuan).

II. Tian Nan Xing 天南星 Rhizoma Arisaematis

In Natura | Processada

 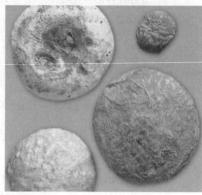

Arisaema amurense Maxim.   *Rhizoma Arisaematis*

Natureza – Sabor – Correspondência ao canal:

Ku (amarga,) Xin (picante) e Wen (morna). Fei (pulmão), Gan (fígado) e Pi (baço).

Funções:

- Secar umidade e eliminar fleuma.
- Dispersar vento e parar espasmos.

Aplicação e combinação:

- Secar umidade e eliminar fleuma:
1) Tosse devida a fleuma úmida manifestando catarro branco, diluído e profuso e sensação de sufoco no tórax. Tian Nan Xing é utilizado com Ban Xia, Chen Pi e Zhi Shi na Fórmula Dao Tan Tang.
2) Fleuma calor nos pulmões manifestando tosse com catarro grosso, profuso e amarelo e sensação de sufoco no tórax. Utiliza-se Tian Nan Xing preparado com biles de boi combinado com Huang Qin e Gua Lou.

- Dispersar vento e parar espasmos:

Vento fleuma manifestando tonteira, vertigem, paralisia facial, epilepsia e convulsões no tétano. Tian Nan Xing é utilizado com Ban Xia, Tian Ma e Bai Fu Zi.

O uso externo desta substância pode aliviar dor e inchaço, por isto é indicada para carbúnculos e picada de cobra venenosa.

Dosagem:

5 a 10 g.

Precauções e contraindicações:

Esta substância é contraindicada durante a gravidez. Em geral a substância crua não é utilizada para uso interno.

III. Bai Jie Zi 白芥子 Semen Sinapsis Albae – Semente de mostarda branca

In Natura

Processada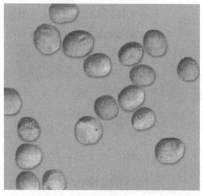

Brassica alba (L.) Rabenh.
Sinonímia: *Sinapsis alba* L.

Semen Sinapis Albae

Natureza – Sabor – Correspondência ao canal:

Xin (picante) e Wen (morna). Co-canal: Fei (pulmão).

Funções:

- Aquecer os pulmões e eliminar fleuma.
- Abrir os canais e parar dor.
- Revigorar a circulação do Qi e dispersar nódulos.

Aplicação e combinação:

- Aquecer os pulmões e eliminar fleuma:

1) Bloqueio dos pulmões pela fleuma fria manifestando tosse com catarro branco, profuso e diluído com sensação de sufoco no tórax. Bai Jie Zi é utilizada com Su Zi e Lai Fu Zi na Fórmula San Zi Yang Qing Tang.

2) Retenção de fleuma úmida no tórax e diafragma manifestando distensão e dor no tórax e hipocôndrios. Bai Jie Zi é utilizada com Gan Sui e Da Ji.

3) Abrir os canais e parar dor:
   Obstrução dos canais e colaterais por fleuma úmida manifestando dor articular e dormência nos membros. Bai Jie Zi é utilizada com Mo Yao (mirra) e Mu Xiang.

- Revigorar a circulação do Qi e dispersar nódulos:
   Carbúnculos do tipo Yin e inchaços sem descoloração da pele. Bai Jie Zi é utilizado com Lu Jiao Jiao (cola de chifre de veado), Rou Gui e Shu Di Huang na Fórmula Yang He Tang.

Dosagem:

3 a 10 g.

Precauções e contraindicações:

Esta substância é contraindicada nos pacientes com alergia de pele.

IV. Jie Geng 桔梗 Radix Platycodi Grandiflori

In Natura

Platycodon grandiflorum (Jacq.) A. DC.

Processada

Radix Platycodi Grandiflori

Natureza – Sabor – Correspondência ao canal:

Ku (amarga), Xin (picante) e Ping (neutra). Co-canal: Fei (pulmão).

Funções:

- Promover a função de dispersão dos pulmões.
- Eliminar fleuma e expelir pus.

Aplicação e combinação:

- Promover a função de dispersão dos pulmões:

    Falência dos pulmões em sua função de dispersão, ocasionada por invasão de fatores patogênicos exógenos manifestando tosse com profuso catarro ou dificuldade de expectorar, plenitude e distensão no tórax e hipocôndrios, inflamação da garganta e rouquidão. Jie Geng é utilizado com Xing Ren, Zi Su Ye e Chen Pi para tosse devido a vento frio. Jie Geng é utilizado com Sang Ye, Xing Ren e Gua Lou para tosse devido a vento calor. Jie Geng é utilizado com Xuan Shen, Gan Cao e Niu Bang Zi para inflamação da garganta e rouquidão.

- Eliminar fleuma e expelir pus:
  Calor tóxico acumulado nos pulmões (abscesso pulmonar) manifestando tosse com sangue ou pus, catarro amarelo e mau cheiroso e dor no tórax. Jie Geng é utilizado com Yu Xing Cao, Dong Gua Ren e Gua Lou.

Dosagem:

3 a 10 g.

Para abscessos pulmonares a dosagem deve ser aumentada.

V. Xuan Fu Hua 旋覆花 Flos Inulae

In Natura

Inula brittanica L. var. *chinesis* (Rupr.)

Processada

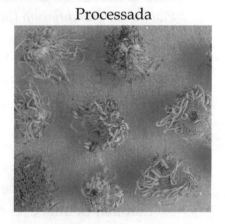

Flos Inulae

Naturezan – Sabor – Correspondência ao canal:

Ku (amarga), Xin (picante), Xian (salgada) e Wei Wen (levemente morna). Co-canal: Fei (pulmão), Pi (baço), Wei (estômago) e Da Chang (intestino grosso).

Funções:

- Eliminar fleuma e promover metabolismo da água.
- Conduzir o Qi para baixo e parar vômito.

Aplicação e combinação:

- Eliminar fleuma e promover metabolismo da água:
  Fleuma bloqueando os pulmões manifestando asma e tosse com profuso catarro. Xuan Fu Hua é utilizado com Ban Xia e Xi Xin.

- Conduzir o Qi para baixo e parar vômito:
  Fleuma bloqueando o estômago levando a rebelião do Qi manifestando eructação, vômito e sensação de plenitude epigástrica. Xuan Fu Hua é utilizada com Dai Zhe Shi na Fórmula Xuan Fu Dai Zhe Tang.

Dosagem:

3 a 10 g.

Precauções e contraindicações:

Quando fizer a decocção desta substância será necessário envolvê-la em um pacote de pano para prevenir irritação da garganta com o pó fino desprendido da flor.

Observações:

Ambas Xuan Fu Hua e Jie Geng são expectorantes frequentemente utilizadas na prática clínica. Xuan Fu Hua possui ação descendente e detém a anormal ascensão do Qi dos pulmões e do estômago, enquanto que Jie Geng possui ação de ascender e promover a função dispersiva dos pulmões.

VI. Qian Hu 前胡 Radix Peucedani

In Natura  Processada

Peucedanum praeruptorum Dunn   *Radix Peucedani*

Natureza – Sabor – Correspondência ao canal:

Ku (amarga) Xin (picante) e Wei Han (levemente fria). Co-canal: Fei (pulmão).

Funções:

- Eliminar fleuma e parar a tosse.
- Promover a função de dipersão dos pulmões e limpar o calor.

Aplicação e combinação:

- Eliminar fleuma e parar a tosse:
  Acumulação de Fleuma calor nos pulmões manifestando tosse com catarro amarelo e espesso. Qian Hu é utilizado com Sang Bai Pi, Gua Lou e Chuan Bei Mu na Fórmula Qian Hu San.

- Promover a função de dipersão dos pulmões e limpar o calor.
  Tosse devido a invasão de fatores patogênicos exógenos vento e calor. Qian Hu é utilizado com Bo He, Niu Bang Zi e Jie Geng.

Dosagem:

6 a 10 g.

VII. Gua Lou 瓜蔞 Fructus Trichosanthis

In Natura | Processada

Trichosanthes kirilowii Maxim.   *Fructus Trichosanthis*

Natureza – Sabor – Correspondência ao canal:

Gan (doce) e Han (frio). Co-canal: Fei (pulmão), Wei (estômago) e Da Chang (intestino grosso).

Funções:

- Limpar o calor e eliminar fleuma.
- Umedecer secura e mover fezes.
- Regular o Qi do peito e desfazer nódulos.

Aplicação e combinação:

- Limpar o calor e eliminar fleuma:
1) Tosse por fleuma calor manifestando tosse com catarro espesso e amarelo, com sensação de sufoco no tórax e constipação. Gua Lou é utilizado com Dan Nan Xing e Huang Qin na Fórmula Qing Qi Hua Tan Wan.
2) Fleuma, umidade e estagnação de sangue bloqueando o tórax manifestando sensação de sufoco e dor no peito irradiando para as costas. Gua Lou é utilizado com Xie Bai e Ban Xia na Fórmula Gua Lou Xie Bai Ban Xia Tang.
3) Fleuma e calor acumulando no tórax e região epigástrica manifestando plenitude e sensação de sufoco no tórax e região epigástrica. Gua Lou é utilizado com Huang Lian e Ban Xia na Fórmula Xiao Xian Xiong Tang.

- Umedecer secura e mover fezes:

    Constipação. Gua Lou é utilizado com Huo Ma Ren (semente de canabis), Yu Li Ren (semen Pruni) e Zhi Qiao (laranja amarga – citrus aurantium).

- Regular o Qi do peito e desfazer nódulos:

    Mastite. Gua Lou é utilizado com Pu Gong Yin, Ru Xiang e Mo Yao.

Dosagem:

10 a 20 g.

Precauções e contraindicações:

Esta substância não pode ser utilizada junto com Wu Tou (acônito de Sichuan), pois uma anula a outra.

VIII. Chuan Bei Mu 贝母 Bulbus Fritillariae Thunbergii

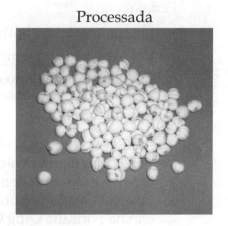

In Natura — Processada

Fritillaria thunbergii Miq. — *Bulbus Fritillariae Thunbergii*

Natureza – Sabor – Correspondência ao canal:

Ku (amarga), Gan (doce) e Wei Han (levemente fria). Co-canal: Fei (pulmão) e Xin (coração).

Funções:

- Umedecer os pulmões e parar tosse.
- Parar tosse por fleuma calor e vento calor.
- Limpar calor e liberar nódulos.

Aplicação e combinação:

- Umedecer os pulmões e parar tosse:
  Tosse crônica devido a deficiência dos pulmões manifestando como tosse seca e garganta seca – Chuan Bei Mu é utilizado com Mai Dong e Sha Shen.

- Parar tosse por fleuma calor e vento calor:
1) Tosse por fleuma calor manifestando catarro espesso e amarelo – Chuan Bei Mu é utilizado com Zhi Mu.
2) Tosse por vento calor – Chuan Bei Mu é utilizado com Sang Ye, Qian Hu e Xing Ren.

- Limpar calor e liberar nódulos:
  Escrófula, mastite e abscesso pulmonar:
1) *Escrófula* – Chuan Bei Mu é utilizado com Xuan Shen e Mu Li.
2) *Mastite* – Chuan Bei Mu é utilizado com Pu Gong Yin e Lian Qiao.
3) *Abscesso pulmonar* – Bei Mu é utilizado com Yu Xing Cao e Yi Yi Ren.

Dosagem:
3 a 10 g.

Precauções e contraindicações:
Esta substância não pode ser utilizada conjuntamente com Wu Tou (acônito de Sichuan) pois se anulam mutuamente.

IX. Zhu Ru 竹茹 Caulis Bambusae in Taeniis – Raspa do Caule do Bambu

In Natura

Processada

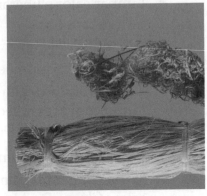

Bambusa tuldoides Munro   *Caulis Bambusae in Taeniis*

Natureza – Sabor – Correspondência ao canal:

Gan (doce) e Wei Han (levemente frio). Co-canal: Fei (pulmão), Wei (estômago) e Dan (vesícula biliar).

Funções:

- Limpar o calor e eliminar fleuma.
- Acalmar irritabilidade e parar vômito.

Aplicação e combinação:

- Limpar o calor e eliminar fleuma:
  Tosse devido a calor nos pulmões manifestando tosse com catarro grosso e amarelo. Zhu Ru é utilizado com Huang Qin e Gua Lou.

- Acalmar irritabilidade e parar vômito:
1) Distúrbios mentais ocasionados por fleuma calor manifestando irritabilidade, insônia, palpitações, sensação de sufoco no peito e tosse com catarro amarelo. Zhu Ru é utilizado com Zhi Shi, Chen Pi e Fu Ling na Fórmula Wen Dan Tang.
2) Náusea e vômito causados por calor no estômago. Zhu Ru é utilizado com Huang Lian, Chen Pi, Ban Xia e Sheng Jiang.

Dosagem:
6 a 10 g.

X. Zhu Li 竹沥 Succus Bambusae – suco de bambu

In Natura  Processada

Bambusa truldoides Munro   *Succus Bambusae*

Natureza – Sabor – Correspondência ao canal:

Gan (doce) e Han (frio). Co-canal: Fei (pulmão) e Wei (estômago).

Funções:

Limpar o calor e eliminar fleuma.

Aplicação e combinação:

1) Tosse por fleuma calor manifestando tosse com catarro espesso e amarelo e dor no tórax. Zhu Li é utilizado com Pi Pa Ye e Gua Lou.
2) Zhong Feng (AVC) devido ao coração estar bloqueado por fleuma; epilepsia ou psicose maníaca. Zhu Li é utilizado com Jiang Zhi (suco de gengibre).

Dosagem:

30 a 50 g.

Precauções e contraindicações:

Esta substância é contraindicada para tosse causada por frio e nos casos de diarreia por deficiência do baço.

XI. Hai Zao 海藻 Herba Sargassii

In Natura   Processada

Sargassum fusiforme (Harv.) Setch.   Herba Sargassii

Natureza – Sabor – Correspondência ao canal:

Xian (Salgada) e Han (fria). Co-canal: Gan (fígado), Wei (estômago) e Shen (rim).

Funções:

- Eliminar fleuma e amolecer massas.
- Promover o metabolismo da água.

Aplicação e combinação:

- Eliminar fleuma e amolecer massas:

1) Bócio. Hai Zao é utilizado com Kun Bu na Fórmula Hai Zao Yu Hu Tang.
2) Escrófula – Hai Zao é utilizado com Xia Ku Cao, Xuan Shen e Chuan Bei Mu na Fórmula Nei Xiao Lei Li Wan.
3) Promover o metabolismo da água:
   Edema de pé ou edema geral. Hai Zao é utilizado com Fu Ling e Ze Xie.

Dosagem:

10 a 15 g.

Precauções e contraindicações:

Esta substância não deve ser combinada com Gan Cao, pois um anula a outra.

XII. Kun Bu 昆布 Thalus Algae

In Natura

Laminaria japonica Aresch.

Processada

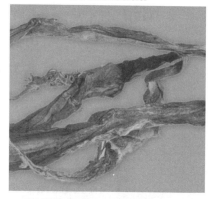

Thallus Algae

Natureza – Sabor – Correspondência ao canal:

Xian (salgada) e Han (fria). Co-canal: Gan (fígado), Wei (estômago) e Shen (rim).

Funções:

- Eliminar fleuma e amolecer massas.
- Promover o metabolismo dos líquidos.

Aplicação e combinação:

- Eliminar fleuma e amolecer massas:

  Bócio manifestando aumento cervical e sensação de sufoco na garganta. Kun Bu é utilizado com Hai Zao e Hai Ge Qiao* na Fórmula Kun Bu Wan.

- Promover o metabolismo dos líquidos:

  Edema dos pés ou edema geral. Kun Bu é utilizado com Fu Ling e Ze Xie.

Dosagem:

10 a 15 g.

---

* Hai Ge Qiao - Meretricis Seu Cyclianae, concha - *Meretrix meretrix* Linnaeus - Substância não descrita neste livro.

SEÇÃO II

止咳平喘药 Zhi Ke Ping Chuan Yao
Substâncias que aliviam tosse e dispneia

I. Ku Xing Ren 苦杏仁 Semen Pruni Armeniacae

Prunus armeniaca L.

Semen Pruni Armeniacae

Natureza – Sabor – Correspondência ao canal:

Ku (amarga), Wei Wen (levemente morna) e Wei Du (levemente tóxica). Co-canal: Fei (pulmão) e Da Chang (intestino grosso).

Funções:

- Eliminar tosse e aliviar asma.
- Umedecer os intestinos e mover as fezes.

Aplicação e combinação:

- Eliminar tosse e aliviar asma:
  Tosse e asma:

1) Tosse devido a invasão de fatores exógenos vento e calor – Xing Ren é utilizado com Sang Ye e Ju Hua na Fórmula Sang Ju Yin.
2) Tosse devido a disfunção dos pulmões causada por secura e calor – Xing Ren é utilizado com Sang Ye, Chuan Bei Mu e Sha Shen na Fórmula Sang Xing Tang.
3) Tosse e asma devido a acumulação de calor nos pulmões – Xing Ren é utilizado com Shi Gao e Ma Huang na Fórmula Ma Xing Shi Gan Tang.

- Umedecer os intestinos e mover as fezes:

  Constipação devido a secura no intestinos. Xing Ren é utilizado com Huo Ma Ren e Dang Gui na Fórmula Run Chang Wan.

Dosagem:
3 a 10 g.

Precauções e contraindicações:
Esta substância é levemente tóxica, excessos devem ser evitados. Deve ser utilizada com precaução em crianças.

II. Bai Bu 百部 Radix Stemonae

Stemona sessilifolia Miq.

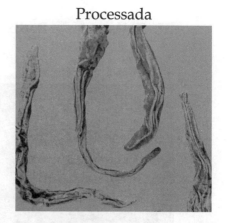

Radix Stemonae

Natureza – Sabor – Correspondência ao canal:
Gan (doce), Ku (amarga) e Ping (neutra). Co-canal: Fei (pulmão).

Funções:

- Umedecer os pulmões e parar a tosse.
- Matar piolho e parasitas.

Aplicação e combinação:

- Umedecer os pulmões e parar a tosse:

1) Tosse nas gripes comuns. Bai Bu é utilizado com Jing Jie, Jie Geng e Zi Wan.
2) Coqueluche. Bai Bu é utilizado com Bei Sha Shen, Chuan Bei Mu e Bai Qian.
3) Tosse nas tuberculoses. Bai Bu é utilizado com Mai Dong e Sheng Di Huang.

- Matar piolho e parasitas:

1) Piolhos da cabeça ou corpo. Pode ser utilizada em tintura ou em decocção, uso externo em banho.
2) Oxiúrios. 30 ml da decocção utilizado em enema antes de dormir, diariamente por 5 dias.

Dosagem:

5 a 10 g.

III. Zi Wan 紫菀 Radix Asteris Tatarici

In Natura

Aster tataricus L.

Processada

Radix Asteris Tatarici

Natureza – Sabor – Correspondência ao canal:

Ku (amarga), Gan (doce) e Wei Wen (levemente morna). Co-canal: Fei (pulmão).

Funções:

Eliminar fleuma e parar a tosse.

Aplicação e combinação:

Eliminar fleuma e parar a tosse:

1) Tosse devido a invasão de fatores patogênicos exógenos manifestando tosse com profuso catarro – Zi Wan é utilizado com Jing Jie e Bai Qian.
2) Tosse devido a deficiência dos pulmões manifestando tosse com catarro escasso ou com sangue. Zi Wan é utilizado com Zhi Mu, Chuan Bei Mu e E Jiao na Fórmula Zi Wan Tang.

Dosagem:

5 a 10 g; utilizada crua ou tostada com mel.

IV. Kuan Dong Hua 款冬花 Flos Tussilagi Farfarae

In Natura

Tussilago farfara L.

Processada

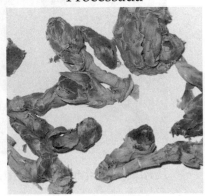

Flos Tussilagi Farfarae

Natureza – Sabor – Correspondência ao canal:

Xin (picante) e Wen (morna). Co-canal: Fei (pulmão).

Funções:

- Umedecer os pulmões, eliminar fleuma e parar a tosse.

Aplicação e combinação:

- Com ação similar de Zi Wan, esta substância pode ser utilizada para tratar vários tipos de tosse.
1) Para tosse e dispneia devido a retenção de frio ou fleuma, combina-se com Ma Huang e Xi Xin.
2) Para tosse com catarro sanguinolento, Kuan Dong Hua.
3) Para tosse crônica: Kuan Dong Hua é utilizado com Zi Wan. Esta substância é mais potente que Zi Wan para parar tosse e eliminar fleuma.

Dosagem:

5 a 10 g.

V. Su Zi 苏子 Fructus Perillae Frutescentis

In Natura — Processada

Perilla frutescens (L.) Britt.   Fructus Perillae Frutescentis

Natureza – Sabor – Correspondência ao canal:

Xin (picante) e Wen (morna). Co-canal: Fei (pulmão) e Da Chang (intestino grosso).

Funções:

- Parar a tosse e acalmar a asma.
- Umedecer os intestinos e mover as fezes.

Aplicação e combinação:

- Parar a tosse e acalmar a asma:

  Inversão do Qi dos pulmões causado por excesso de fleuma manifestando tosse com catarro profuso e claro ou asma e sensação de plenitude e sufoco no peito e região dos hipocôndrios. Su Zi é utilizado com Bai Jie Zi (semente de mostarda branca) e Lai Fu Zi (semente de rabanete), na Fórmula San Zi Yang Qing Tang.

- Umedecer os intestinos e mover as fezes:

  Constipação devido a secura nos intestinos. Su Zi é utilizado com Huo Ma Ren, Gua Lo Ren e Xing Ren.

Dosagem:

5 a 10 g.

VI. Sang Bai Pi 桑白皮 Cortex Mori Albae Radicis

In Natura   Processada

 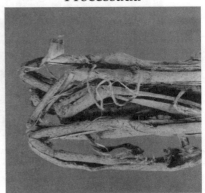

Morus alba L.   *Cortex Mori Albae Radicis*

Natureza – Sabor – Correspondência ao canal:

Gan (doce) e Han (fria). Co-canal: Fei (pulmão).

Funções:

- Reduzir calor dos pulmões e acalmar asma.
- Promover urinação e reduzir edemas.

Aplicação e combinação:

- Reduzir calor dos pulmões e acalmar asma:
  Calor nos pulmões manifestando tosse com excessivo catarro e asma. Sang Bai Pi é utilizado com Di Gu Pi e Gan Cao na Fórmula Xie Bai San.
- Promover urinação e reduzir edemas:
  Disúria ou edema. Sang Bai Pi é utilizado com Di Gu Pi e Fu Ling Pi na Fórmula Wu Pi Yin.

Dosagem:

10 a 15 g.

VII. Ting Li Zi 葶苈子 Semen Lipidii

In Natura

Processada

Lepidium apetalum Willd.　　　*Semen Lipidii*

Natureza – Sabor – Correspondente ao canal:

Ku (amarga), Xin (picante) e Han Liang (muito fria). Co-canal: Fei (pulmão) e Pang Guang (bexiga).

Funções:

- Reduzir fleuma nos pulmões e acalmar asma.
- Promover urinação e reduzir edemas.

Aplicação e combinação:

- Reduzir fleuma nos pulmões e acalmar asma:
  Retenção de fleuma nos pulmões manifestando tosse com profuso catarro, asma, plenitude e distensão do peito e hipocôndrios, asma que impossibilita o paciente deitar e edema da face. Ting Li Zi é utilizada com Da Zao na Fórmula Ting Li Da Zao Xie Fei Tang.
- Promover urinação e reduzir edemas:
  Edema ou disúria. Ting Li Zi é utilizado com Fang Ji e Da Huang na Fórmula Ji Jiao Li Huang Wan.

Dosagem:

3 a 10 g.

Observação:

Esta substância é efetiva para eliminar líquidos nos pulmões e aliviar dispneia e tosse. Para excessiva retenção de líquidos nos pulmões levando a tosse, ortopneia, inchaço facial e edema, esta substância é o principal medicamento. Atualmente, é utilizada para tratar doenças cardiopulmonares. Por sua drástica ação purgativa, pode causar dano ao estômago, por isto deve ser combinada frequentemente com Da Zao para eliminar este efeito adverso.

VIII. Pi Pa Ye 枇杷叶 Folium Eriobotryae Japonicae – Folha de Ameixeira Japonesa

In Natura

Eriobotrya japonica Lindl.

Processada

Folium Eriobotryae Japonicae

Natureza – Sabor – Correspondência ao canal:

Ku (amarga), Ping (neutra). Co-canal: Fei (pulmão) e Wei (estômago).

Funções:

- Eliminar fleuma e parar a tosse.
- Conduzir o Qi invertido para baixo e parar o vômito.

Aplicação e combinação:

- Eliminar fleuma e parar a tosse:
  Calor nos pulmões manifestando tosse e asma. Pi Pa Ye é utilizado com Sang Bai Pi, Bai Qian* e Jie Geng.
- Conduzir o Qi invertido para baixo e parar vômito:
  Calor no estômago manifestando náusea e vômito. Pi Pa Ye é utilizado com Zhu Ru e Lu Gen.

Dosagem:

10 a 15 g.

* Bai Qian – Cynanchii Stantoni, Radix et Rhizoma.

IX. Ma Dou Ling 马兜铃 Fructus Aristolochiae

Aristolochia debilis Sieb. et Zucc.   *Fructus Aristolochiae*

Natureza – Sabor – Correspondência ao canal:

Ku (amarga), Wei Xin (levemente picante) e Han (fria). Co-canal: Fei (pulmão) e Da Chang (intestino grosso).

Funções:
- Limpar o calor nos pulmões e eliminar fleuma.
- Parar a tosse e acalmar asma.

Aplicação e combinação:
- Limpar o calor nos pulmões e eliminar fleuma:
  Calor nos pulmões manifestando tosse com profuso catarro amarelo e asma. Ma Dou Ling é utilizado com Pi Pa Ye, Qian Hu, Sang Bai Pi e Huang Qin.
- Parar a tosse e acalmar asma:
  Deficiência dos pulmões manifestando tosse com escasso catarro ou catarro sanguinolento e respiração curta. Ma Dou Ling é utilizado com Sha Shen, Mai Dong, Zi Wan e E Jiao.

Dosagem:

3 a 10 g.

Precauções e contraindicações:

Superdosagem pode causar náusea e vômitos.

CAPÍTULO XIV

重镇安神药 An Shen Yao
Substâncias que acalmam a mente

I. Conceito:

As substâncias que acalmam a mente são utilizadas para tratar deficiência do Qi do coração, deficiência do sangue do coração ou fogo do coração que ascende, manifestando agitação, palpitações, ansiedade, insônia, distúrbios do sono e sonhos, convulsões, epilepsia e desordens psicóticas e maníacas.

II. Propriedades terapêuticas predominantes:

A seleção das substâncias devem ser feita de acordo com as condições patológicas específicas. Por exemplo: quando acompanhada por deficiência de Yin e Sangue, substâncias que fortalecem o sangue e nutrem o Yin devem ser adicionadas na combinação; se os sintomas forem devido a hiperatividade do Yang do fígado, substâncias que pacificam o fígado e controle o Yang devem ser adicionadas; se os sintomas forem devido ao fogo do coração que se eleva, substâncias que limpam o fogo do coração são adicionadas; nos casos de epilepsia e convulsões, substâncias que eliminam fleuma são selecionadas e adicionadas.

III. Algumas precauções que devem ser tomadas na aplicação das substâncias calmantes:

Substâncias sedativas de origem mineral, se preparadas em pílulas ou pós, facilmente agridem o Qi do estômago, devendo, portanto, serem combinadas com substâncias que fortaleçam o estômago.

Substâncias tóxicas devem ser prescritas com precaução.

Dividiremos este grupo em substâncias sedativas de ação pesada – Zhong Zhen An Shen Yao e em substâncias sedativas que nutrem o coração e acalmam a mente – Yang Xin An Shen Yao.

SEÇÃO I

重镇安神药 Zhong Zhen An Shen Yao
Substâncias sedativas de ação pesada

I. Zhu Sha 珠砂 **Cinnabaris**

Cinnabaris

Cinnabaris

Natureza – Sabor – Correspondência ao canal:

Gan (doce), Wei Han (levemente fria) e Du (tóxica). Co-canal: Xin (coração).

Funções:

- Tranquilizar o coração e a mente.
- Remover toxinas.

Aplicação e combinação:

- Tranquilizar o coração e a mente:

    Indicado para palpitações, insônia, psicoses maníaco depressivas e epilepsia. Para os casos devido a hiperatividade do fogo do coração, Zhu Sha é utilizado com Huang Lian; para os casos devido a insuficiência de sangue do coração, Zhu Sha é utilizado com Shu Di Huang e Mai Dong; para epilepsia, Zhu Sha é combinado com Tian Nan Xing (Rhizoma Arisaematis).

- Para remover toxinas. É utilizado externamente para infecções da pele, faringite e aftas.

Dosagem:

0,3 a 1g, para ser ingerida com água, preparado em pílulas, em pó ou misturado com Fu Ling e Lian Qiao para fazer decocção. Dosagem moderada deve ser utilizada para uso externo.

Precauções e contraindicações:

Superdosagem e uso prolongado pode levar a intoxicação por mercúrio. Nunca deve ser calcinada, pois haverá separação do mercúrio e se tornará altamente tóxica.

II. Ci Shi 慈石 **Magnetitum**

In Natura

Magnetitum

Processada

Magnetita.

Natureza – Sabor – Correspondência ao canal:

Xian (salgada) e Han (fria). Co-canal: Gan (fígado), Xin (coração) e Shen (rim).

Funções:

- Tranquilizar o coração e acalmar a mente.
- Reter a hiperatividade do Yang do fígado.
- Promover a recepção do Qi e aliviar dispneia.

Aplicação e combinação:

- Tranquilizar o coração e acalmar a mente:

    Indicada para tratar a agitação do coração e da mente, manifestando palpitações, insônia, irritabilidade, psicoses maníaco depressiva. Ci Shi é utilizada em combinação com Zhu Sha.

- Reter a hiperatividade do Yang do fígado:

    Indicada para dor de cabeça, vertigem e tinitus devido a hiperatividade do Yang do fígado, Ci Shi combina-se com Long Gu e Mu Li; e para tinitus e surdez devido a deficiência dos rins, Ci Shi combina-se com substâncias que fortalecem os rins com Shu Di e Shan Yu Rou.

- Promover a recepção do Qi e aliviar dispneia:

    Indicado para dispneia tipo deficiência devido a não recepção do Qi pelos rins, Ci Shi combina-se com Shu Di, Wu Wei Zi (Fructus Schisandrae) e He Tao Ren (Semen Juglandis).

Dosagem:

15 a 30 g.

III. Long Gu 龙骨 Os Draconis – Osso fóssil de qualquer mamífero

In Natura

Processada

Os draconis

Fóssil de mamífero

Natureza – Sabor – Correspondência ao canal:

Gan (doce), Se (adstringente) e Wei Han (levemente frio). Co-canal: Xin (coração) e Gan (fígado).

Funções:

- Pacificar o fígado e controlar o Yang.
- Eliminar leucorreia e reter emissão seminal ou suor.
- Acalmar o coração e relaxar a mente.

Aplicação e combinação:

- Pacificar o fígado e controlar o Yang:

    Deficiência de Yin do fígado e rins com hiperatividade do Yang do fígado manifestando tonteira, visão turva ou irritabilidade. Long Gu é utilizado com Mu Li, Dai Zhe Shi e Bai Shao na Fórmula Zhen Gan Xi Feng Tang.

- Eliminar leucorreia e reter emissão seminal ou suor:

1) Emissão seminal devido a deficência dos rins. Long Gu é utilizado com Mu Li, Sha Yuan Zi* e Qian Shi.
2) Leucorreia devido a deficiência dos rins. Long Gu é utilizado com Mu Li, Shan Yao e Wu Zei Gu.
3) Espontâneo suor ou suor noturno. Long Gu é utilizado com Mu Li e Wu Wei Zi.

- Palpitações e insônia. Long Gu é utilizado com Mu Li, Yuan Zhi e Suan Zao Ren.

Dosagem:

15 a 30 g.

Precauções e contraindicações:

Esta substância deve ser cozida antes de se acrescentar outras substâncias.

---

*Sha Yuan Zi – Astragali Complanati, Semen – *Astragalus complanatus* R. Br.

SEÇÃO II

养心安神药 Yang Xin An Shen Yao

Substâncias sedativas que nutrem o coração e acalmam a mente

I. Suan Zao Ren 酸枣仁 Semen Ziziphi Spinosae

In Natura    Processada

Ziziphus jujuba var. spinosa Mill.   *Semen Ziziphi Spinosae*

Natureza – Sabor – Correspondência ao canal:
Gan (doce) e Ping (neutra). Co-canal: Xin (coração) e Gan (fígado).

Funções:
- Nutrir o sangue e tranquilizar a mente.
- Parar suor.

Aplicação e combinação:
- Nutrir o sangue e tranquilizar a mente:
  Deficiência de sangue no coração e fígado manifestando irritabilidade, insônia, palpitações e desatenção (falta de

concentração). Suan Zao Ren é utilizado com Dang Gui, Yuan Zhi, Bai Shao, He Shou Wu e Long Yan Rou.

- Parar suor:

    Suor espontâneo e suor noturno devido a fraqueza do corpo. Suan Zao Ren é utilizado com Wu Wei Zi e Ren Shen.

Dosagem:

10 a 18 g.

II. Bai Zi Ren 柏子仁 Semen Biotae Orientalis

Biota orientalis (L.) Endl.   *Semen Biotae Orientalis*

Natureza – Sabor – Correspondência ao canal:

Gan (doce) e Ping (neutra). Co-canal: Xin (coração), Shen (rim) e Da Chang (intestino grosso).

Funções:

- Nutrir o sangue e tranquilizar a mente.
- Umedecer os intestinos e mover as fezes.

Aplicação e combinação:

- Nutrir o sangue, o Yin e tranquilizar a mente:

1) Deficiência de sangue do coração manifestando irritabilidade, insônia, palpitações e ansiedade. Bai Zi Ren é utilizada com Suan Zao Ren e Wu Wei Zi.

2) Suor noturno devido a deficiência de Yin. Bai Zi Ren é utilizada com Ren Shen, Mu Li e Wu Wei Zi.

- Umedecer os intestinos e mover as fezes:

Constipação devido a secura nos intestinos. Bai Zi Ren é utilizado com Xing Ren, Yu Li Ren e Tao Ren na Fórmula Wu Ren Wan.

Dosagem:

10 a 18 g.

Precauções e contraindicações:

Esta substância é contraindicada nos casos de diarreia ou fleuma excessiva.

III. Yuan Zhi 远志 Radix Polygalae Tennifoliae

In Natura

Polygala tenuifolia Willd.

Processada

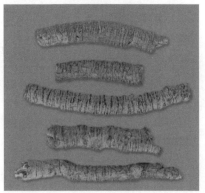

Radix Polygalae Tenuifoliae

Natureza – Sabor – Correspondência ao canal:

Xin (picante), Ku (amarga) e Wei Wen (levemente morna). Co-canal: Fei (pulmão) e Xin (coração).

Funções:

- Acalmar o coração e tranquilizar a mente.
- Eliminar fleuma e limpar os orifícios (órgãos do sentido).

Aplicação e combinação:

- Acalmar o coração e tranquilizar a mente:
1) Insônia e desatenção (falta de concentração). Yuan Zhi é utilizada com Ren Shen e Shi Chang Pu na Fórmula Bu Wang San.
2) Palpitação e agitação. Yuan Zhi é utilizada com Suan Zao Ren e Long Gu.

- Eliminar fleuma e limpar os orifícios (órgãos do sentido):
1) Fleuma turva afetando o coração manifestando desordens mentais e perda da consciência. Yuan Zhi é utilizada com Shi Chang Pu e Yu Jin.
2) Tosse com excessivo catarro grosso ou catarro de difícil expectoração. Yuan Zhi é utilizado com Xing Ren, Jie Geng e Gan Cao.

Dosagem:

3 a 10 g.

Precauções e contraindicações:

Esta substância deve ser utilizada com precaução nos casos de úlceras gástricas ou gastrites.

CAPÍTULO XV

平肝熄风药 Ping Gan Xi Feng Yao
Substâncias que pacificam o fígado e dominam o Vento

I. Conceito:

Substâncias que subjugam a hiperatividade do Yang do fígado e suprime o vento do fígado são conhecidas por "Substâncias que pacificam o fígado e dominam o vento".

As substâncias que subjugam o Yang, purgam o calor do fígado e suspendem convulsões são indicadas para cefaleias e tonteiras devido a hiperatividade do Yang do fígado e convulsões devido ao vento interno do fígado, bem como para vermelhidão dos olhos e nébula.

II. Propriedades terapêuticas predominantes:

Funções:

Substâncias derivadas de crustáceos são particularmente efetivas para acalmar o fígado e subjugar o Yang, aquelas derivadas de insetos são mais efetivas para parar convulsões e algumas possuem ambas indicações.

Na prática clínica, estas substâncias podem ser utilizadas em combinações com outras substâncias. Por exemplo: "Substâncias que purgam calor" são adicionadas nos casos que o vento é produzido por excesso de calor; "substâncias que eliminam fleuma" são adicionadas nos casos complicados por excesso de fleuma; "substâncias que nutrem o Yin" são adicionadas nos casos de vento causados por deficiência de Yin; e "substâncias que nutrem o Sangue" são adicionadas nos casos de deficiência de Sangue.

Hiperatividade do Yang do fígado e vento do fígado são frequentemente associados com palpitação e insônia, desta maneira substâncias sedativas são sempre aplicadas simultaneamente.

III. Algumas precauções que devem ser tomadas na aplicação das substâncias que pacificam o fígado e dominam o vento:

Substâncias derivadas de minerais e crustáceos são pesadas e suas dosagens devem ser grandes, entretanto alguns insetos são mornos, secos e tóxicos e suas dosagens devem ser menor. Substâncias frias e frescas não são apropriadas para o tratamento de convulsões infantis crônicas devido a deficiência do baço e aquelas que são mornas e secas devem ser utilizadas com precaução nos pacientes com deficiência de Yin e de Sangue.

I. Shi Jue Ming 石决明 Concha Haliotidis

In Natura

Haliotis diversicolor Reeve

Processada

Concha Haliotidis

Natureza – Sabor – Correspondência ao canal:

Xian (salgada) e Han (fria). Co-canal: Gan (fígado)

Funções:
- Pacificar o fígado e subjugar o Yang.
- Eliminar o calor do fígado e clarear a visão.

Aplicação e combinação:
- Pacificar o fígado e subjugar o Yang:

  Deficiência do Yin do fígado e rins e hiperatividade do Yang do fígado:
1) Tonteira, vertigem e visão turva, Shi Jue Ming é utilizado com Mu Li, Bai Shao e Gui Ban para nutrir o Yin e subjugar o Yang.
2) Sensação de distensão da cabeça e olhos, cefaleia, dor nos olhos e vermelhidão da face, Shi Jue Ming é utilizada com Gou Teng, Ju Hua e Xia Ku Cao para pacificar o fígado e eliminar o calor.

- Eliminar o calor do fígado e clarear a visão:
1) Elevação do fogo do fígado manifestando vermelhidão, inchaço e dor nos olhos e visão turva, Shi Jue Ming é utilizada com Ju Hua e Jue Ming Zi.
2) Deficiência de Sangue no fígado manifestando visão turva crônica e secura dos olhos, Shi Jue Ming é utilizada com Shu Di Huang na Fórmula Shi Jue Ming Wan.

Dosagem:

15 a 30 g.

II. Mu Li 牡蛎 Concha Ostreae

In Natura

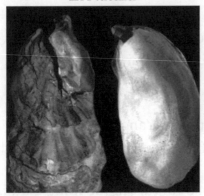

Ostrea gigas Thunb.

Processada

Concha Ostreae

Natureza – Sabor – Correspondência ao canal:

Xian (salgada) e Wei Han (levemente fria). Co-canal: Gan (fígado) e Shen (rim).

Funções:

- Pacificar o fígado e subjugar o Yang.
- Amolecer massa e eliminar nódulos.
- Parar transpiração, polução noturna e leucorreia por adstringência.

Aplicação e combinação:

- Pacificar o fígado e subjugar o Yang:

1) Deficiência de Yin do fígado e rins e elevação do Yang manifestando tonteira, vertigem, visão turva, tinitus, palpitações, irritabilidade e insônia. Mu Li é utilizada com Long Gu, Gui Ban e Bai Shao.

2) Estágio tardio das doenças febris com exaustão do Yin e líquidos orgânicos levando a má nutrição dos tendões e músculos manifestando espasmos ou convulsões. Mu Li é utilizado com Gui Ban, E Jiao, Bai Shao e Bie Jia na Fórmula San Jia Fu Mai Tang.

- Amolecer massa e eliminar nódulos:

    Escrófula devido a fleuma e fogo. Mu Li é utilizado com Zhe Bei Mu e Xuan Shen na Fórmula Xiao Lei Wan.

- Parar transpiração, polução noturna e leucorreia por adstringência:

1) Espontâneo suor e suor noturno devido a fraqueza do corpo. Mu Li é utilizado com Huang Qi, Ma Huan Gen e Fu Xiao Mai (trigo) na Fórmula Mu Li San.

2) Polução noturna devido a deficiência nos rins. Mu Li é utilizado com Sha Yuan Zi*, Qian Shi e Lian Xu na Fórmula Jin Suo Gu Jing Wan.

3) Sangramento uterino e leucorreia devido à alteração dos meridianos Chong e Ren Mai. Mu Li é utilizado com Long Gu, Shan Yao e Wu Wei Zi.

Dosagem:

15 a 30 g.

III - Gou Teng 钩藤 Ramulus Uncariae Cum Uncis

In Natura — Processada

Uncaria rhyncholphylla (Miq.) Jack.   *Ramulus Uncariae Cum Uncis*

---

* Sha Yuan Zi – Astragali Complanati, Semen – *Astragalus complanatus* R. Br. - Substância não descrita no livro.

Natureza – Sabor – Correspondência ao canal:

Gan (doce) e Wei Han (levemente fria). Co-canal: Gan (fígado) e Xin Bao (pericárdio).

Funções:
- Eliminar vento interno e parar espasmos.
- Eliminar calor e pacificar o fígado.

Aplicação e combinação:
- Eliminar vento interno e parar espasmos:

  Vento do fígado por excessivo calor manifestando febre alta, espasmos e convulsões. Gou Teng é utilizado com Ling Yang Jiao (chifre de veado), Ju Hua e Shi Gao.

- Eliminar calor e pacificar o fígado:

  Deficiência do Yin do fígado e rins e hiperatividade do Yang do fígado ou excessivo calor no meridiano do fígado manifestando tonteira, vertigem, visão turva e cefaleia. Gou Teng é utilizado com Xia Ku Cao, Huang Qin, Shi Jue Ming e Ju Hua.

Dosagem:

10 a 15 g.

Precauções e contraindicações:

Esta substância não deve ser cozida por longo período.

IV. Tian Ma 天麻 Rhizoma Gastrodiae Elatae

Gastrodia elata Bl.   Rhizoma Gastrodiae Elatae

Natureza – Sabor – Correspondência ao canal:

Gan (doce) e Ping (neutra). Co-canal: Gan (fígado).

Funções

Eliminar Vento endógeno e parar espasmos e pacificar o fígado e subjugar o Yang.

Aplicação e combinação:

- Eliminar Vento endógeno e parar espasmos e pacificar o fígado e subjugar o Yang:
1) Vento interno do fígado manifestando espasmos e convulsões. Tian Ma é utilizado com Gou Teng e Quan Xie (escorpião).
2) Espasmos e convulsões no tétano. Tian Ma é utilizado com Fan Feng, Tian Nan Xing e Bai Fu Zi na Fórmula Yu Zhen San.
3) Cefaleia e tonteira devido a hiperatividade do Yang do fígado. Tian Ma é utilizado com Gou Teng Huang Qin e Niu Xi na fórmula Tian Ma Gou Teng Yin.
4) Vertigem e tonteira causada por ataque em ascensão de vento fleuma devido a deficiência do baço e estagnação do Qi no fígado. Tian Ma é utilizado com Ban Xia, Bai Zhu e Fu Ling na fórmula Ban Xia Bai Zhu Tian Ma Tang.
5) Cefaleia hemicrânea e cefaleia frontal. Tian Ma é utilizada com Chuan Xiong na Fórmula Tian Ma Wan.
6) Dor devido a obstrução por vento umidade (dor articular). Tian Ma é utilizada com Ru Xiang e Quan Xie.
7) Parestesia dos membros devido a deficiência de sangue nos canais. Tian Ma é utilizada com Dang Gui e Niu Xi.

Dosagem:

3 a 10 g.; para uso em pó 1 a 1,5g.

V. Bai Ji Li 白蒺藜 Fructus Tribuli Terrestris

In Natura

Tribulis terrestris L.

Processada

Fructus Tribuli Terrestris

Natureza – Sabor – Correspondência ao canal:

Ku (amarga), Xin (picante) e Ping (neutra). Co-canal: Gan (fígado).

Funções:

- Pacificar o fígado e subjugar o Yang.
- Promover o livre fluxo do Qi no fígado e liberar estagnação.
- Clarear os olhos.
- Expelir o vento e parar coceira.

Aplicação e combinação:

- Pacificar o fígado e subjugar o Yang:
  Hiperatividade do Yang do fígado manifestando tonteira, vertigem, distensão e dor na cabeça. Bai Ji Li é utilizado com Gou Teng, Ju Hua e Bai Shao.

- Promover o livre fluxo do Qi no fígado e liberar estagnação:
  Estagnação do Qi do fígado manifestando distensão nas mamas, sensação inconfortável no peito e hipocôndrios e obstrução da lactação. Bai Ji Li é utilizado com Chai Hu, Ju Ye (folha de mexerica), Qing Pi (casca de mexerica verde) e Xiang Fu (bulbo da tiririca).

- Clarear os olhos:

  Vento e calor no meridiano do fígado manifestando olhos vermelhos e profusa lacrimejação. Bai Ji Li é utilizado com Ju Hua, Man Jing Zi e Jue Ming Zi.

- Expelir o Vento e parar coceira:

  Vento e calor no sangue manifestando rubéola e coceira. Bai Ji Li é utilizado com Jing Jie e Chan Tui.

Dosagem:

6 a 10 g.

VI - Jue Ming Zi 决明子 Semen Cassiae Torae – Semente de fedegoso

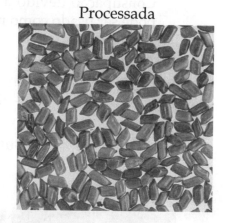

In Natura — Processada

Cassia tora L. — *Semen Cassiae Torae*

Natureza – Sabor – Correspondência ao canal:

Gan (doce), ku (amarga) e Wei Han (levemente fria). Co-canal: Gan (fígado) e Da chang (intestino grosso).

Funções:

- Limpar o calor no fígado e clarear os olhos.
- Dispersar o vento e limpar o calor.
- Umedecer os intestinos e mover as fezes.

Aplicação e combinação:

- Limpar o calor no fígado e clarear os olhos:

1) Hiperatividade do Yang do fígado manifestando tonteira, vertigem e visão turva. Jue Ming Zi é utilizada com Gou Teng e Mu Li.

2) Deficiência do Yin do fígado e rins manifestando visão turva e catarata. Jue Ming Zi é utilizada com Sha Yuan Zi, Bai Ji Li, Nu Zhen Zi e Gou Qi Zi.

- Dispersar o vento e limpar o calor:

    Fogo do fígado em elevação ou invasão de fatores exógenos vento e calor, manifestando vermelhidão, inflamação, dor nos olhos e fotofobia. Jue Ming Zi é utilizado com Ju Hua, Sang Ye, Zhi Zi e Xia Ku Cao.

- Umedecer os intestinos e mover as fezes:

    Constipação devido a secura nos intestinos. Jue Ming Zi pode ser usado como mono-erva.

Dosagem:

10 a 15 g.

VII. Quan Xie 全蝎 Buthus Martensi – Escorpião

In Natura — *Buthus martensi* Karch

Processada — *Buthus Martensi*

Natureza – Sabor – Correspondência ao canal:

Xin (picante), Ping (neutro) e Du (tóxico). Co-canal: Gan (fígado).

Funções:

- Subjugar vento endógeno, parar espasmos e dispersar toxinas.
- Dispersar vento e parar dor.

Aplicação e combinação:

- Subjugar vento endógeno, parar espasmos e dispersar toxinas:
1) Convulsões devido a febre alta ou espasmos epiléticos. Quan Xie é utilizado com Wu Gong na Fórmula Zi Jing San.
2) Paralisia facial manifestando desvio dos olhos e boca e fechamento incompleto das pálpebras. Quan Xie é utilizado com Bai Fu Zi e Bai Jiang Can na Fórmula Qian Zhen San.
3) Tétano manifestando espasmos dos membros e opistótono. Quan Xie é utilizado com Tian Nan Xing e Chan Tui na Fórmula Wu Hu Zhui Feng San.
4) Convulsão crônica causada por diarreia crônica devido a deficiência do baço manifestando espasmos das mãos e pés. Quan Xie é utilizado com Dang Shen, Bai Zhu e Tian Ma.

- Dispersar vento e parar dor:
  Cefaleia persistente e dor reumática. Quan Xie é utilizado com Wu Gong e Bai Jiang Can (bicho-da-seda).

Dosagem:

2 a 5 g.; em pó usar 0,6 a 1 g.

Precauções e contraindicações:

Esta substância é tóxica e superdosagem devem ser evitadas. Utilize com precaução em pessoas com vento endógeno causado por deficiência de sangue.

Esta substância é contraindicada na gravidez.

VIII. Wu Gong 蜈蚣 Scolopendra Subspinipes – Centopeia

In Natura  Processada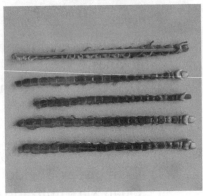

Scolopendra subspinipes mutilans L. Koch   *Scolopendra Subspinipes*

Natureza – Sabor – Correspondência ao canal:
Xin (picante), Wen (morna) e Du (tóxica). Co-canal: Gan (fígado).

Funções:
- Subjugar vento endógeno, parar espasmos e dispersar toxinas.
- Limpar colaterais e parar a dor.

Aplicação e combinação:
- Subjugar vento endógeno, parar espamos e dispersar toxinas:
  Convulsões agudas e crônicas ou tetania manifestando espasmos, convulsões dos membros e opistótonos. Wu Gong é utilizado com Quan Xie, Bai Jiang Can e Gou Teng.
- Limpar colaterais e parar a dor:
  Cefaleia persistente e dor reumática. Wu Gong é utilizada com Quan Xie, Tian Ma, Bai Jiang Can e Chuan Xiong.

Dosagem:
1 a 3 g.; quando em pó usar 0,6 a 1 g.

Precauções e contraindicações:
Esta substância é tóxica, superdosagens devem ser evitadas. É contraindicada durante a gravidez.

IX. Bai Jiang Can 白殭蚕 Bombyx Batryticatus - Bicho-da-seda

In Natura | Processada

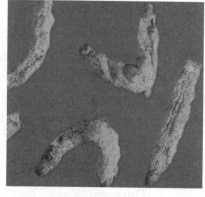

Bombyx mori L.   *Bombyx Batryticatus*

Natureza – Sabor – Correspondência ao canal:

Xian (salgado), Xin (picante) e Ping (neutro). Co-canal: Gan (fígado) e Fei (pulmão).

Funções:

- Subjugar vento endógeno e parar espasmos.
- Expelir vento e parar dor.
- Dispersar toxinas e eliminar nódulos.

Aplicação e combinação:

- Subjugar vento endógeno e parar espasmos:

1) Convulsões devido a febre alta e espasmos epiléticos. Bai Jiang Can é utilizado com Tian Ma, Dan Nan Xing e Niu Huang na Fórmula Qian Jin San.

2) Convulsões crônicas com prolongada diarreia devido a deficiência do baço. Bai Jiang Can é utilizada com Dang Shen, Bai Zhu e Tian Ma.

3) Zhong Feng (AVC) manifestando desvio dos olhos e boca ou espasmos facial. Bai Jiang Can é utilizado com Quan Xie e Bai Fu Zi na Fórmula Qian Zhen San.

- Expelir vento e parar dor:

  Cefaleia por vento quente e lacrimejamento por exposição ao vento. Bai Jiang Can é utilizado com Jing Jie, Sang Ye e Mu Zei* na Fórmula Bai Jiang Can San.

- Dispersar toxinas e eliminar nódulos:

1) Inflamação da garganta devido a invasão de vento quente. Bai Jiang Can é utilizado com Jie Geng, Fang Feng e Gan Cao.
2) Rubéola e coceiras decorrente. Bai Jiang Can é utilizado com Chan Tui e Bo He.
3) Escrófula. Bai Jiang Can é utilizada com Chuan Bei Mu e Xia Ku Cao.

Dosagem:
3 a 10 g.

X. Di Long 地龙 Lumbricus – Minhoca

In Natura   Processada

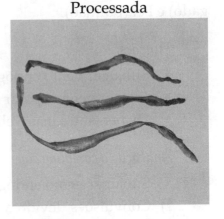

Pheretima aspergillum (E. Perrier)   *Lumbricus*

Natureza – Sabor – Correspondência ao canal:

Xian (salgada) e Han (fria). Co-canal: Gan (fígado), Pi (baço) e Pang Guang (bexiga).

Funções:
- Limpar calor e subjugar o vento endógeno.

* Mu Zei – Equiseti Hiemalis, Herba – *Equisetom hiemale* L. - Substância não descrita neste livro.

- Limpar os colaterais.
- Promover urinação.
- Aliviar dispneia (asma).

Aplicação e combinação:

- Limpar calor e subjugar o vento endógeno:
  Convulsões e espasmo devido a febre alta. Di Long é utilizado com Gou Teng, Bai Jiang Can e Quan Xie.

- Limpar os colaterais:
1) Síndrome de obstrução dolorosa por umidade-calor, manifestando vermelhidão, inchaço e dor articular e dificuldade de movimentos. Di Long é utilizado com Sang Zhi, Ren Dong Teng e Chi Shao.
2) Síndrome de obstrução dolorosa por vento-frio-umidade, manifestando frio, dor funda nas articulações com impedimento de movimentos. Di Long é utilizado com Cao Wu (acônito selvagem) e Tian Nan Xing na fórmula Xiao Huo Luo Dan.
3) Hemiplegia devido a obstrução dos meridianos por deficiência de Qi e Estagnação de Sangue. Di Long é utilizado com Dang Gui, Chuan Xiong e Huang Qi na Fórmula Bu Yang Huan Wu Tang.

- Promover urinação:
  Calor acumulado na bexiga manifestando disúria. Di Long é utilizado com Che Qian Zi e Mu Tong.

- Aliviar dispneia (asma).
  Asma. Di Long é utilizado com Ma Huang e Xing Ren.

Dosagem:

5 a 15 g., se fresca 10 a 20 g.

XI. Luo Bu Ma Ye 罗布麻 Folium Apocyni Veneti

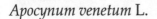

Apocynum venetum L.   *Folium Apocynum Venetum*

Natureza – Sabor – Correspondência ao canal:

Wu Wei (sem sabor), Se (adstringente) e Wei Han (levemente frio). Co-canal: Gan (fígado).

Funções:

- Pacificar o fígado e limpar o calor.
- Promover urinação.

Aplicação e combinação:

- Pacificar o fígado e limpar o calor:

  Hiperatividade do Yang do fígado manifestando dor de cabeça, vertigem, tonteira, irritabilidade, insônia e hipertensão arterial. Luo Bu Ma é utilizado com Xia Ku Cao, Gou Teng e Ju Hua. Luo Bu Ma pode ser utilizado sozinho como chá.

- Promover urinação:

  Disúria e edema. Luo Bu Ma pode ser utilizado como monoerva ou com outras substâncias que promovam urinação.

Dosagem:

3 a 10 g.

XII. Dai Zhe Shi 带赭石 Haematitum (Hematita)

Haematitum

Natureza – Sabor – Correspondência ao canal:

Ku (amarga) e Han (fria). Co-canal: Gan (fígado) e Xin (coração).

Funções:

- Pacificar o fígado e subjugar o Yang.
- Conduzir o Qi rebelde para baixo, parar o vômito e a asma.
- Parar sangramento.

Aplicação e combinação:

- Pacificar o fígado e subjugar o Yang:
  Deficiência de Yin do fígado e rins e hiperatividade do Yang do fígado, manifestando distensão e dor de cabeça e nos olhos, tonteira e vertigem. Dai Zhe Shi é utilizada com Long Gu, Mu Li, Bai Shao, Gui Ban e Niu Xi na Fórmula Zhen Gan Xi Feng Tang.

- Conduzir o Qi rebelde para baixo e parar o vômito:
1) Inversão do Qi do estômago, manifestando vômito e arrotos. Dai Zhe Shi é utilizado com Xuan Fu Hua (flor inula), Sheng Jiang e Ban Xia na fórmula Xuan Fu Dai Zhe Tang.
2) Asma devido a deficiência dos pulmões e rins. Dai Zhe Shi é utilizado com Ren Shen e Shan Yu Rou.

- Parar sangramento:

1) Extravasamento de sangue devido a calor, manifestando vômito com sangue e epistaxe. Dai Zhe Shi é utilizado com Bai Shao, Zhu Ru e Niu Bang Zi na Fórmula Han Jiang Tang.

2) Sangramento uterino crônico manifestando tonteira e visão turva devido a deficiência de sangue. Dai Zhe Shi é utilizado com Yu Yu Liang*, Chi Shi Zhi, Ru Xiang e Mo Yao na Fórmula Zhen Ling Dan.

Dosagem:

10 a 30 g.

Precauções e contraindicações:

Esta substância deve ser utilizada com precaução durante a gravidez.

* Yu Yu Liang – Limonitum – [FeO (OH)] hidróxido de limonita. Contém basicamente óxido ferroso. Substância não descrita neste livro.

CAPÍTULO XVI

开窍药 Kai Qiao Yao
Substâncias que abrem os orifícios

I. Conceito:

Substâncias que abrem os "orifícios do coração" e restauram a consciência são conhecidas como substâncias que promovem ressuscitação (Kai Qiao Yao) ou analépticas.

II. Propriedades terapêuticas predominantes:

Estas substâncias são picantes, aromáticas e dispersivas.

Funções:

Elas penetram no meridiano do coração e restauram a consciência nos pacientes em estado comatoso. São utilizadas em perda de consciência nas doenças febris, na apoplexia, epilepsia e síncope devido ao ataque de calor no pericárdio ou fleuma e turbidez obstruindo os "orifícios do coração".

A "síndrome de obstrução dos orifícios do coração" pode ser do tipo quente ou do tipo frio.

As do tipo quente são devido a obstrução por patógeno calor, ocorrendo febre, face avermelhada, convulsão, língua vermelha profunda (forte) com revestimento amarelo e pulso rápido. Neste caso as substâncias analépticas são combinadas com substâncias que purgam o calor e toxinas, refrescam o sangue e eliminam o vento, desta maneira se diz: "ressuscitando com substâncias que refrescam".

Os casos do tipo frio são devido a obstrução por patógeno frio ou fleuma-turva, manifestando friagem corporal, cianose ou incômodo na garganta devido a fleuma, língua pálida com revestimento branco e pulso lento. Nestes casos, as substâncias analépticas são utilizadas junto com substâncias que eliminam o frio e ativam o Qi, desta maneira se diz "Ressuscitando com substâncias mornas".

III. Algumas precauções que devem ser tomadas na aplicação de substâncias analépticas:

Substâncias analépticas são utilizadas em casos emergenciais. Possuem ação potente dispersiva e provavelmente causam lesões do Qi primordial, por isto não devem ser tomadas por longo tempo. São contraindicadas nos casos de prostração com coma, suor frio, membros frios e pulso extremamente fraco.

Substâncias analépticas são comumente preparadas em forma de pílulas ou pó, raramente em decocção, como suas substâncias ativas são voláteis, podem ser perdidas quando aquecidas.

I. She Xiang 麝香 Secretio Moschus Moschiferi – almíscar

In Natura   Processada

Moschus moschiferus L.   *Secretio Moschus Moschiferi*

Natureza – Sabor – Correspondência ao canal:
Xin (picante) e Wen (morno). Co-canal: Xin (coração) e Pi (baço).

Funções:
- Abrir os orifícios e clarear a mente.
- Revigorar o sangue e dispersar nódulos.
- Parar a dor.
- Expelir placenta após parto.

Aplicação e combinação:
- Abrir os orifícios e clarear a mente:
1) Perda da consciência devido a febre alta. She Xiang é utilizado com Niu Huang e Xi Jiao na Fórmula Zhi Bao Wan.
2) Perda da consciência devido a AVC. She Xiang é utilizado com Su He Xiang (bálsamo obtido do Liquidambar orientalis) e Ding Xiang na Fórmula Su He Xiang Wan.

- Revigorar o sangue e dispersar nódulos:
Carbúnculos, furúnculos e inchaços. She Xiang é utilizado com Ru Xiang, Mo Yao e Xiong Huang* na Fórmula Xing Xiao Wan.

- Parar a dor:
1) Dor forte e repentina no tórax e abdome. She Xiang é utilizada com Mu Xiang, Tao Ren e substâncias que revigoram o sangue na Fórmula She Xiang Tang.
2) Inchaço e dor causada por trauma. She Xiang é utilizado com Su Mu**, Mo Yao e Hong Hua na Fórmula Bali San.

- Expelir placenta após parto:
Feto morto ou placenta retida. She Xiang é utilizado com Rou Gui na Fórmula Xiang Gui San.

Dosagem:

0,06 a 0,1 g em forma de pílulas ou cápsulas.

* Xiong Huang – Realgar ($As_2 S_2$) dissulfito de arsênico. - Substância não descrita neste livro.
** Su Mu - Lignum Sappan - *Caesalpinia sappan* L. - Substância não descrita neste livro.

Precauções e contraindicações:

Esta substância não pode ser cozida. É também contra-indicada durante a gravidez.

II. Bing Pian 冰片 **Borneolum - Borneol**

Dryobalanops aromatica Gaertn. F.   *Borneolum*

Natureza – Sabor – Correspondência ao canal:

Xin (picante), Ku (amarga) e Wei Han (levemente frio). Co-canal: Xin (coração), Pi (baço) e Fei (pulmão).

Funções:

- Abrir os orifícios e clarear a mente.
- Eliminar o calor e parar a dor.

Aplicação e combinação:

- Abrir os orifícios e clarear a mente:
  Perda da consciência devido a febre alta. Bing Pian é utilizado com She Xiang na Fórmula An Gong Niu Huang Wan.

- Eliminar o calor e parar a dor:
  Olhos vermelhos, inchados e doloridos. Bing Pian é utilizado com Peng Sha* (borato de sódio) e composto de Gan

---

* Pen Sha – Borax. Borato de sódio.

cao (raiz de alcaçuz) e Mang Xiao (sal de glauber), também chamado Xuan Ming Fen, na Fórmula Bing Peng San.

Dosagem:

0,03 a 0,1 g , em forma de pílulas e cápsulas.

Precauções e contraindicações:

Esta substância deve ser utilizada com precaução durante a gravidez.

III. Su He Xiang 苏合香 Styrax Líquido – Bálsamo do Liquidambar orientalis

In Natura   Processada

 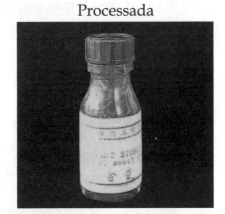

Liquidambar orientalis Mill.   *Styrax Liquidis*

Natureza – Sabor – Correspondência ao canal:

Xin (picante) e Wen (morna). Co-canal: Xin (coração) e Pi (baço).

Funções:

- Abrir os orifícios e clarear a mente.
- Parar a dor.

Aplicação e combinação:

- Abrir os orifícios e clarear a mente:

  Coma súbito causado por estagnação do Qi ou inconsciência devido a AVC. Su He Xiang é utilizado com She Xiang (almíscar), Ding Xiang (cravo) e An Xi Xiang* (benzoin) na Fórmula Su He Xiang Wan.

- Parar a dor:

  Sensação de sufoco e dor no tórax. Su He xiang é utilizado com Bing Pian (borneol), Tan Xiang (sândalo) e Ding Xiang (cravo) nas Fórmulas Guan Xin Su He Xiang Wan e Su Bing Di Wan.

Dosagem:

0,3 a 1g. (em forma de pílulas ou cápsulas).

IV. Shi Chang Pu 石菖蒲 Rhizoma Acori Graminei

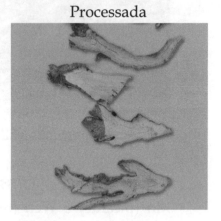

In Natura — Processada

Acorus gramineus Sol. ex Aiton.   *Rhizoma Acori Graminei*

Natureza – Sabor – Correspondência ao canal:

Xin (picante) e Wen (morna). Co-canal: Xin (coração) e Wei (estômago).

---

* An Xi Xiang – Benzoinum – Benzoin – *Styrax tonkinensis* (Pierre) Craib ex Hart.

Funções:

- Abrir os orifícios.
- Transformar umidade e harmonizar o estômago.
- Tranquilizar a mente.

Aplicação e combinação:

- Abrir os orifícios:

    Perda da consciência devido ao bloqueio do pericárdio por fleuma turva ou acumulação de umidade e calor. Shi Chang Pu é utilizado com Zhu Li (suco fresco de bambu) e Yu Jin (cúrcuma) na Fórmula Chang Pu Yu Jin Tang.

- Transformar umidade e harmonizar o estômago:

1) Umidade bloqueando o aquecedor médio (baço e estômago manifestando sensação de sufoco, distensão e dor no tórax e região abdominal. Shi Chang Pu é utilizado com Chen Pi e Hou Po.

2) Umidade calor bloqueando o aquecedor médio manifestando disenteria e vômito após as refeições. Shi Chang Pu é utilizado com Huang Lian.

- Tranquilizar a mente:

    Insônia, desatenção, tinitus e surdez. Shi Chang Pu é utilizado com Yuan Zhi e Fu Ling na Fórmula An Shen Ding Zhi Wan.

Dosagem:

5 a 8g., se a erva for fresca deve-se dobrar a dosagem.

CAPÍTULO XVII

补虚药 Bu Xu Yao
Substâncias tônicas

I. Conceito:

Substâncias que tonificam o Qi e nutrem o sangue, bem como as que nutrem o Yin e tonificam o Yang e aquelas que fortalecem a resistência corporal e tratam síndromes de deficiência são conhecidas como substâncias tônicas – Bu Xu Yao.

II. Propriedades terapêuticas predominantes:

As substâncias tônicas são indicadas em vários tipos de Síndromes de Deficiências: deficiência de Qi, deficiência de Yang, deficiência de sangue e deficiência de Yin e são divididas em quatro categorias.

- As tônicas do Qi são doces e mornas, fortalecem a atividade vital, especialmente as funções do baço e dos pulmões. Elas são principalmente indicadas para os casos de deficiência do Qi do baço, marcado por perda de apetite, fezes moles, sensação de peso e distensão da região epigástrica e abdome, desânimo, lassidão, edema e prolapso retal; e para deficiência do Qi do fígado, marcado pela dificuldade de falar e voz fraca, respiração curta após esforço.

- As tônicas do Yang são mornas e quentes e podem particularmente tonificar o Yang dos rins. Elas são indicadas principalmente para os casos de insuficiência do Yang dos rins, com aversão ao frio, membros frios, inflamação e dor da região lombar e joelhos, aumento da nictúria, impotência e ejaculação precoce. Algumas podem ser utilizadas para tratar dispneia do tipo deficiência devido a não recepção do Qi pelos rins, ou diarreia devido a deficiência do Yang dos rins e do baço.

- As tônicas do sangue são na maioria doce e morna. Elas são indicadas para tratar deficiência do coração e do sangue do fígado, com compleição pálida, lábios e unhas pálidas, tonteira, visão turva, palpitação, insônia e menstruação irregular. Mas também podem nutrir o Yin e são, portanto, indicadas nas Síndromes de deficiência de Yin.

- As tônicas do Yin são doces e frias, podem nutrir o fluído Yin, promovem a produção de fluídos e aliviam secura. Elas são classificadas em tônicas que restabelecem o Yin dos pulmões, o Yin do estômago, o Yin do fígado e o Yin dos rins. São indicadas para o tratamento das deficiências do Yin do pulmão com tosse seca, hemoptise e secura na garganta; nos casos de deficiência de Yin do estômago evidenciado pela sede, alteração gástrica, regurgitação ácida e arrotos; nos casos de deficiência do Yin do fígado marcado por tonteira e xeroftalmia; e casos de deficiência do Yin dos rins com sintomas de dor lombar, ejaculação precoce, febre vespertina, suor noturno e sensação de calor nas palmas das mãos e solas dos pés.

Adaptabilidade:

Qi, sangue, Yin e Yang são interdependentes e suas insuficiências afetam uns aos outros. Deficiência do Qi e do Yang indicam hipofunção da atividade vital do corpo e deficiência do Yang é frequentemente complicada pela deficiência do Qi e vice-versa.

Deficiência do Yin e do sangue indicam consumo da essência, do sangue e fluidos corporais e a deficiência do Yin pode se agravar pela deficiência do sangue e vice-versa. Entretanto, tônicos para deficiência do Qi são frequentemente utilizados com os tônicos para deficiência do Yang, o mesmo ocorre para os tônicos para deficiência de sangue e deficiência de Yin.

>Nos casos de deficiência de Qi e de sangue concomitante, ou deficiência de Yin e de Yang, medicamentos ou terapias para nutrir o Qi e o sangue ou o Yin e o Yang podem ser aplicadas simultaneamente.

III. Algumas precauções que devem ser tomadas na aplicação de substâncias tônicas:

Substâncias tônicas não são indicadas para síndromes com excessivo fator patogênico, em especial quando o fator antipatogênico não se encontra enfraquecido, o uso inapropriado nestas circunstâncias pode promover o Qi perverso e agravar a doença.

Quando o fator patogênico não foi completamente expelido e o Qi antipatogênico se encontra deficiente, o tratamento para eliminar o patogênico pode ser combinado com certos tônicos para fortalecer o Qi antipatogênico, eliminado então o Qi perverso e curando a doença. Mas é vital decidir corretamente a prioridade em fortalecer o Qi antipatogênico ou eliminar o fator patogênico.

Substâncias tônicas doces e gordurosas são muito ruins para serem digeridas e não devem ser indicadas nos casos de retenção de umidade e turvidez no aquecedor médio marcado por distensão e plenitude epigástrica e abdominal, apetite ruim e fezes moles. Para deficiência de baço e estômago, substâncias tônicas podem ser utilizadas juntas com substâncias que ativam a circulação do Qi e fortalecem o baço, evitando portanto prejudicar o apetite.

Substâncias tônicas para tonificar o Yang são mornas e secas e podem consumir o Yin e acender o fogo; elas não são aconselháveis para os casos de deficiência de Yin e hiperatividade do fogo.

SEÇÃO I

补气药 Bu Qi Yao
Substâncias tônicas do Qi

I. Função:

Substâncias que tonificam o Qi são utilizadas para tratar Síndromes de Deficiência do Qi. São frequentemente utilizadas para tratar deficiência do Qi do baço e deficiência do Qi dos pulmões.

II. Adaptabilidade:

Tratar os sintomas de deficiência do Qi do baço: perda de apetite, fezes moles, distensão abdominal, lassidão, edema ou prolapso anal.

Tratar os sintomas de deficiência do Qi dos pulmões: respiração curta, disfasia e suor espontâneo.

Quando a deficiência de Qi for acompanhada por deficiência do Yin ou do Yang, substâncias que tonificam o Yin ou Yang podem ser adicionadas.

O Qi é responsável pela geração e circulação do sangue; estas substâncias são também utilizadas nas fases agudas de severas hemorragias para prevenir colapso e parar o sangramento.

III. Precauções:

Overdose destas substâncias devem ser evitada, pois podem causar sensação de sufoco no peito, distensão abdominal ou perda do apetite.

I. Ren Shen 人参 Radix Ginseng

In Natura

Panax ginseng C. A. Mey

Processada

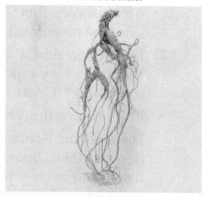

Radix Ginseng

Natureza – Sabor – Correspondência ao canal:

Gan (doce), Wei Wen (levemente morna). Co-canal: Pi (baço) e Fei (pulmão).

Funções:

- Restabelecer o Qi, prevenir colapso e fortalecer o Yang.
- Tonificar o baço e os pulmões.
- Promover os fluidos corporais e aliviar a sede.
- Acalmar o coração e relaxar a mente.
- Estimular a libido e controlar a ejaculação.

Aplicação e combinação:

- Restabelecer o Qi, prevenir colapso e fortalecer o Yang:
  Síndrome de colapso devido séria deficiência do Qi primário, severa perda de sangue, severo vômito ou severa diarreia manifestando suor, membros frios, respiração curta e pulso fraco, sem vigor (desaparecendo gradativamente). Ren Shen pode ser utilizado sozinho (como mono-erva) ou com Fu Zi na Fórmula Shen Fu Tang.

- Tonificar o baço e os pulmões:
1) Fraqueza do baço e estômago manifestando perda de apetite, lassidão, plenitude na região epigástrica e abdominal e fezes moles. Ren Shen é utilizado com Bai Zhu, Fu Ling e Gan Cao na Fórmula Si Jun Zi Tang.
2) Deficiência do Qi dos pulmões manifestando respiração encurtada, suor espontâneo e lassidão. Ren Shen é utilizado com Ge Jie* (Gecko) na Fórmula Ren Shen Ge Jie San.
- Promover os fluidos corporais e aliviar a sede:

  Diabetes ou exaustão do Qi e fluídos corporais devido doenças febris manifestando sede, suores, irritabilidade, respiração curta e pulso fraco. Ren Shen é utilizado com Mai Dong e Wu Wei Zi na Fórmula Sheng Mai San. Se ocorrer febre, Ren Shen pode ser tomado junto com Shi Gao e Zhi Mu na Fórmula Bai Hu Jia Ren Shen Tang.
- Acalmar o coração e relaxar a mente:

  Agitação mental manifestando palpitação, ansiedade, insônia, distúrbio do sono e desatenção. Ren Shen é utilizado com Suan Zao Ren e Dang Gui na Fórmula Gui Pi Tang.
- Estimular a libido e controlar a ejaculação:

  Impotência e ejaculação precoce ou frigidez feminina. Ren Shen pode ser utilizado como mono-erva ou com Lu Rong e Zi He Che (placenta humana).

Dosagem:

Para decocção 5 a 10 g.; em pó deve-se utilizar de 1 a 2g.; para severo colapso 15 a 30 g. em decocção.

Precauções e contraindicações:

Esta substância é contraindicada em pacientes com sinais de calor ou síndromes de excesso com deficiência do fator antipatogênico (Wei Qi). Não deve ser combinada com Li Lu, Wu Ling Zhi** e Zao Jia.

Quando tomar Ginseng não se deve tomar chá (camelia sinsenis) ou comer nabo.

Lembrem-se que Lai Fu Zi anula o efeito do Ren Shen.

* Ge Jie – Gecko – corpo seco do lagarto. *Gecko gecko* Linnaeus.
** Wu Ling Zhi – fezes de esquilo – Trogopterori seu Pteromi, Excrementum – *Trogopterus xanthipes* Mile-Edwards.

II. Xi Yang Shen 西洋参 Radix Panacis Quinquefolii - Ginseng americano

In Natura | Processada

Panax quinquefolium L.   *Radix Panacis Quinquefolii*

Natureza – Sabor – Correspondência ao canal:

Ku (amargo), Wei Gan (levemente doce) e Han (frio). Co-canal: Xin (coração), Fei (pulmão) e Shen (rim).

Funções:
- Restabelecer o Qi e promover fluidos orgânicos.
- Nutrir o Yin e limpar o calor.

Aplicação e combinação:
- Restabelecer o Qi e promover fluidos orgânicos:
  Deficiência do Yin dos pulmões e fogo excessivo manifestando asma e tosse com sangue no catarro. Xi Yang Shen é utilizado com Mai Dong, E Jao, Zhi Mu e Chuan Bei Mu.
- Nutrir o Yin e limpar o calor:
  Exaustão do Qi e Yin nas doenças febris manifestando sede, irritabilidade, respiração curta e pulso fraco (deficiente). Xi Yang Shen é utilizado com Sheng Di Huang, Shi Hu e Mai Dong.

Dosagem:
3 a 6 g.

Precauções e contraindicações:

Esta substância deve ser cozida separadamente de outras ervas. É contraindicada para pacientes com frio e umidade no estômago. É anulada pela ação da erva Li Lu.

III. Dang Shen 党参 Radix Codonopsis Pilosulae

In Natura — Processada

Codonopsis pilosula (Franch.)   *Radix Codonopsis Pilosulae*

Natureza – Sabor – Correspondência ao canal:
Gan (doce) e Ping (neutra). Co-canal: Pi (baço) e Fei (pulmão).

Funções:
Restabelecer o Qi.

Indicações e combinações:
- Deficiência de Qi no aquecedor médio (baço e estômago) manifestando cansaço nos membros. Dang Shen é utilizado com Bai Zhu e Fu Ling.
- Deficiência do Qi dos pulmões, manifestando respiração curta, tosse, asma, lassidão, disfasia, voz baixa, pulso sem força e fraco. Dang Shen é utilizado com Huang Qi e Wu Wei Zi.

Dosagem:
10 a 30 g.

Precauções e contraindicações:

Esta substância é anulada pela ação de Li Lu.

IV. Huang Qi 黄芪 Radix Astragali

In Natura

Processada

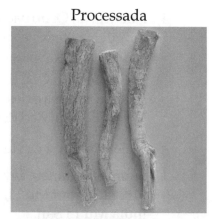

Astragalus membranaceus (Fisch. et Link.)   *Radix Astragali*

Natureza – Sabor – Correspondência ao canal:

Gan (doce) e Wei Wen (levemente morno). Co-canal: Pi (baço) e Fei (pulmão).

Funções:

- Restabelecer o Qi e causar ascensão do Yang.
- Beneficiar o Qi e estabilizar o exterior.
- Promover o metabolismo dos líquidos orgânicos e reduzir edemas.
- Desintoxicar e promover a saúde.
- Estimular a produção e a circulação do Qi e do sangue.

Aplicação e combinação:

- Restabelecer o Qi e causar ascenção do Yang:
1) Deficiência do Qi do baço e pulmões manifestando perda de apetite, fezes moles, respiração curta e lassidão. Huang Qi é utilizado com Ren Shen e Bai Zhu.

2) Deficiência de Qi e fraqueza do Yang manifestando arrepios e suores. Huang Qi é utilizado com Fu Zi.

3) Afundamento do Qi no aquecedor médio devido a fraqueza do baço e estômago manifestando prolapso anal, prolapso uterino e gastroptose. Huang Qi é utilizado com Ren Shen, Bai Zhu e Sheng Ma na Fórmula Bu Zhong Yi Qi Tang.

4) Falência do Qi do baço em controlar o sangue, manifestando sangue nas fezes e sangramento uterino. Huang Qi é utilizado com Ren Shen e Dang Gui na Fórmula Gui Pi Tang.

5) Deficiência do Qi e do Sangue manifestando palpitações, ansiedade, insônia e desatenção. Huang Qi é utilizado com Long Yan Rou, Suan Zao Ren e Yuan Zhi na Fórmula Gui Pi Tang.

- Beneficiar o Qi e estabilizar o exterior:

1) Suor espontâneo devido a deficiência exterior. Huang Qi é utilizado com Mu Li, Fu Xiao Mai e Ma Huang Gen na Fórmula Mu Li San.

2) Suor noturno devido a deficiência de Yin e excessivo fogo. Huang Qi é utilizado com Sheng Di Huang e Huang Bai na Fórmula Dang Gui Liu Huang Tang.

- Promover o metabolismo dos líquidos orgânicos e reduzir edemas:

  Deficiência do baço no transporte e transformação dos líquidos manifestando edema e urina escassa. Huang Qi é utilizado com Fang Ji e Bai Zhu na Fórmula Fang Ji Huang Qi Tang.

- Desintoxicar e promover a saúde:

  Queimaduras e úlceras devido a deficiência de Qi e Sangue manifestando inflamação com formação de pus não drenado ou não bem curado. Huang Qi é utilizado com Rou Gui, Dang Gui e Ren Shen.

- Estimular a produção e a circulação do Qi e do sangue:

  Retardo da circulação do Qi devido a deficiência do Qi e do Sangue manifestando hemiplegia. Huang Qi é utilizado com Dang Gui, Chuan Xiong e Di Long na Fórmula Bu Yang Huan Wu Tang.

Dosagem:

10 a 15 g. Máximo de dosagem recomendada poderá ser de 30 a 60 g.

Precauções e contraindicações:

Esta substância é contraindicada nos casos de deficiência de Yin e hiperatividade do Yang, estagnação do Qi e acumulação de umidade, retenção de comida, síndrome de plenitude exterior e nos estágios iniciais de furúnculos e carbúnculos.

V - Bai Zhu 白术 Rhizoma Atractylodis Macrocephalae

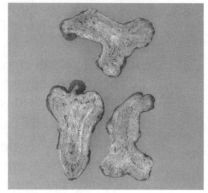

In Natura — Processada

Atractylodes macrocephala Koidz. *Rhizoma Atractylodis Macrocephalae*

Natureza – Sabor – Correspondência ao canal:

Ku (amarga), Gan (doce) e Wen (morna). Co-canal: Pi (baço) e Wei (estômago).

Funções:

- Restabelecer o Qi e fortalecer o baço.
- Eliminar umidade e promover o metabolismo dos líquidos (água).
- Parar o suor e acalmar o feto.

Aplicação e combinação:

- Restabelecer o Qi e fortalecer o baço:

1) Fraqueza do baço no transporte e transformação dos líquidos, manifestando apetite fraco, fezes moles, lassidão e distensão e plenitude abdominal e epigástrica. Bai Zhu é utilizado com Ren Shen e Fu Ling na Fórmula Si Jun Zi Tang.

2) Deficiência e frio no baço e estômago, manifestando sensação de frio e dor na região epigástrica e abdominal, diarreia e vômito. Bai Zhu é utilizado com Gan Jiang e Ren Shen na Fórmula Li Zhong Wan.

3) Estagnação do Qi devido a fraqueza do baço estômago manifestando plenitude abdominal e epigástrica. Bai Zhu é utilizado com Zhi Shi na Fórmula Zhi Zhu Wan.

- Eliminar umidade e promover o metabolismo dos líquidos (água):

Acumulação interna de água e umidade devido a disfunção do baço e estômago acompanhado por edema ou síndrome de fleuma-mucosidade:

1) Para edema e ascite, Bai Zhu é utilizado com Da Fu Pi e Fu Ling.

2) Para síndrome de fleuma-umidade manifestando palpitação, asma, tosse com excessivo catarro e sensação de sufoco no peito, Bai Zhu é utilizado com Gui Zhi e Fu Ling na Fórmula Ling Gui Zhu Gan Tang.

- Parar o suor e acalmar o feto:

1) Espontâneo suor devido a deficiência de Qi. Bai Zhu é utilizado com Huang Qi e Fang Feng na Fórmula Yu Ping Feng San.

2) Agitação do feto devido a fraqueza do Qi do baço durante a gravidez:

a) se acompanhando manifestação de sangramento vaginal e dor no baixo abdome, Bai Zhu é utilizado com Ren Shen e Fu Ling;

b) se acompanhado por tonteira, vertigem e palpitações, Bai Zhu é utilizado com Shu Di Huang, Dang Gui, Bai Shao e E Jiao;

c) se acompanhado por inflamação e dor lombar devido a deficiência dos rins, Bai Zhu é utilizado com Du Zhong, Xu Duan e Sang Ji Sheng;

d) se acompanhado por distensão e plenitude do tórax e região abdominal devido a estagnação do Qi, Bai Zhu é utilizado com Su Geng (caule da perilla) e Sha Ren;

e) se acompanhado por língua vermelha com revestimento amarelo e pulso rápido devido a calor interno, Bai Zhu é utilizado com Huang Qin.

Dosagem:
5 a 15 g.

Precauções e contraindicações:

A erva crua é utilizada para eliminar umidade e promover o metabolismo da água. A erva tostada é utilizada para restabelecer o Qi e fortalecer o baço. A erva carbonizada é utilizada para tonificar o baço e parar a diarreia.

Bai Zhu é contraindicado nos casos de sede acompanhado por exaustão dos fluídos corporais.

VI. Shan Yao 山 药 Rhizoma Dioscoreae Oppositae – Cará do ar

In Natura

Dioscorea opposita Thunb.

Processada

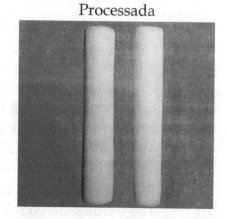

Radix Dioscoreae Oppositae

Natureza – Sabor – Correspondência ao canal:

Gan (doce) e Ping (neutra). Co-canal: Pi (baço), Fei (pulmão) e Shen (rim).

Funções:

- Fortalecer o baço e o estômago.
- Tratar leucorreia.
- Tonificar os pulmões e os rins.

Aplicação e combinação:

- Fortalecer o baço e o estômago:

1) Fraqueza do baço e estômago manifestado por apetite fraco, diarreia e lassidão. Shan Yao é utilizado com Ren Shen, Bai Zhu e Fu Ling na Fórmula Shen Ling Bai Zhu San.

2) Umidade excessiva devido a deficiência do baço manifestado por leucorreia branca e diluída e lassidão. Shan Yao é utilizado com Bai Zhu, Fu Ling e Qian Shi.

- Tratar leucorreia:

1) Umidade excessiva transformando-se em calor manifestado pela leucorreia amarelada. Shan Yao é utilizado com Huang Bai e Che Qian Zi na Fórmula Yi Huang Tang.

2) Leucorragias devido a deficiência dos rins manifestada por leucorreia e dor lombar baixa. Shan Yao é utilizado com Shan Zhu Yu e Tu Si Zi.

- Tonificar os pulmões e os rins:

1) Diabetes manifestada por extrema sede, excessivo uso de líquidos, excessiva fome e alimentação, profusa urinação e lassidão. Shan Yao é utilizado com Huang Qi, Tian Hua Fen, Sheng Di Huang e Ge Gen na Fórmula Yu Ye Tang.

2) Ejaculação noturna devido a deficiência dos rins. Shan Yao é utilizado com Shan Zhu Yu (Shan Yu Rou – fructus cornii), e Shu Di Huang na fórmula Liu Wei Di Huang Wan.

3) Frequente urinação devido a deficiência dos rins. Shan Yao é utilizado com Yi Zhi Ren e Sang Piao Xiao (ovo de louva-deus).

4) Tosse crônica devido a deficiência dos pulmões. Shan Yao é utilizado com Sha Shen, Mai Dong e Wu Wei Zi.

Dosagem:

10 a 30 g.; em pó 6 a 10 g.

Precauções e contraindicações:

Esta substância é contraindicada nos casos de retenção de comida.

VII. Bian Dou（扁豆）Semen Dolichoris Lablab

In Natura   Processada

Dolichos lablab L.   *Semen Dolichoris Lablab*

Natureza – Sabor – Correspondência ao canal:

Gan (doce) e Wei Wen (levemente morna). Co-canal: Pi (baço) e Wei (estômago).

Funções:

Fortalecer o baço e transformar umidade.

Aplicação e combinação:

- Fortalecer o baço e transformar umidade:
1) Deficiência do baço em transportar e transformar água manifestando lassidão, perda do apetite, fezes moles ou diarreia, ou leucorreia devido ao fluxo para baixo de umidade turva. Bian Dou é utilizado com Ren Shen, Bai Zhu e Fu Ling na Fórmula Shen Ling Bai Zhu San.

2) Desarmonia do baço e estômago devido a invasão de fator patogênico exógeno umidade calor do verão manifestando vômito e diarreia. Bian Dou é utilizado com Xiang Ru e Hou Po na Fórmula Xiang Ru San.

Dosagem:

10 a 20 g.

Precauções e contraindicações:

A erva deve ser tostada para fortalecer o baço e parar diarreia.

VIII. Gan Cao 甘草 Radix Glycyrrhizae Uralensis – Raiz de alcaçuz

In Natura

Glycyrrhiza uralensis Fisch

Processada
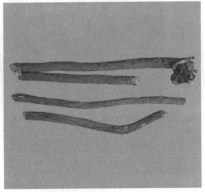
Radix Glycyrrhizae Uralensis

Natureza – Sabor – Correspondência ao canal:

Gan (doce) e Ping (neutra). Co-canal: Xin (coração), Fei (pulmão), Pi (baço) e Wei (estômago).

Funções:

- Tonificar o baço e restabelecer o Qi.
- Umedecer os pulmões e parar tosse.
- Reduzir fogo e eliminar toxinas.

- Relaxar espasmos e parar a dor.
- Moderar a ação de outras substâncias.

Indicações e combinações:

- Tonificar o baço e restabelecer o Qi:

    Deficiência do Qi do baço e estômago manifestada por apetite reduzido, fezes moles e lassidão. Gan Cao é utilizado com Bai Zhu, Fu Ling e Ren Shen na Fórmula Si Jun Zi Tang.

- Umedecer os pulmões e parar tosse:

    Tosse e asma. Gan cao é utilizado com Xing Ren e Ma Huang na Fórmula San Niu Tang.

- Reduzir fogo e eliminar toxinas:

    Carbúnculos, furúnculos, inflamação da garganta devido a calor tóxico. Gan Cao é utilizado com Jie Geng, Xuan Shen e Niu Bang Zi para inflamação da garganta. Gan Cao pode também ser utilizado com Jin Yin Hua e Lian Qiao para carbúnculos, furúnculos e inchaços.

- Relaxar espasmos e parar a dor:

    Dor abdominal devido a espasmos do estômago ou intestinos. Gan Cao é utilizado com Bai Shao.

- Moderador de ações de outras substâncias.

Dosagem:

2 a 10 g.

Precauções e contraindicações:

Esta substância é contraindicada durante os casos de excesso de umidade causando distensão e plenitude no peito e região abdominal, ou vômitos.

Anula efeito de Da Ji, Yuan Hua, Gan Sui e Hai Zao.

Dose excessiva prolongada pode causar edemas.

IX. Da Zao 大枣 Fructus Ziziphi Jujubae

In Natura	Processada
Ziziphus jujuba Miller	Fructus Ziziphi Jujubae

Natureza – Sabor – Correspondência ao canal:

Gan (doce) e Wen (morna). Co-canal: Pi (baço) e Wei (estômago).

Funções:

- Restabelecer o Qi no aquecedor médio (baço e estômago).
- Nutrir o sangue e relaxar a mente.
- Moderar a ação de outras substâncias.

Aplicação e combinação:

- Restabelecer o Qi no aquecedor médio (baço e estômago):
  Fraqueza do baço e estômago manifestando lassidão, apetite fraco e fezes moles. Da Zao é utilizado com Ren Shen e Bai Zhu.

- Nutrir o sangue e relaxar a mente:
  Histeria manifestando desgosto, choro e lamentos. Da Zao é utilizado com Gan Cao e Fu Xiao Mai (trigo) na Fórmula Gan Mai Da Zao Tang.

- Moderar ação de outras substâncias:
  Da Zao é utilizado com Da Ji, Gan Sui e Yuan Hua (Huai Hua) na Fórmula Shi Zao Tang.

Dosagem:

3 a 12 unidades ou 10 a 30 g.

Precauções e contraindicações:

Esta substância é contraindicada nos casos de umidade excessiva, plenitude e distensão epigástrica e abdominal, retenção de comida, parasitose intestinal, dor por perda de dentes e tosse devido a fleuma-calor.

X. Feng Mi - Sinônimo: Bai Mi 白蜜 Mel

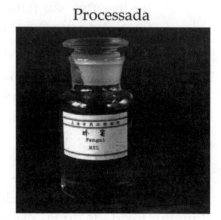

In Natura — Processada

Apis mellifera Linnaeus — Mel

Natureza – Sabor – Correspondência ao canal:

Gan (doce) e Ping He (moderada). Co-canal: Fei (pulmão), Pi (baço) e Pang Guang (intestino grosso).

Funções:

- Nutrir o aquecedor médio e aliviar espasmo e dor.
- Umedecer os pulmões e aliviar a tosse.
- Promover o movimento intestinal.

Aplicação e combinação:

- Nutrir o San Jiao médio e aliviar espasmo e dor:

  Indicado para tratar deficiência do baço e estômago e dor epigástrica e abdominal devido a deficiência do aquecedor médio. Preparado junto a decocções e frequentemente utilizado como excipiente nas pílulas tônicas e extratos.

- Umedecer os pulmões e aliviar tosse:

  Indicado para tratar tosse seca devido a secura nos pulmões e tosse crônica devido a doenças consuptivas, bem como secura e dor na garganta. Nestes casos poderá ser utilizado sozinho ou em combinações com Shu Di, Ren Shen e Fu Ling, na Fórmula do Fino extrato de Jade. Fórmulas expectorantes são feitas da mistura com mel, no intuito de fortalecer a função de umedecer os pulmões e aliviar a tosse.

- Promover os movimentos intestinais:

  Indicado para prisão de ventre dos idosos e pacientes debilitados devido a secura intestinal e consumo de fluídos orgânicos.

Observação:

O mel também pode purgar calor e eliminar toxinas. É utilizado externamente para carbúnculos e queimaduras e oralmente para diminuir toxidade do Fu Zi e Wu Tou.

Dosagem:

15 a 30 g. Tomado diretamente com água ou preparado em pílulas e extrato.

SEÇÃO II

补阳药 **Bu Yang Yao**
Substâncias tônicas do Yang

I. Função:

Substâncias que tonificam o Yang são utilizadas para tratar síndromes de deficiência de Yang, principalmente deficiência do Yang dos rins.

II. Adaptabilidade:

Síndrome de Deficiência do Yang manifesta-se com sintomas de aversão a frio, extremidades frias, inflamação e fraqueza ou dor fria na região lombar e joelhos, impotência, espermatorreia, esterilidade, leucorreia aquosa, enurese, revestimento lingual branco, pulso profundo, respiração ofegante e diarreia.

III. Precauções:

Em geral, substâncias que tonificam o Yang são mornas e secas. Elas podem lesar o Yin e acender o fogo, são, portanto, contraindicadas para pessoas com deficiência de Yin e excessivo fogo.

I. Lu Rong 鹿茸 Cornu Cervi Parvum

In Natura

Cervus nippon Temminck

Processada

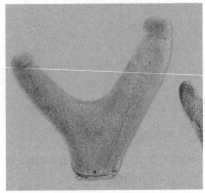

Cornu Cervi Parvum

Natureza – Sabor – Correspondência ao canal:

Gan (doce), Xian (salgada) e Wen (morna). Co-canal: Gan (fígado) e Shen (rim).

Funções:

- Tonifica o Yang.
- Restabelece o sangue e a essência e fortalece os ossos e os tendões.
- Recupera tecidos ulcerados.

Aplicação e combinação:

- Tonifica o Yang:
1) Deficiência do Yang dos rins, manifestando fraqueza corporal, aversão ao frio, extremidades frias, impotência masculina, frigidez feminina, urinação frequente, inflamação e dor lombar e nos joelhos, tonteira, tinitus, gradual perda da acuidade auditiva e apatia. Lu Rong é utilizado com Ren Shen, Shu Di Huang e Tu Si Zi.

2) Deficiência e frio nos meridianos Chong e Ren manifestando leucorreia diluída e branca ou sangramento uterino Lu Rong é utilizado com E Jiao, Dang Gui, Shan Zu Yu e Wu Zei Gu.

- Restabelece o sangue e a essência e fortalece os ossos e os tendões:

  Deficiência de Sangue e Essência manifestando inflamação e fraqueza dos ossos e tendões e má formação (desenvolvimento) infantil. Lu Rong é utilizado com Shu Di Huang, Shan Yao e Shan Zu Yu (Shan Yu Rou – fructus cornii).

- Recupera tecidos ulcerados:

  Úlceras crônicas. Lu Rong é utilizado com Shu Di Huang, Rou Gui e Huang Qi.

Dosagem:

1 a 3 g. em pó.

Precauções e contraindicações:

Overdose desta substância pode causar tonteira e vermelhidão nos olhos e pode consumir o Yin. É contraindicada nos casos com deficiência de Yin com hiperatividade do Yang, calor no sangue, excessivo fogo no estômago, fleuma calor nos pulmões e doenças febris devido a fator exopatogênico calor.

APÊNDICE:

a – Lu Jiao – Cornu Cervi

Lu Jiao é o chifre ossificado do veado. Ele é salgado e de natureza morna. Penetra no meridiano do fígado e rins. Tonifica os rins e fortalece o Yang. Embora seja um substituto fraco para Lu Rong, Lu Jiao revigora o Sangue e reduz inchaços. Indicado para úlceras, inchaços, mastites, dor devido a estagnação e dor dos tendões, ossos e região lombar.

Dosagem:

5 a 10 g.

Precauções:

Lu Jiao é contraindicada durante a deficiência de Yin com excessivo fogo.

b – Lu Jiao Jiao – Colla Cornu Cervi

A cola de Lu Jiao Jiao é feito do chifre de veado maduro. É doce, salgada e morna e atua no canal do fígado e rins. Restabelece o sangue e a essência e para sangramentos. Cola de chifre de veado é indicado para fraqueza corporal, vômitos, epistaxe, sangramento uterino, hematúria e furúnculos Yin.

Dosagem:

5 a 10 g.

c – Lu Jiao Suang – Cornu Cervi Degelatinatum

Este tipo de cola de pó de veado é o resíduo do processo de preparação do chifre feito em cozimento por longo tempo. A ação adstringente desta substância é similar a do Lu Jiao mas sendo menos efetiva. Clinicamente é utilizada principalmente nos casos de eficiência do Yang dos rins, deficiência e frio no baço e estômago, vômitos, apetite fraco, frigidez, sangramento uterino, leucorragia, hemorragia devido a trauma externo, furúnculos e úlceras.

Dosagem:

10 a 15 g.

II. Ba Ji Tian 巴戟天 Radix Morindae Officinalis

In Natura

Morinda officinalis How

Processada

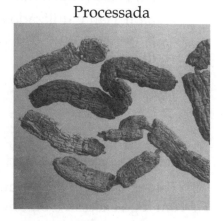

Radix Morindae Officinalis

Natureza – Sabor – Correspondência ao canal:

Xin (picante), Gan (doce) e Wei Wen (levemente morna). Co-canal: Shen (rim).

Funções:

- Tonificar os rins e fortalecer o Yang.
- Dispersar vento e transformar umidade.

Aplicação e combinação:

- Tonificar os rins e fortalecer o Yang:
  Deficiência do Yang dos rins manifestando inflamações e fraqueza da região lombar e joelhos, impotência, ejaculação

prematura, infertilidade, frigidez, menstruação irregular e sensação de frio e dor no baixo abdome.

1) Ba Ji Tian é utilizado com Ren Shen, Rou Con Rong e Tu Si Zi para impotência, ejaculação precoce e infertilidade.
2) Ba Ji Tian é utilizado com Xu Duan e Du Zhong para inflamação lombar e dos joelhos.
3) Ba Ji Tian é utilizado com Rou Gui, Gao Lian Jiang e Wu Zhu Yu para menstruação irregular.

- Dipersar vento e transformar umidade:
  Ba Ji Tian é utilizado com Xu Duan, Sang Ji Shen e Bi Xie para sensação e frio da região lombar e joelhos ou impedimento motor.

Dosagem:

10 a 15 g.

Precauções e contraindicações:

Esta substância é contraindicada nos casos de deficiência de Yin com fogo excessivo ou umidade calor.

III. Rou Cong Rong 肉苁蓉 Herba Cistanches

In Natura — Processada

Cistanche salsa (Mey) G. Beck   *Herba Cistanches*

Natureza – Sabor – Correspondência ao canal:

Gan (doce), Xian (salgada) e Wen (morna). Co-canal: Shen (rim) e Da Chang (intestino grosso).

Funções:

- Tonicar os rins e fortalecer o Yang.
- Umedecer os intestinos e mover as fezes.

Aplicação e combinação:

- Tonicar os rins e fortalecer o Yang:
1) Deficiência dos rins manifestando impotência. Rou Cong Rong é utilizado com Shu Di Huang, Tu Si Zi e Wu Wei Zi na Fórmula Rou Cong Rong Wan.
2) Frigidez e infertilidade. Rou Cong Rong é utilizado com Lu Jiao Jiao, Zi He Che (placenta humana) e Shu Di Huang.
3) Dor lombar e nos joelhos e fragilidade óssea e dos tendões devido a deficiência dos rins. Rou Cong Rong é utilizado com Ba Ji Tian e Du Zhong na Fórmula Jing Ang Wan.

- Umedecer os intestinos e mover as fezes:
  Constipação devido a secura nos intestinos. Rou Cong Rong é utilizado com Huo Ma Ren na Fórmula Run Chang Wan.

Dosagem:

10 a 20 g.

Precauções e contraindicações:

Esta substância é contraindicado nos casos de deficiência de Yin com fogo excessivo, diarreia ou constipação devido a excessivo calor no estômago e intestino.

IV. Xian Mao 仙茅 Rhizoma Curculiginis Orchioidis

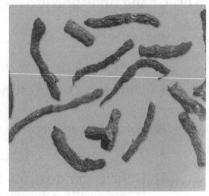

Curculigo Orchioides   *Rhizoma Curculiginis Orchioidis*

Natureza – Sabor – Correspondência ao canal:

Xin (picante), Re (quente) e Du (tóxica). Co-canal: Shen (rim).

Funções:

- Aquecer os rins, fortalecer o Yang e dispersar frio e umidade.

Aplicação e combinação:

- Aquecer os rins, fortalecer o Yang e dispersar frio e umidade:

    Fraqueza do Yang dos rins manifestando impotência, frigidez e dor fria na região lombar e joelhos devido a obstrução por invasão de vento frio umidade. Xian Mao é usado com Yin Yang Huo (Xian Lin Pi – Herba Epimedii).

Dosagem:

10 a 15 g., pode ser utilizada em decocção, pílulas ou unguento.

Precauções e contraindicações:

Esta substância é contraindicada nos casos de deficiência de Yin e excessivo fogo.

V. Yin Yang Huo – Sinônimo: (Xian Lin Pi) 淫羊藿 Herba Epimedii

In Natura

Epimedium grandiflorum Morr.

Processada

Herba Epimedii

Natureza – Sabor – Correspondência ao canal:

Xin (picante), Gan (doce) e Wen (morna). Co-canal: Gan (fígado) e Shen (rim).

Funções:

- Tonificar os rins e fortalecer o Yang.
- Expelir o vento e umidade.

Aplicação e combinação:

- Tonificar os rins e fortalecer o Yang:
  Deficiência do Yang dos rins manifestada como impotência, fraqueza lombar e dos joelhos e frequente urinação. Xian Lin Pi é utilizado com Xian Mao e Shu Di Huang.

- Expelir o vento e umidade:
  Dor fria na região lombar e joelhos e dormência dos membros devido a obstrução por invasão de vento frio umidade. Xian Lin Pi é utilizado com Wei Ling Xian, Du Zhong e Gui Zhi.

Dosagem:

10 a 15 g.

Precauções e contraindicações:

Esta substância é contraindicada nos casos de deficiência de Yin com fogo excessivo.

VI. Xu Duan 续断 Radix Dipsaci

Dipsacus japonica Miq. *Radix Dipsaci*

Natureza – Sabor – Correspondência ao canal:

Ku (amarga), Gan (doce), Xin (picante) e Wei Wen (levemente morna). Co-canal: Gan (fígado) e Shen (rim).

Funções:

- Tonificar o fígado e os rins e fortalecer os ossos e tendões.
- Promover a circulação do sangue e parar a dor.

Aplicação e combinação:

- Tonificar o fígado e os rins e fortalecer os ossos e tendões:

1) Deficiência do fígado e rins manifestada como inflamação e dor lombar e dos joelhos ou fraqueza das pernas. Xu Duan é utilizado com Du Zhong e Niu Xi.

2) Desequilíbrio dos meridianos Chong e Ren devido a deficiência do fígado e rins manifestando profuso fluxo menstrual, sangramento uterino e tendência a aborto (agitação fetal). Xu Duan é utilizado com Du Zhong, E Jiao, Ai Ye, Huang Qi e Dang Gui.

- Promover a circulação do sangue e parar a dor:
  Trauma externo. Xu Duan é utilizado com Gu Sui Bu e Xue Jie* para redução do inchaço e parar a dor.

Dosagem:

10 a 20 g.

Precauções e contraindicações:

A erva tostada é utilizada para sangramento uterino e o pó usado externamente.

VII. Du Zhong 续断 Cortex Eucommiae Ulmoidis

In Natura

Eucommia ulmoides Oliver

Processada

Cortex Eucommiae Ulmoidis

Natureza – Sabor – Correspondência ao canal:

Gan (doce) e Wen (morna). Co-canal: Gan (fígado) e Shen (rim).

Funções:

- Tonificar o fígado e os rins e fortalecer os ossos e os tendões.
- Acalmar o feto e prevenir abortos.

* Xue Ji – Sanguis Draconis – *Daemonorops draco* Bl. - Substância não descrita neste livro.

Aplicação e combinação:

- Deficiência do fígado e rins manifestada com inchaço e dor lombar e dos joelhos. Du Zhong é utilizado com Bu Gu Zhi e Hu Tao Ren (noz).
- Impotência devido a deficiência dos rins. Du Zhong é utilizado com Shan Yu Rou, Tu Si Zi e Wu Wei Zi.
- Acalmar o feto e prevenir abortos:
  Ameaça de aborto ou agitação fetal manifestada como dor no baixo ventre e sangramento uterino. Du Zhong é utilizado com Xu Duan e Shan Yao.

Dosagem:

10 a 15 g.

Precauções e contraindicações:

A substância tostada é mais efetiva que a substância crua.

Du Zhong é contraindicada nos casos com deficiência do Yin com excessivo fogo.

VIII. Gou Ji 狗脊 Rhizoma Cibotii Barometz

In Natura — Cibotium barometz (L.) J. Sm.

Processada — Rhizoma Cibotii Barometz

Natureza – Sabor – Correspondência ao canal:

Ku (amarga), Gan (doce) e Wen (morna). Co-canal: Gan (fígado) e Shen (rim).

Funções:

- Tonificar o fígado e os rins e fortalecer os ossos e os tendões.
- Expelir vento e umidade.

Aplicação e combinação:

- Tonificar o fígado e os rins e fortalecer os ossos e os tendões: Deficiência do fígado e rins manifestando inflamação e dor lombar e dos joelhos. Gou Ji é utilizado com Du Zhong, Xu Duan e Niu Xi.

- Expelir vento e umidade: Deficiência do fígado e rins acompanhado de invasão do vento e umidade manifestando inflamação e dor lombar e dos joelhos e impedimento motor. Gou Ji é utilizado com Gui Zhi, Qin Jiao e Hai Feng Teng*.

Dosagem:

10 a 15 g.

Precauções e contraindicações:

Esta substância é contraindicada nos casos de disúria, urina escura e escassa, sabor amargo na boca ou secura da língua.

---

* Hai Feng Teng – Piperis Kadsurae, Caulis – *Piper kadsura* (choisy) Ohwi. Substância não descrita neste anexo.

IX. Bu Gu Zhi 补骨脂 Fructus Psoraleae Corylifoliae

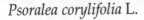

In Natura — *Psoralea corylifolia* L.

Processada — *Fructus Psoraleae Corylifoliae*

Natureza – Sabor – Correspondência ao canal:

Ku (amarga), Xin (picante) e Ping Wen (muito morna). Co-canal: Shen (rim) e Pi (baço).

Funções:

- Tonificar os rins e fortalecer o Yang.
- Prevenir urinação noturna e polução noturna.
- Aquecer o baço e parar diarreia.

Aplicação e combinação:

- Tonificar os rins e fortalecer o Yang:
  Deficiência dos rins manifestando impotência e inflamação lombar e dos joelhos. Bu Gu Zhi é utilizado com Tu Si Zi, Rou Cong Rong e Du Zhong.

- Prevenir urinação noturna e polução noturna:
  Nictúria e polução noturna devido a deficiência dos rins. Bu Gu Zhi é utilizado com Yi Zhi Ren e Shan Yao.

- Aquecer o baço e parar diarreia:
  Diarreia devido a deficiência do Yang do baço e rins. Bu Gu Zhi é utilizado com Wu Zhu Yu (Shan Yu Rou), Rou Dou Kou e Wu Wei Zi na Fórmula Si Shen Wan.

Dosagem:
5 a 10 g.

Precauções e contraindicações:
Esta substância é contraindicada nos casos de deficiência do Yin com excessivo fogo, bem como na constipação.

X. Yi Zhi Ren 益智仁 Fructus Alpiniae Oxyphyllae

In Natura — Processada

Alpinia oxyphylla Miquel — *Fructus Alpiniae Oxyphyllae*

Natureza – Sabor – Correspondência ao canal:
Xin (picante) e Wen (morna). Co-canal: Pi (baço) e Shen (rim).

Funções:
- Aquecer e tonificar o baço e os rins.
- Prevenir emissão seminal e parar a diarreia.

Aplicação e combinação:
- Aquecer e tonificar o baço e os rins:
  Invasão de frio no baço e rins manifestando dor abdominal e vômito. Yi Zhi Ren é utilizado com Dang Shen, Bai Zhu e Gan Jiang.
- Prevenir emissão seminal e parar a diarreia:
1) Deficiência dos rins manifestando enurese e emissão seminal (poluição noturna). Yi Zhi Ren é utilizado com Shan Yao e Wu Yao na fórmula Suo Quan Wan.

2) Diarreia e excessiva salivação devido a deficiência do baço Yi Zhi Ren é utilizado com Fu Ling, Shan Yao, Dang Shen e Ban Xia.

Dosagem:
3 a 6 g.

Precauções e contraindicações:
Esta substância é contraindicada nos casos de deficiência do Yin com excessivo fogo, emissão seminal, frequente urinação e sangramento uterino causados por calor.

XI. Tu Si Zi 菟丝子 Semen Cuscutae

Cuscuta chinensis Lam.   Semen Cuscutae

Natureza – Sabor – Correspondência ao canal:
Xin (picante), Gan (doce) e Ping (neutra). Co-canal: Gan (fígado) e Shen (rim).

Funções:
- Tonificar os rins e controlar a essência.
- Reter diarreia devido a deficiência do baço e dos rins.
- Nutrir o fígado e os rins e clarear os olhos.

Aplicação e combinação:
- Tonificar os rins e controlar a essência:

Deficiência dos rins manifestando impotência, ejaculação noturna, ejaculação precoce, dor lombar ou leucorragia. Tu Si Zi é utilizada com Du Zhong, Shan Yao e Gou Ji para dor lombar ou leucorragia; Tu Si Zi é utilizado com Wu Wei Zi, She Chuang Si*, Sha Yuan Zi** e Nu Zhen Zi para impotência.

- Reter diarreia devido a deficiência do baço e dos rins:
  Diarreia devido a deficiência do baço. Tu Si Zi é utilizado com Dang Shen, Bai Zhu e Shan Yao.
- Nutrir o fígado e os rins e clarear os olhos:
  Para visão turva e tinitus.

Dosagem:
10 a 15 g.

Precauções e contraindicações:
Esta substância é contraindicada nos casos de deficiência de Yin com excessivo fogo, constipação e urina escassa e avermelhada.

Outras substâncias que tonificam o Yang:
- Zi He Che（紫河车）(placenta humana)
- Ge Jie（蛤蚧）(Gecko – tipo de lagarto)
- Dong Chong Xia Cao（冬虫夏草）(Cordyceps – parte basal do fungus cordyceps sinensis – bicho no inverno e flor na primavera)

In Natura

Processada

Cordycerps sinensis (Berck) Sacc

Cordycerps

* She Chuang Zi – Cnidii, Fructus – *Cnidium monieri* (L.) Cuss.
** Sha Yuan Zi – Astragali Complaneti, Semen – *Astragalus complanatus* R. Br.
Substâncias não descritas neste livro.

SEÇÃO III

补阴药 Bu Yin Yao
Substâncias que tonificam (nutrem) o Yin

I. Conceito:

As substâncias que tonificam o Yin são utilizadas para tratar síndromes de deficiência do Yin que ocorrem no estágio final das doenças febris ou em doenças crônicas.

II. Propriedades terapêuticas predominantes:

Síndromes de deficiência do Yin podem ser classificadas como deficiência do Yin dos pulmões, deficiência do Yin do estômago, deficiência do Yin do fígado e deficiência do Yin dos rins. Na deficiência do Yin dos pulmões encontramos manifestações como tosse seca, tosse com catarro escasso ou tosse com sangue, febre devido a deficiência do Yin e língua e boca secas. Na deficiência do Yin do estômago, os sintomas comuns são: língua vermelha escura com áreas descas-cadas (carecas), garganta seca, sede, falta de apetite e constipação. Na deficiência do Yin do fígado, manifesta-se com olhos secos, visão turva, tonteira e vertigens. Na deficiência do Yin dos rins, os sin-tomas comuns são: inflamação e dor lombar e dos joelhos, sensação de calor (febre) nas palmas das mãos, solas dos pés e peito (calor nos cinco centros), irritabilidade, insônia, ejaculação noturna e febre vespertina.

No tratamento destas síndromes, substâncias que tonificam o Yin podem ser utilizadas com substâncias que limpam o calor onde sintomas de calor deficiência estejam presentes. Quando existir deficiência de Yin com calor excessivo no interior, substâncias que lim-pam o calor devido a deficiência de Yin podem ser adicionadas na combinação. Quando existir deficiência de Yin com hiperatividade do Yang, substâncias que subjugam o Yang podem ser adicionadas. Nas condições onde a deficiência de Yin é complicada por deficiên-cia de Qi, substâncias que tonificam o Qi e substâncias que tonificam o Yin podem ser combinadas.

III. Algumas precauções que devem ser tomadas na aplicação das substâncias tônicas do Yin:

Em geral, as substâncias que são frias ou doces em sua natureza são contraindicadas para pessoas com fraqueza do baço e estômago, bloqueio interno por fleuma e umidade, distensão abdominal ou diarreia.

I. Sha Shen 沙参 Radix Glehniae Littoralis

In Natura

Processada

Glehnia littoralis F. Schimidt ex Miq.

Radix Glehniae Littoralis

Natureza – Sabor – Correspondência ao canal:

Gan (doce) e Wei Han (levemente fria). Co-canal: Fei (pulmão) e Wei (estômago).

Funções:
- Limpar os pulmões e tonificar o Yin.
- Fortalecer o estômago e promover a produção de líquidos orgânicos.

Aplicação e combinação:

- Limpar os pulmões e tonificar o Yin:

    Deficiência do Yin dos pulmões com manifestação de tosse seca ou tosse com catarro escasso, rouquidão devido a tosse crônica, garganta seca e sede. Sha Shen é utilizada com Mai Dong e Chuan Bei Mu.

- Fortalecer o estômago e promover a produção de líquidos orgânicos:

    Consumo de líquidos orgânicos por doenças febris manifestando língua seca e apetite fraco. Sha Shen é utilizado com Mai Dong, Sheng Di Huang e Yu Zhu na Fórmula Yi Wei Tang.

Dosagem:

10 a 15 g.; para erva seca usar 15 a 30 g.

Precauções e contraindicações:

Esta substância é contraindicada nos casos de síndrome de frio deficiência. Também seu efeito é anulado por Li Lu.

II. Mai Dong 麦冬 Radix Ophiopogonis Japonici

In Natura — *Ophiopogon japonicus* (L.) Ker Gawl.

Processada — *Tuber Ophiopogonis Japonici*

Natureza – Sabor – Correspondência ao canal:

Gan (doce), Wei ku (levemente amarga) e Wei Han (levemente fria). Co-canal: Fei (pulmão), Xin (coração) e Wei (estômago).

Funções:

- Nutrir o Yin e umedecer os pulmões.
- Fortalecer o estômago e promover a produção de líquidos corporais.
- Limpar o calor no coração e aliviar irritabilidade.
- Umedecer os intestinos.

Aplicação e combinação:

- Nutrir o Yin e umedecer os pulmões:
  Secura e calor nos pulmões devido a deficiência do Yin manifestando tosse com catarro grosso e escasso ou tosse com catarro sanguinolento. Mai Dong é utilizado com Sha Shen, Tian Men Dong, Chuan Bei Mu e Sheng Di Huang.

- Fortalecer o estômago e promover a produção de líquidos corporais:
  Deficiência de Yin do estômago manifestando língua seca e sede. Mai Dong é utilizado com Yu Zhu, Sha Shen e Sheng Di Huang.

- Limpar o calor no coração e aliviar irritabilidade:

Irritabilidade e insônia:

1) Camada do Yin (Yin Fen) invadida por patógeno calor. Mai Dong é utilizado com Sheng Di Huang, Zhu Ye e Huang Lian na Fórmula Qing Ying Tang.

2) Deficiência do Yin do coração com calor intenso causando insônia – Mai Dong é utilizado com Sheng Di Huang e Suan Zao Ren na fórmula Tian Wang Bu Xin Dan.

3) Umedecer os intestinos:
   Constipação causada por secura nos intestinos. Mai Dong é utilizado com Sheng Di Huang e Xuan Shen na Fórmula Zeng Ye Tang.

Dosagem:

6 a 15 g.

Precauções e contraindicações:

Esta substância é contraindicada nos casos de tosse devido a vento frio nas gripes comuns com presença de fleuma e umidade turva, com diarreia devido a deficiência de frio no baço e estômago.

III. Tian Men Dong 天门冬 Radix Asparagi Cochinchinensis – Raiz de aspargo

In Natura | Processada

 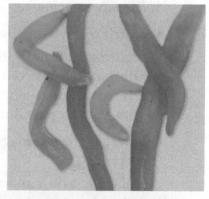

Asparagus cochinchinensis Loureio Merrill

Tuber Asparagi Cochinchinensis

Natureza – Sabor – Correspondência ao canal:

Gan (doce), Ku (amarga) e Ping Han (muito fria). Co-canal: Fei (pulmão) e Shen (rim).

Funções:

- Limpar os pulmões e descender o fogo.
- Nutrir o Yin e umedecer securas.

Aplicação e combinação:

- Limpar os pulmões e descender o fogo:
  Ascensão do fogo causado por deficiência do Yin dos pulmões e rins manifestando catarro espesso e escasso ou tosse

com catarro sanguinolento. Tian Men Dong é utilizado com Mai Dong na Fórmula Er Dong Gao.

- Nutrir o Yin e umedecer securas:

1) Consumo do Yin e Qi nas doenças febris manifestando sede, respiração curta ou diabetes. Tian Men Dong é utilizado com Sheng Di Huang e Ren Shen na Fórmula San Cai Tang.

2) Constipação devido a secura nos intestinos. Tian Men Dong é utilizado com Dang Gui e Rou Con Rong.

Dosagem:

6 a 15 g.

Precauções e contraindicações:

Esta substância é contraindicada nos casos com deficiência e frio no baço e estômago, apetite ruim ou diarreia.

IV. Shi Hu 石斛 Herba Dendrobii – Orquídea Dendrobium

In Natura

Processada

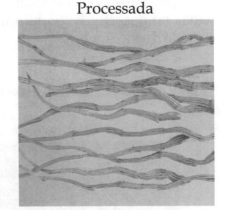

Dendrobium nobile Lindl.

Herba Dendrobii

Natureza – Sabor – Correspondência ao canal:

Gan (doce) e Wei Han (levemente fria). Co-canal: Fei (pulmão) e Shen (rim).

Funções:

- Tonificar o Yin e limpar o calor.
- Promover a produção de líquidos orgânicos e nutrir o estômago.

Aplicação e combinação:

- Tonificar o Yin e limpar o calor:

  Febre vespertina causada por deficiência de Yin e calor interno. Shi Hu é utilizado com Sheng Di Huang, Bai Wei e Tian Men Dong.

- Promover a produção de líquidos orgânicos e nutrir o estômago:

  Consumo de Yin por doenças febris ou deficiência de Yin no estômago manifestando língua seca, sede e corpo da língua vermelho com revestimento escasso. Shi Hu é utilizado com Mai Dong, Sha Shen e Sheng Di Huang.

Dosagem:

6 a 15 g.

Precauções e contraindicações:

Esta substância deve ser cozida antes das outras serem adicionadas no decocto. É contraindicada para pessoas nos estágios iniciais de doenças febris.

V. Yu Zhu 玉竹 Rhizoma Polygonati Odorati

In Natura

Polygonatum odoratum (Mill.) Druce

Processada

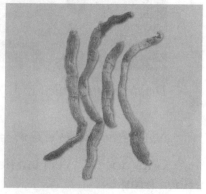

Rhizoma Polygonati Odorati

Natureza – Sabor – Correspondência ao canal:

Gan (doce) e Ping (neutra). Co-canal: Fei (pulmão) e Wei (estômago).

Funções:

- Nutrir o Yin e umedecer os pulmões, promover a produção de fluídos corporais e fortalecer o estômago.

Aplicação e combinação:

- Nutrir o Yin e umedecer os pulmões, promover a produção de fluídos corporais e fortalecer o estômago:

    Tosse seca com catarro escasso devido a deficiência de Yin dos Pulmões ou sede e intensa fome devido a deficiência de Yin do estômago. Yu Zhu é utilizado com Sha Shen, Mai Dong e Tian Men Dong.

Dosagem:

10 a 15 g.

Precauções e contraindicações:

Esta substância é contraindicada nos casos de deficiência de baço ou fleuma-umidade.

VI. Bai He 百合 Bulbus Lilli – Lírio Leopardo

In Natura  Processada

Lilium brownii Brown   *Bulbus Lilii*

Natureza – Sabor – Correspondência ao canal:

Gan (doce) e Wei Han (levemente fria). Co-canal: Fei (pulmão) e Xin (coração).

Funções:

- Umedecer os pulmões e parar a tosse.
- Limpar o calor do coração e acalmar a mente.

Aplicação e combinação:

- Umedecer os pulmões e parar a tosse:
  Deficiência de Yin dos pulmões com excessivo fogo manifestando tosse e hemoptise. Bai He é utilizado com Xuan Shen, Chuan Bei Mu e Sheng Di Huang na fórmula Bai He Gu Jin Tang.

- Limpar o calor do coração e acalmar a mente:
  Nos estágios finais de doenças febris com calor residual manifestando irritabilidade, palpitação, insônia e sonhos excessivos. Bai He é utilizado com Zhi Mu e Sheng Di Huang na Fórmula Bai He Di Huang Tang.

Dosagem:

10 a 30 g.

Precauções e contraindicações:

Esta substância é contraindicada nos casos de tosse devido a invasão de vento frio ou diarreia devido a frio no baço e estômago.

VII. Gou Qi Zi 枸杞子 Fructus Lycii Chinensis

In Natura

Lycium chinense Miller

Processada

Fructus Lycii Chinensis

Natureza – Sabor – Correspondência ao canal:

Gan (doce) e Ping (neutra). Co-canal: Gan (fígado), Shen (rim) e Fei (pulmão).

Funções:

- Tonificar os rins e promover a produção de essência.
- Nutrir o fígado e clarear os olhos.
- Umedecer os pulmões.

Aplicação e combinação:

- Tonificar os rins e promover a produção de essência:
  Deficiência do Yin do fígado e rins manifestando inflamação e dor lombar e dos joelhos e polução noturna. Gou Qi Zi é utilizado com Shu Di Huang e Tian Men Dong.

- Nutrir o fígado e clarear os olhos:
  Deficiência do Yin do fígado e rins manifestando tonteira, visão turva e diminuição da acuidade visual. Gou Qi Zi é utilizado com Ju Hua e Shu Di Huang na fórmula Qi Ju Di Huang Wan.

- Umedecer os pulmões:
  Deficiência dos pulmões manifestando tosse. Gou Qi Zi é utilizado com Mai Dong, Zhi Mu e Chuan Bei Mu.

Dosagem:

5 a 10 g.

Precauções e contraindicações:

Esta substância é contraindicada nos casos de diarreia devido a deficiência do baço.

VIII. Sang Shen 桑葚 Fructus Mori Albae – Fruto da amoreira

In Natura

Processada

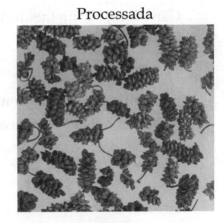

Morus alba L.

Fructus Mori Albae

Natureza – Sabor – Co-canal:

Gan (doce) e Han (fria). Co-canal: Xin (coração), Gan (fígado) e Shen (rim).

Funções:

- Nutrir o Yin e fortalecer o sangue.
- Promover a produção de fluidos e parar a sede.
- Umedecer os intestinos e mover as fezes.

Aplicação e combinação:

- Nutrir o Yin e fortalecer o sangue:

    Deficiência do Yin e do sangue manifestando tonteira, vertigem, visão turva, tinitus, surdez, insônia e embranquecimento prematuro dos cabelos. Sang Shen é utilizado com He Shou Wu, Nu Zhen Zi e Mo Han Lian na fórmula Shou Wu Yan Shou Dan.

- Promover a produção de fluidos e parar a sede:

    Sede e secura da boca devido a deficiência de líquidos corporais ou diabetes manifestando sede com desejo de beber, urina profusa e lassidão. Sang Shen é utilizado com Mai Dong, Nu Zhen Zi e Tian Hua Fen.

- Umedecer os intestinos e mover as fezes:

    Constipação devido a secura nos intestinos. Sang Shen é utilizado com Hei Zhi Ma, He Shou Wu, Huo Ma Ren.

Dosagem:

10 a 15 g.

Precauções e contraindicações:

Esta substância é contraindicada nos casos de diarreia devido a frio e deficiência do baço e estômago.

IX. Mo Han Lian 墨旱莲 Herba Ecliptae Prostratae – Erva de botão

In Natura

Processada

Eclipta prostrata L.   *Herba Ecliptae Prostratae*

Natureza – Sabor – Correspondência ao canal:

Gan (doce), Suan (azeda) e Han (fria). Co-canal: Gan (fígado) e Shen (rim).

Funções:

- Nutrir o Yin e tonificar os rins.
- Refrescar o sangue e parar sangramentos.

Aplicação e combinação:

- Nutrir o Yin e tonificar os rins:

  Deficiência do Yin do fígado e rins manifestando embranquecimento prematuro dos cabelos, tonteira, vertigem e visão borrada. Mo Han Lian é utilizada com Nu Zhen Zi na fórmula Er Zhi Wan.

- Refrescar o sangue e parar sangramentos:
1) Deficiência do Yin com calor interno causando extravasão de sangue como: vômito com sangue, epistaxe, hematúria, sangue nas fezes e sangramento uterino. Mo Han Lian é utilizado com Sheng Di Huang, E Jiao, Bai Mo Gen e Pu Huang.

2) Hemorragia devido a traumas externos. Mo Han Lian é utilizado como mono-erva em uso externo para parar sangramento.

Dosagem:

10 a 15 g. (dobrar a dosagem se a erva for fresca).

Precauções e contraindicações:

Esta substância é contraindicada nos casos de diarreia devido a frio e deficiência do baço e estômago.

No Brasil pesquisas comprovam ação antiofídica utilizando o pó liofilizado.

X. Nu Zhen Zi 女贞子 Fructus Ligustri Lucidi

In Natura

Processada

Ligustrum lucidum Ait.

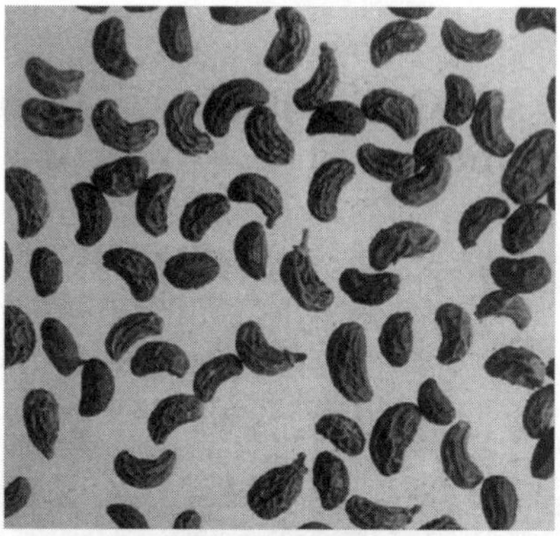

Fructus Ligustri Lucidi

Natureza – Sabor – Correspondência ao canal:

Gan (doce), Ku (amarga) e Liang (fresca). Co-canal: Gan (fígado) e Shen (rim).

Funções:

- Tonificar o fígado e rins; limpar o calor e clarear os olhos.

Aplicação e combinação:

- Tonificar o fígado e rins; limpar o calor e clarear os olhos:

1) Tonificar o fígado e rins:

Deficiência do Yin do fígado e rins manifestando prematuro embranquecimento dos cabelos, decréscimo visual, secura dos olhos, tinitus, inflamação e fraqueza lombar e dos joelhos. Nu Zhen Zi é utilizado com Sang Shen, Mo Han Lian e Gou Qi Zi.

2) Deficiência de Yin e calor. Nu Zhen Zi é utilizado com Di Gu Pi, Mu Dan Pi e Sheng Di Huang.

Dosagem:

10 a 15 g.

Precauções e contraindicações:

Esta substância é contraindicada nos casos de diarreia devido a frio e deficiência do baço e estômago ou deficiência de Yang.

XI. Gui Ban 龟板 **Plastrum Testudinis – Casco de tartaruga chinesa**

In Natura   Processada

Chinemys reevesii (Gray)   *Plastrum Testudinis*

Natureza – Sabor – Correspondência ao canal:

Gan (doce), Xian (salgada) e Han (fria). Co-canal: Gan (fígado), Shen (rim) e Xin (coração).

Funções:
- Nutrir o Yin e subjugar o Yang.
- Tonificar os rins e fortalecer os ossos.
- Nutrir o Yin e o sangue.

Aplicação e combinação:
- Nutrir o Yin e subjugar o Yang:
  Hiperatividade do Yang do fígado devido a deficiência do Yin do fígado e rins manifestando tonteira, distensão e dor na cabeça e visão turva. Gui Ban é utilizada com Bai Shao, Niu Xi, Shi Jue Ming e Gou Teng.
- Tonificar os rins e fortalecer os ossos:
1) Má nutrição dos tendões e músculos devido ao consumo do Yin por doenças febris manifestando espasmos e convulsões. Gui Ban é utilizado com E Jiao, Sheng Di Huang e Mu Li.
2) Deficiência de Yin do fígado e rins manifestando inflamação e fraqueza da região lombar e joelhos e fragilidade óssea e dos tendões. Gui Ban é utilizado com Niu Xi, Long Gu e Shu Di Huang.
- Nutrir o Yin e o sangue:
1) Deficiência do Yin e excessivo fogo manifestando febre vespertina, tosse com sangue, suor noturno espermatorreia Gui Ban é utilizada com Shu Di Huang na fórmula Da Bu Yin Wan.
2) Perda do controle mental (loucura) por deficiência do Yin e do Sangue manifestando insônia, esquecimento, palpitação e pavor (pânico). Gui Ban é utilizado com Long Gu, Shi Chang Pu e Yuan Zhi na fórmula Kong Sheng Zhen Zhong Dan.
3) Deficiência de Yin e calor no sangue manifestando excessiva menstruação e sangramento uterino. Gui Ban é utilizado com Sheng Di Huang e Mo Han Lian.

Dosagem:
10 a 30 g. Esta erva deve ser cozida primeiro.

Precauções e contraindicações:
Esta substância deve ser utilizada com precaução durante a gravidez.

XII. Bie Jia 鳖甲 Carapax Amydae Sinensis – Casco de Tartaruga de Tromba

In Natura Processada

Amyda sinensis (Wiegmann)   *Carapax Amydae Sinensis*

Natureza – Sabor – Correspondência ao canal:

Xiao (salgada) e Han (fria). Co-canal: Gan (fígado)

Funções:

- Nutrir o Yin e subjugar o Yang.
- Amolecer massas e dispersar nódulos.

Aplicação e combinação:

- Nutrir o Yin e subjugar o Yang:

1) Emoções devido a vento endógeno nos estágios finais de doenças febris, quando o Yin e os fluidos corporais são consumidos ou os tendões e músculos não são nutridos, manifestando tremor dos dedos, espasmos e convulsões, pulso em corda e rápido e língua seca com revestimento escasso Bie Jia é utilizada com Mu Li, Sheng Di Huang, E Jiao e Bai Shao na fórmula Er Jia Fu Mai Tang.

2) Deficiência de Yin com febre:

a) Deficiência de Yin e fluídos corporais nos estágios finais as doenças febris manifestando febre noturna e diminuindo pela manhã, sem suor e com a língua vermelha com revestimento escasso. Bie Jia é utilizado com Qing Hao e Mu Dan Pi na fórmula Qing Hao Bie Jia Tang;

b) Deficiência de Yin com calor interno manifestando febre vespertina e suor noturno. Bie Jia é utilizado com Yin Chai Hu e Di Gu Pi na fórmula Qing Gu San.

- Amolecer massas e dispersar nódulos:

   Malária crônica com amenorreia manifestando dor e intumescimento do hipocôndrio, massas palpáveis no epigástrio e abdome. Bie Jia é utilizado com San Leng, E Zhu, Mu Dan Pi e Da Huang.

Dosagem:

10 a 30 g.

Precauções e contraindicações:

Esta substância é contraindicada nos casos de deficiência e frio no baço e estômago com apetite ruim e diarreia e durante a gravidez.

XIII. Hei Zhi Ma 黑芝麻 Semen Sesami Gergelim

In Natura

Sesamum indicum L.

Processada

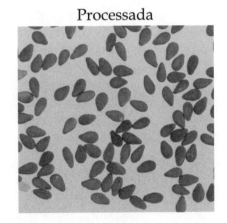

Semen Sesami Indici

Natureza – Sabor – Correspondência ao canal:

Gan (doce) e Ping (neutra). Co-canal: Gan (fígado) e Shen (rim).

Funções:

- Tonificar a essência e o sangue.
- Umedecer os intestinos e mover as fezes.

Aplicação e combinação:

- Tonificar a essência e o sangue:
  Deficiência da essência e do sangue manifestando tonteira, visão turva e embranquecimento prematuro dos cabelos. Hei Zhi Ma é utilizado com Sang Ye na fórmula Sang Ma Wan.
- Umedecer os intestinos e mover as fezes:
  Constipação devido a secura nos intestinos. Hei Zhi Ma é utilizado com Dang Gui, Rou Cong Ron e Bai Zi Ren.

Dosagem:

10 a 30 g. É mais efetiva quando tostada.

Precauções e contraindicações:

Não se deve utilizá-la nos casos de diarreia.

SEÇÃO IV

补血药 Bu Xue Yao
Substâncias que tonificam (nutrem) o Sangue

I Conceito:

Substâncias que tonificam o sangue são utilizadas para tratarem síndromes de deficiência de sangue com manifestação de compleição pálida, lábios e unhas pálidas, tonteira, visão turva, palpitações, ansiedade, fluxo menstrual escasso e vermelho rosado ou amenorreia. Devido a máxima que o "Qi pode gerar o sangue", substâncias que tonificam o Qi podem fortalecer o efeito de tonificar o sangue.

II. Algumas precauções que devem ser tomadas na aplicação das substâncias que tonificam o sangue:

Estas substâncias que tonificam o sangue são caracterizadas por viscosidade, podendo afetar a digestão. Por isto, elas são contra-indicadas nos casos de apetite ruim, plenitude e distensão abdominal devido a umidade turva no baço e estômago. Para uma pessoa com estes sintomas, substâncias que fortalecem o baço e ajuda a digestão devem ser adicionadas na combinação.

I. Dang Gui 当归 Radix Angelicae Sinensis

In Natura

Processada

 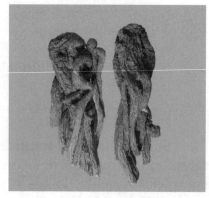

Angelica sinensis (Oliv.) Diels   *Radix Angelicae Sinensis*

Natureza – Sabor – Correspondência ao canal:

Gan (doce), Xin (picante) e Wen (morna). Co-canal: Gan (fígado), Xin (coração) e Pi (baço).

Funções:

- Restabelecer o sangue.
- Revigorar o sangue e parar a dor.
- Umedecer os intestinos.

Aplicação e combinação:

- Restabelecer o sangue:

  Síndromes de deficiência de sangue. Dang Gui é utilizado com Bai Shao, Shu Di e Huang Qi na fórmula Si Wu Tang e na fórmula Dang Gui Bu Xue Tang.

- Revigorar o sangue e parar a dor:

1) Menstruação irregular. Dang Gui é utilizado com Shu Di, Bai Shao e Chuan Xiong na fórmula Si Wu Tang.

2) Dismenorreia. Dang Gui é utilizado com Xiang Fu, Yan Hu Suo e Yi Mu Cao.

3) Amenorreia. Dang Gui é utilizada com Tao Ren e Hong Hua.

4) Sangramento uterino. Dang Gui é utilizado com E Jiao, Ai Ye e Sheng Di Huang.

5) Dores devido a estagnação de sangue:

a) dor causada por trauma – Dang Gui é utilizada com Hong Hua, Tao Ren, Ru Xiang e Mo Yao;

b) dor causada por carbúnculos e furúnculos – Dang Gui é utilizada com Mu Dan Pi, Dang Gui, Chi Shao, Jin Yin Hua e Lian Qiao;

c) dor abdominal pós-parto – Dang Gui é utilizada com Yi Mu Cao, Tao Ren e Chuan Xiong;

d) obstrução por vento umidade (dor reumática) – Dang Gui é utilizada com Gui Zhi, Ji Xue Teng e Bai Shao.

- Umedecer os intestinos:
Constipação devido a secura nos intestinos. Dang Gui é utilizada com Rou Cong Rong e Huo Ma Ren.

Dosagem:

5 a 15 g.

Precauções e contraindicações:

A cabeça da raiz é mais efetiva para nutrir o sangue; a ponta é excelente para mover o sangue; e o corpo é usado para revigorar e nutrir o sangue. Dang Gui quando tratada com vinho, pode aumentar sua função de revigorar o sangue.

Esta substância é contraindicada nos casos de umidade excessiva no baço e estômago, diarreia e fezes moles.

II. Shu Di Huang 熟地黄 Sinonímia: Shu Di – Radix Rehmanniae Preparata

In Natura

Processada

Rehmannia glutinosa Libosch.   *Radix Rehmanniae Preparata*

Natureza – Sabor – Correspondência ao canal:

Gan (doce) e Wei Wen (levemente morna). Co-canal: Gan (fígado) e Shen (rim).

Funções:

- Nutrir o sangue e restabelecer o Yin (abastecer).

Aplicação e combinação:

- Nutrir o sangue e restabelecer o Yin (abastecer):

1) Síndrome de deficência de sangue manifestada por compleição pálida, tonteira, vertigem, palpitações, insônia, menstruação irregular e sangramento uterino. Shu Di Huang é utilizada com Dang Gui e Bai Shao na fórmula Si Wu Tang.

2) Síndrome de deficiência dos Rins manifestada por febre à tarde (vespertina), suor noturno, polução noturna, diabetes, tonteira e visão turva. Shu Di é utilizada com Shan Yu Rou e Shan Yao na fórmula Liu Wei Di Huang Wan.

3) Na síndrome de deficiência de Yin e fogo excessivo manifestada por febre vespertina, calor nos cinco centros (palmas, solas e peito), suor noturno, polução noturna, língua com corpo vermelho e revestimento escasso, pulso em corda, escorregadio e rápido. Shu Di é utilizado com Gui Ban, Zhi Mu e Huang Bai na fórmula Zhi Bai Di Huang Wan.

Dosagem:

10 a 30 g.

Precauções e contraindicações:

Esta substância é contraindicada nos casos de estagnação do Qi e fleuma profusa, com dor e distensão epigástrica e abdominal e apetite ruim e diarreia.

III. He Shou Wu 何首乌 **Sinonímia: Shou Wu – Radix Polygoni Multiflori**

In Natura / Processada

Polygonum multiflorum Thunb.   *Radix Polygoni Multiflori*

Natureza – Sabor – Correspondência ao canal:

Ku (amarga), Gan (doce), Se (adstringente) e Wei Wen (levemente morna). Co-canal: Gan (fígado) e Shen (rim).

Funções:

- Nutrir o sangue e restabelecer a essência.
- Umedecer os intestinos e mover as fezes.
- Liberar toxinas.

Aplicação e combinação:

- Nutrir o sangue e restabelecer a essência:

Síndrome de deficiência de sangue manifestada por compleição pálida, tonteira, vertigem, insônia, embranquecimento precoce dos cabelos e inflamação e fraqueza da região lombar e joelhos. He Shou Wu é utilizado com Shu Di Huang, Nu Zhen Zi, Gou Qi Zi, Tu Si Zi e Sang Ji Sheng.

- Umedecer os intestinos e mover as fezes:

Constipação devido a secura nos intestinos. He Shou Wu é utilizado com Dang Gui e Huo Ma Ren.

- Liberar toxinas:

1) Malária crônica devido a fraqueza imunológica do corpo He Shou Wu é utilizado com Ren Shen e Dang Gui na fórmula He Ren Yin.

2) Escrófula. He Shou Wu é utilizado com Xia Ku Cao e Chuan Bei Mu.

Dosagem:

10 a 30 g.

Precauções e contraindicações:

Esta substância é contraindicada nos casos de severa fleuma-umidade ou diarreia.

IV. Bai Shao 白芍 Radix Paeoniae Alba

In Natura　　　　　　Processada

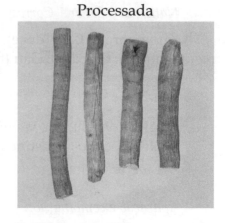

Paenia lacitiflora Pall.　　　Radix Paeoniae Alba

Natureza – Sabor – Correspondência ao canal:

Ku (amarga), Suan (azeda) e Wei Han (levemente fria). Co-canal: Gan (fígado) e Pi (baço).

Funções:

- Nutrir o sangue e consolidar o Yin.
- Pacificar o fígado e parar a dor.
- Relaxar o Yang do fígado.

Aplicação e combinação:

- Nutrir o sangue e consolidar o Yin:

1) Deficiência de sangue manifestada por menstruação irregular, dismenorreia e sangramento uterino. Bai Shao é utilizado com Dang Gui, Shu Di Huang e Chuan Xiong na fórmula Si Wu Tang.

2) Deficiência de sangue e Yin levando a elevação do Yang manifestada por suor noturno e suor espontâneo. Bai Shao é utilizado com Long Gu, Mu Li e Fu Xiao Mai.

3) Fraqueza corporal devido a invasão de fator patogênico vento e frio manifestada por suor espontâneo e aversão ao frio Bai Shao é utilizado com Gui Zhi na fórmula Gui Zhi Tang.

- Pacificar o fígado e parar a dor:

1) Estagnação do Qi do fígado manifestada por dor subcostal (hipocôndrios), distensão da mama e menstruação irregular. Bai Shao é utilizado com Chai Hu e Dang Gui na fórmula Xiao Yao San.

2) Espamos musculares e dor nas mãos e pés ou dor abdominal Bai Shao é utilizado com Gan Cao.

3) Dor abdominal e tenesmos nas disenterias. Bai Shao é utilizado com Huang Lian, Mu Xiang e Zhi Qiao.

- Relaxar o Yang do fígado:

Dor de cabeça e tonteira causada por hiperatividade do Yang do fígado. Bai Shao é utilizado com Niu Xi, Gou Teng e Ju Hua.

Dosagem:

5 a 10 g.

Precauções e contraindicações:

Esta substância é contraindicada nos casos de frio ou síndromes de deficiência de Yang. Li Lu anula seu efeito.

V. E Jiao 阿胶 Sinônímia: A Jiao – Gelatinum Asini – Colágeno de Jumento

In Natura	Processada

Equs asinus L.   *Gelatinum Asini*

Natureza – Sabor – Correspondência ao canal:

Gan (doce) e Ping (neutra). Co-canal: Fei (pulmão), Gan (fígado) e Shen (rim).

Funções:

- Nutrir o sangue.
- Parar sangramentos.
- Restabelecer o Yin e umedecer os pulmões.

Aplicação e combinação:

- Nutrir o sangue:

1) Deficiência de sangue manifestada por tonteira, visão turva e palpitações. E Jiao é combinado com Ren Shen, Dang Gui e Shu Di Huang.

2) Hemorragias manifestada por hemoptises, epistaxes, melenas, fluxo menstrual aumentado, sangramento durante gravidez e sangramento uterino (menorragias e metrorragias). E Jiao é utilizado com Ai Ye, Sheng Di Huang, Pu Huang e Ou Jie.

- Restabelecer o Yin e umedecer os pulmões:

1) Consumo de Yin nas doenças febris manifestado por irritabilidade e insônia ou espasmos e tremores das mãos e pés. E Jiao é utilizado com Huang Lian, Bai Shao, Gou Teng e Mu Li.
2) Tosse devido a deficiência de Yin manifestada por tosse com catarro escasso ou tosse com sangue no catarro, boca seca, irritabilidade, pulso em corda e rápido. E Jiao é utilizado com Sha Shen, Mai Dong, Xing Ren e Chuan Bei Mu.

Dosagem:
5 a 10 g.

Precauções e contraindicações:
Esta substância é contraindicada nos casos de fraqueza do baço e estômago manifestada por apetite fraco e indigestão, ou vômito e diarreia.

VI. Long Yan Rou 龙眼肉 **Sinonímia: Guia Yuan Rou – Arillus Euphoriae Longanae**

In Natura

Processada

Euphoria longan (Lour.) Stend.   *Arillus Euphoriae Longanae*

Natureza – Sabor – Correspondência ao canal:

Gan (doce) e Wen (morna). Co-canal: Xin (coração) e Pi (baço).

Funções:

- Nutrir o sangue e tranquilizar a mente; fortalecer o baço e restabelecer o Qi.

Aplicação e combinação:

- Nutrir o sangue e tranquilizar a mente; fortalecer o baço e restabelecer o Qi:

    Deficiência de Qi e sangue manifestada por palpitações, insônia e esquecimentos. Long Yan Rou é utilizado com Ren Shen, Huang Qi, Dang Gui e Suan Zao Ren na fórmula Gui Pi Tang.

Dosagem:

10 a 30 g.

Precauções e contraindicações:

Esta substância é contraindicada nos casos de fleuma fogo ou umidade no aquecedor médio (baço e estômago).

Outra substância que nutre o sangue:

Ye Jiao Teng (夜交藤) – Caulis Polygoni Multiflori – *Polygonum multiflorum* Thunb.

CAPÍTULO XVIII

收涩药 Shou Se Yao
Substâncias adstringentes

I. Conceito:

Substâncias adstringentes são ácidas, cessam suor, retêm diarreia, controlam a essência, seguram a urina e param leucorreia, sangramentos e tosses. Elas são indicadas nos casos de fraqueza por doenças crônicas ou fator antipatogênico fraco com sintomas prioritários de suor espontâneo, suor noturno, diarreia crônica, disenteria crônica, emissão seminal (ejaculação precoce), polução noturna, enurese, frequente urinação, tosse crônica e asma, ou sangramento uterino, leucorreia e prolapso do útero ou reto.

II. Propriedades terapêuticas:

Substâncias adstringentes aliviam sintomas, bem como previnem enfraquecimento do fator antipatogênico. No tratamento dos sintomas e da causa (raiz) simultaneamente, substâncias tonificantes devem ser adicionadas na combinação.

III. Algumas precauções que devem ser tomadas na aplicação das substâncias adstringentes:

Substâncias adstringentes não devem ser usadas enquanto os fatores patogênicos estiverem no exterior, quando houver acumulação de umidade ou de calor no interior.

SEÇÃO I

固标止汗药 Gu Biao Zhi Han Yao
Substâncias de adstringência superficial e antissudorífera

I - Fu Xiao Mai 浮小麦 Semen Tritici Aestivi Levis

In Natura Processada

Triticum aestivum L.   *Semen Tritici Aestivi Levis*

Natureza – Sabor – Correspondência ao canal:

Gan (doce) e Liang (fresca). Co-canal: Xin (coração).

Funções:

- Tonificar o Qi e limpar o calor; parar o suor.

Aplicação e combinação:

Fraqueza corporal manifestada por suor espontâneo ou suor noturno. Fu xiao mai é utilizado com Mu li, Huang qi e Ma huang gen na fórmula Mu li San.

Dosagem:

15 a 30 g.

II - Ma Huang Gen 麻黄根 Radix Ephedrae

In Natura

Processada

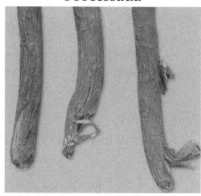

Ephedra sinica Staph.

Radix Ephedrae

Natureza – Sabor – Correspondência ao canal:

Gan (doce) e Ping (neutra). Co-canal: Fei (pulmão).

Funções:

- Parar suor.

Indicações e combinações:

- Parar suor:

1) Espontâneo suor. Ma Huang Gen é utilizado com Haung Qi e Dang Gui.

2) Suor noturno. Ma Huang Gen é utilizado com Sheng Di Huang e Mu Li.

Dosagem:

3 a 10 g.

Precauções e contraindicações:

Esta substância é contraindicada nos casos de síndromes exteriores.

SEÇÃO II

敛肺涩肠药 Lian Fei Se Chang Yao
Substâncias de adstringência pulmonar e intestinal

I. Rou Dou Kou 肉豆蔻 Semen Myristicae Fraganticis – Noz-moscada

In Natura   Processada

Myristica fragrans Houtt.   *Semen Myristicae Fraganticis*

Natureza – Sabor – Correspondência ao canal:

Xin (picante) e Wen (morna). Co-canais: Pi (baço), Wei (estômago) e Da Chang (intestino grosso).

Funções:
- Adstringir os intestinos e parar diarreia.
- Aquecer o baço e estômago e promover a circulação do Qi.

Aplicação e combinação:
- Adstringir os intestinos e parar diarreia:
  Diarreia crônica. Rou Dou Kou é utilizado com He Zi, Bai Zhu e Dang Shen.

- Aquecer o baço e estômago e promover a circulação do Qi:
  Estagnação do Qi devido a deficiência e frio no baço e estômago manifestada por dor abdominal e epigástrica, vômitos e náusea. Rou Dou Kou é utilizado com Mu Xiang, Sheng Jiang e Ban Xia.

Dosagem:

3 a 10 g. Para pílulas ou pó usar 1,5 a 3 g.

Precauções e contraindicações:

Esta substância é contraindicada nos casos de diarreia ou disenteria por umidade calor.

II. Wu Mei 乌梅 Fructus Pruni Mume

In Natura — *Prunus mume* Sieb et Zucc.

Processada — *Fructus Pruni Mume*

Natureza – Sabor – Correspondência ao canal:

Suan (azeda) e Ping (neutra). Co-canal: Pi (baço), Fei (pulmão) e Da Chang (intestino grosso).

Funções:

- Adstringir os pulmões e parar a tosse.
- Reter os intestinos e parar a diarreia.

- Promover a produção de fluídos corporais em especial a saliva.
- Expelir vermes redondos (oxiúros).

Aplicação e combinação:

- Adstringir os pulmões e parar a tosse:
  Tosse crônica devido a deficência dos pulmões. Wu Mei é utilizada com Ying Su Qiao*, E Jiao e Xing Ren.

- Reter os intestinos e parar a diarreia:
1) Diarreia crônica ou disenteria. Wu Mei é utilizado com Rou Dou Kou, He Zi e Ying Su Qiao*.
2) Disenteria aguda. Wu Mei é utilizado com Huang Lian.

- Promover a produção de fluídos corporais em especial a saliva:
  Diabetes. Wu Mei é utilizado com Tian Hua Fen, Mai Dong, Ren Shen e Ge Gen.

- Expelir vermes redondos (oxiúros):
  Vermes no trato biliar manifestando dor abdominal, náusea e vômitos. Wu Mei é usado com Xi Xin e Huang Lian na fórmula Wu Mei Wan.

Dosagem:

3 a 30 g.

Precauções e contraindicações:

Esta substância é contraindicada nos casos de síndrome exterior ou acumulação de calor no interior.

---

* Ying Su Qiao – Papaveris Somniferi, Pericarpium – Papoula – *Papaver somniferum* L.

III. Wu Wei Zi 五味子 Fructus Schisandrae Chinensis

In Natura

Processada

Schisandra chinensisn (Turcz.)   *Fructus Schisandrae Chinensis*

Natureza – Sabor – Correspondência ao canal:

Suan (azeda) e Wen (morna). Co-canal: Fei (pulmão), Shen (rins) e Xin (coração).

Funções:

- Adstringir os pulmões e nutrir os rins.
- Promover a produção de líquidos corporais e adstringir suor.
- Reter a essência e parar diarreia.
- Acalmar o coração e relaxar a mente.

Aplicação e combinação:

- Adstringir os pulmões e nutrir os rins:
  Tosse crônica e asma devido a inversão do Qi dos pulmões causada por deficiência dos pulmões e rins manifestada por tosse com catarro escasso e asma agravada por leve esforço Wu Wei Zi é combinado com Shan Yu Rou e, Shu Di e Mai Dong na fórmula Ba Xian Chang Shou Wan.

- Promover a produção de líquidos corporais e adstringir suor:
1) Deficiência de Qi e fluidos corporais manifestada por suor espontâneo, suor noturno, sede, palpitações, respiração

curta e pulso deficiente e sem força. Wu Wei Zi é utilizado com Ren Shen e Mai Dong na fórmula Sheng Mai San.

2) Diabetes manifestada por sede, preferência por líquidos, respiração curta, lassidão e pulso sem força e deficiente. Wu Wei Zi é usado com Huang Qi, Sheng Di Huang, Mai Dong e Tian Hua Fen na fórmula Huang Qi Tang.

- Reter a essência e parar diarreia:

1) Ejaculação precoce e polução noturna causadas por deficiência dos rins. Wu Wei Zi é utilizado com Long Gu e Sang Piao Xiao.

2) Diarreia crônica causada por deficiência do baço e rins. Wu Wei Zi é utilizado com Rou Dou Kou e Wu Zhu Yu na fórmula Si Shen Wan.

- Acalmar o coração e relaxar a mente:

Deficiência de Yin e sangue do coração e rins manifestada por palpitações, irritabilidade, insônia, sonhos e esquecimentos. Wu Wei Zi é usado com Sheng Di Huang, Mai Dong e Suan Zao Ren na fórmula Tian Wang Bu Xin Dan.

Dosagem:

2 a 6 g.

Precauções e contraindicações:

Esta substância é contraindicada nos estágios iniciais de tosse ou rubéola e no calor interno com síndrome de superfície não liberada.

IV. He Zi 诃子 Fructus Terminaliae Chebulae

In Natura

Processada

Terminalia chebula Retz.

Fructus Terminaliae Chebulae

Natureza – Sabor – Correspondência ao canal:

Ku (amarga), Suan (azeda), Se (adstringente) e Ping (neutra). Co-canal: Fei (pulmão) e Da Chang (intestino grosso).

Funções:

- Adstringir os intestinos.
- Adstringir os pulmões.

Aplicação e combinação:

- Adstringir os intestinos:
1) Diarreia crônica, disenteria crônica e prolapso anal:
a) síndromes de calor – He Zi é utilizada com Huang Lian e Mu Xiang na fórmula He Zi San;
b) síndrome de deficiência e frio – He Zi é utilizado com Gan Jiang e Ying Su Qiao.

- Adstringir os pulmões:
Tosse e asma devido a deficiência dos pulmões e tosse crônica com rouquidão. He Zi é utilizado com Jie Geng, Gan Cao e Xing Ren.

Dosagem:

3 a 10 g.

Precauções e contraindicações:

Esta substância é contraindicada nos casos de síndrome exterior e durante a acumulação de umidade calor no interior.

SEÇÃO III

固精缩尿止带药 Gu Jing Suo Niao Zhi Dai Yao
Substâncias que retêm esperma, condensam a urina e retêm leucorreia

I. Shan Yu Rou 山萸肉 **Sinonímia Shan Zhu Yu** 山茱萸
Fructus Corni Officinalis

Cornus officinalis Sieb. et Zucc.

Fructus Corni Officinalis

Natureza – Sabor – Correspondência ao canal:

Suan (azeda) e Wei Wen (levemente morna). Co-canal: Gan (fígado) e Shen (rim).

Funções:

- Tonificar o fígado e rins e adstringir a essência.
- Parar o suor.

Aplicação e combinação:

- Tonificar o fígado e rins e adstringir a essência:
  Deficiência do fígado e rins manifestada por tonteira, visão turva, inflamação lombar e fraqueza das pernas, ejaculação precoce e impotência. Shan Yu Rou é usado com Shu Di, Tu Si Zi, Gou Qi Zi e Du Zhong.

- Parar o suor:
  Suor espontâneo devido a fraqueza corporal. Shan Yu Rou é utilizado com Ren Shen, Fu Zi e Mu Li.

Dosagem:

5 a 10 g.

Precauções e contraindicações:

Esta substância é contraindicada nos casos de umidade calor e disúria.

II. Qian Shi 芡实 Semen Euryales Ferox

In Natura — Processada

 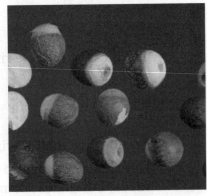

Euryale ferox Salisb. — Semen Euryales Ferox

Natureza – Sabor – Correspondência ao canal:

Gan (doce), Se (adstringente) e Ping (neutra). Co-canal: Pi (baço) e Shen (rins).

Funções:

- Tonificar o baço e parar diarreia.
- Fortalecer os rins e controlar a essência, dispersar umidade e eliminar leucorreia.

Aplicação e combinação:

- Tonificar o baço e parar diarreia:
  Diarreia crônica devido a deficiência do baço. Qian Shi é utilizado com Bai Zhu e Shan Yao.
- Fortalecer os rins e controlar a essência, dispersar umidade e eliminar leucorreia: Ejaculação precoce ou leucorreia. Qian Shi é utilizado com Sha Yuan Zi e Jin Ying Zi*.

Dosagem:

10 a 15 g.

* Jin Ying Zi – Rosae Laevigatae, Fructus – *Rosa laevigata* Michx.

III. Sang Piao Xiao 桑螵蛸 Ootheca Mantidis – Ovo-de-louva-deus

In Natura

Processada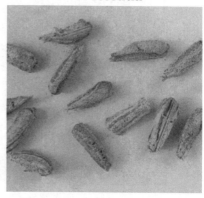

Statilia maculata Thunb.   *Ootheca Mantidis*

Natureza – Sabor – Correspondência ao canal:

Gan (doce), Xian (salgada) e Ping (neutra). Co-canal: Gan (fígado) e Shen (rim).

Funções:

- Tonificar os rins e fortalecer o Yang, controlar a essência e diminuir a urinação.

Aplicação e combinação:

Deficiência do Yang dos rins manifestada por ejaculação precoce, enurese noturna ou leucorreia. Sang Piao Xiao é usado com Long Gu, Mu Li, Tu Si Zi e Bu Gu Zhi.

Dosagem:

3 a 10 g.

Precauções e contraindicações:

Esta substância é contraindicada nos casos de deficiência de Yin com fogo excessivo ou calor na bexiga com frequente urinação.

IV. Wu Zei Gu 乌贼骨 Sinonímia: Hai Piao Xiao – Os sepiae seu Sepiellae – Osso de lula

In Natura

Processada

Sepia esculenta Hoyle

Os Sepiae seu Sepiellae

Natureza – Sabor – Correspondência ao canal:

Xian (salgado), Se (adstringente) e Wei Wen (levemente morna). Co-canal: Gan (fígado) e Shen (rim).

Funções:

- Adstringir e parar sangramento.
- Controlar a essência e eliminar leucorreia.
- Restringir acidez e parar a dor.
- Promover a recuperação de úlceras.

Aplicação e combinação:

- Adstringir e parar sangramento:
  Hemorragias. Wu Zei Gu é utilizado com Qian Cao, Zong Lu Tan e E Jiao. Wu Zei Gu pode ser utilizado como mono-erva para tratar sangramentos devido a traumas.

- Controlar a essência e eliminar leucorreia:
  Deficiência dos rins manifestada por ejaculação precoce ou leucorreia. Wu Zei Gu é utilizado com Shan Yu Rou, Shan Yao, Tu Si Zi e Mu Li.

- Restringir acidez e parar a dor:

  Dor estomacal e regurgitação ácida. Wu Zei Gu é utilizado com Chuan Bei Mu na fórmula Wu Bei San.

- Promover a recuperação de úlceras:

  Eczema ou úlcera crônica. Wu Zei Gu é utilizado com Huang Bai e Qing Dai para uso externo em forma de pó.

Dosagem:

6 a 12 g.

Precauções e contraindicações:

Esta substância é contraindicada nos casos de deficiência de Yin e calor excessivo.

CAPÍTULO XIX

涌吐药 Yong Tu Yao
Substâncias eméticas

I. Conceito:

Denominam-se substâncias eméticas todas as substâncias que provocam vômitos com a função de eliminar substâncias tóxicas ingeridas, alimentos estagnados e fleuma.

II. Propriedades terapêuticas predominantes:

Funções:

A maioria das substâncias eméticas são tóxicas e agem através de seus efeitos drásticos.

Adaptabilidade terapêutica:

Vômito pode ser propositalmente provocado para remover intoxicação, expelir alimentos retidos no estômago ou para aliviar a dispneia, epilepsia e mania causados pela acumulação de fleuma.

Manifestações clínicas:

Alimentos e substâncias tóxicas podem apresentar diferentes sintomas dependendo da natureza e quantidade de toxina ingerida.

Retenção de alimentos pode manifestar plenitude e distensão dolorosa epigástrica, desconforto e regurgitação ácida.

Fleuma manifesta tosse, asma com profuso catarro, plenitude no peito e região dos hipocôndrios e em condições exacerbadas, irritabilidade, epilepsia e mania.

III. Algumas precauções que devem ser tomadas na aplicação das substâncias eméticas:

As substâncias eméticas não são recomendadas para pessoas velhas e fracas, crianças, mulheres durante ou imediatamente após a gravidez ou em casos de sangramento ou hipertensão marcado por tonteira e palpitações.

I. Gua Di 瓜蒂 Pedicellus Cucumeris - pedúnculo de abóbora

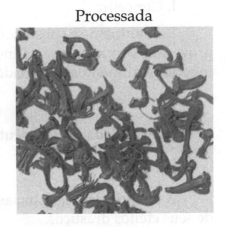

In Natura — Processada

Cucurbita moschata Duchesne et Poir.   *Pedicellus Cucumeris*

Natureza – Sabor – Correspondência ao canal:

Ku (amarga), Han (fria) e Xiao Du (levemente tóxica). Co-canal: Wei (estômago).

Função:

Tratar envenenamento (intoxicação) através da indução de vômito. Remover fleuma calor e alimentos através da emese.

Tratar icterícia pela remoção da umidade calor com o método de insuflação nasal.

Aplicação e combinação:

Gua Di é a principal substância usada para induzir vômito. Trata fleuma causada por vento calor e estagnação de alimentos não digeridos com sintomas de distensão e dor epigástrica e eructação ácida.

Usado com insuflador nasal, o pó, alivia icterícia do tipo Yang.

Combina-se com Chi Xiao Dou e Dan Dou Chi para tratar fleuma retida no peito e alimentos não ingeridos retidos no estômago, constituem a fórmula Gua Di San.

Dosagem:

0,5 a 5 g. em decocção; 0,3 a 1 g. para uso em Wan (glóbulos) ou San (pó).

Overdose de Gua Di é marcado por hiperemese e seu antídoto é a infusão de She Xiang na dosagem de 0,1 a 0,15 g.

Precauções e contraindicações:

Fraqueza constitucional e sangramentos nas síndromes de vazio.

II. Chang Shan 常山   Radix Dichorae Febrifugae

In Natura — *Dichora febrifuga* Lour.

Processada — *Radix Dichorae Febrifugae*

Natureza – Sabor – Correspondência ao canal:

Ku (amarga), Xin (picante), Han (fria) e Du (tóxica). Co-canal: Fei (pulmão), Gan (fígado) e Xin (coração).

Função:

Induzir vômito e tratar malária.

Aplicação e combinação:

Chang Shan pode ser usado para induzir vômito em combinação com outras ervas e também tratar malária causada pelo acúmulo de fleuma. Combina-se com Cao Guo, Bin Lang e Qing Pi no tratamento da malária crônica devido a fleuma e umidade em pessoas de forte constituição. Chang Shan combinada com Gan Cao e Feng Mi (mel) é usada para tratar retenção de fleuma no peito.

Dosagem:

1 a 9 g., ingerido em forma de decocto. A substância crua induz vômito. A substância tratada com vinho é usada para tratar malária.

Precauções e contraindicações:

Cuidado ao utilizar em pessoas de fraca constituição.

III. Li Lu 藜芦 – Radix et Rhizoma Veratri Nigri

In Natura

Veratrum nigra

Processada

Radix et Rhizoma Veratri Nigri

Natureza – Sabor – Correspondência ao canal:

Ku (amarga), Xin (picante), Han (fria) e Du (tóxica). Fei (pulmão), Wei (estômago) e Gan (fígado).

Funções:

Induzir vômitos, remover vento fleuma e matar parasitas.

Aplicação e combinação:

Li Lu trata fleuma nos casos de acidente vascular cerebral, epilepsia e mania. Pode ser também utilizado externamente para tratar tinea, escabiose e outras lesões de pele. Combina-se com Gua Di e Fang Feng, fórmula San Sheng San, no tratamento do acidente vascular cerebral, epilepsia e mania devido a retenção de fleuma, com sintomas de irritabilidade, perda da consciência ou nas intoxicações alimentares.

Dosagem:

0,3 a 0,9 g. em Wan (glóbulos) ou San (pó).

Precauções e contraindicações:

Li Lu é altamente tóxica e não deve ser utilizada na gravidez, nos estados de fraqueza e nos casos de tendência a hemorragias.

É incompatível com Ren Shen, Dang Shen, Tai Zi Shen, Xuan Shen, Hong Shen, Xi Xin, Chi Shao e Bai Shao.

Anexo 1

Cronologia das Dinastias chinesas

Dinastia Xia		2100 a 1600 a.C.	
Dinastia Shang		1600 a 1066 a.C.	
Dinastia Zhou	Xi Zhou	1066 a 771a.C.	
	Dong Zhou	770 a 256 a.C.	
	Chun Qiu	770 a 476 a.C.	
	Zhan Guo	770 a 476 a.C.	
Dinastia Qin		221 a 206 a.C.	
Dinastia Han	Xi Han	206 a.C. a 23 d.C.	
	Dong Han	25 a 220 a.C.	
San Guo	Wei Guo	220 a 265 d.C.	
	Shu Guo	221 a 263 d.C.	
	Wu Guo	222 a 280 d.C.	
Xi Jin		265 a 316 d.C.	
Dong Jin Shi Liu Guo	Dong jin	317 a 420 d.C.	
	Shi Liu Guo	304 a 439 d.C.	
Nan Bei Chao	Nan Chao	Song	420 a 479 d.C.
		Qi	479 a 502 d.C.
		Liang	502 a 589 d.C.
		Chen	557 a 589 d.C.
	Bei Chao	Bei Wei	386 a 534 d.C.
		Dong Wei	534 a 550 d.C.
		Bei Qi	550 a 577 d.C.
		Xi Wei	535 a 557 d.C.
		Bei Zhou	557 a 581 d.C.
Dinastia Sui		581 a 618 d.C.	
Dinastia Tang		618 a 907 d.C.	
Wu Dai Shi Guo	Hou Liang	907 a 923 d.C.	
	Hou Tang	923 a 936 d.C.	
	Hou Jin	936 a 946 d.C.	
	Hou Han	947 a 950 d.C.	
	Hou Zhou	951 a 960 d.C.	
	Shi Guo	902 a 979 d.C.	
Dinastia Song	Bei Song	960 a 1127	
	Nan Song	1127 a 1279	
Dinastia Liao		907 a 1125	
Dinastia Xi Xia		1032 a 1227	
Dinastia Jin		1115 a 1234	
Dinastia Yuan		1279 a 1368	
Dinastia Ming		1368 a 1644	
Dinastia Qing		1644 a 1911	
Zhong Huo Min Guo (República da China)		1911 a 1949	

Anexo 2

解表药 – Jie Biao Yao

SUBSTÂNCIAS QUE ELIMINAM SÍNDROMES SUPERFICIAIS

SEÇÃO I

XIN WEN JIE BIAO YAO(辛温解表药)
Substâncias picantes e mornas que eliminam síndromes superficiais

PIN YIN	IDEOGRAMA	TAXONOMIA FARMACÊUTICA
Ma Huang	麻黄	Herba Ephedrae
Gui Zhi	桂枝	Ramulus Cinnamomi
Zi Su Ye	紫苏	Folium Perillae Frutescentis
Su Geng	苏梗	Caulis Perillae
Su Zi	苏子	Semen Perillae
Sheng Jiang	生姜	Rhizoma Zingiberis Officinalis Recens
Xiang Ru	香薷	Herba Elsholtziae
Jing Jie	荆芥	Herba Schizonepetae
Fang Feng	防风	Radix Ledebouriellae
Qiang Huo	羌活	Rhizoma et Radix Notopterygii
Bai Zhi	白芷	Radix Angelicae Dahuricae

Xi Xin	细辛	Herba Asari cum Radice
Gao Ben	藁本	Rhizoma et Radix Ligustici
Cang Er Zi	苍耳子	Fructus Xanthii
Xin Yi	辛夷	Flos Magnoliae

SEÇÃO II

辛凉解表药 XIN LIANG JIE BIAO YAO
Substâncias picantes e frescas que eliminam síndromes superficiais

Bo He	薄荷	Herba Menthae
Niu Bang Zi	牛蒡子	Fructus Arctii
Chan Tui	蝉蜕	Periostracum Cicadae
Sang Ye	桑叶	Folium Mori Albae
Ju Hua	菊花	Flos Chrysanthemi
Man Jing Zi	蔓荆子	Fructus Viticis
Dan Dou Chi	淡豆豉	Semen Sojae Preparatum
Ge Gen	葛根	Radix Puerariae
Sheng Ma	升麻	Rhizoma Cimicifugae
Chai Hu	柴胡	Radix Bupleuri

CAPÍTULO II

QING RE YAO 清热药
Substâncias antipiréticas

SEÇÃO I

QING RE XIE HUO YAO 清热泻火药
Substâncias antipiréticas e purgantes ao fogo

Shi Gao	石膏	Gypsum
Zhi Mu	知母	Rhizoma Anemarrhenae
Lu Gen	芦根	Rhizoma Phragmitis Communis
Tian Hua Fen	天花粉	Radix Trichosanthis
Zhi Zi	栀子	Fructus Gardeniae
Xia Ku Cao	夏枯草	Spica Prunellae
Jue Ming Zi	决明子	Semen Cassiae Torae
Zhu Ye	竹叶	Folium Bambusae
Dan Zhu Ye	淡竹叶	Herba Lophatheri Gracilis
Zhu Ye Juan Xin	竹叶卷心	Folium Bambusae Recens

SECÇÃO II

清热燥湿药 QING RE ZAO SHI YAO
Substâncias que eliminam calor e secam umidade

Huang Qin	黄芩	Radix Scutellariae
Huang Lian	黄连	Rhizoma Coptids

Huang Bai	黄柏	Cortex Phellodendri
Long Dan Cao	龙胆草	Radix Gentianae Scabrae
Ku Shen	苦参	Radix Sophorae Flavescentis

SEÇÃO III

QING RE JIE DU YAO 清热解毒药
Substâncias antipiréticas e antivenenosas

Jin Yin Hua	金银花	Flos Lonicerae
Lian Qiao	连翘	Fructus Forsythiae Suspensae
Pu Gong Ying	蒲公英	Herba Taraxaci Mongolici cum Radice
Zi Hua Di Ding	紫花地	Herba Violae
Da Qing Ye	大青叶	Folium Isatidis Tinctoriae
Qing Dai	青黛	Indigo Pulverata Levis
Guan Zhong	贯众	Rhizoma Guan Zhong
Yu Xing Cao	鱼腥草	Herba Houttuyniae
She Gan	射干	Rhizoma Belamcandae Chinensis
Shan Dou Gen	山豆根	Radix Sophorae Subprostratae
Bei Dou Gen	北豆根	Rhizoma Menispermi
Ma Bo	马勃	Frutificatio Lasiosphaerae
Bai Tou Weng	白头翁	Radix Pulsatillae
Qin Pi	秦皮	Cortex Fraxini
Ma Chi Xian	马齿苋	Herba Portulacae Oleraceae

Bai Xian Pi	白鲜皮	Cortex Dictamni Radicis
Tu Fu Ling	土茯苓	Rhizoma Smilacis Glabrae
Cao He Che	草河车	Rizhoma Paridis
Niu Huang	牛黄	Calculus Bovis

SEÇÃO IV

清热凉血药 QING RE LIANG XUE YAO
Substâncias que eliminam calor e refrescam o Sangue

Xi Jiao	犀角或犀牛角	Cornu Rhinoceri
Sheng Di Huang	生地黄	Radix Rehmanniae
Xuan Shen	玄参元参	Radix Scrophulariae Ningpoensis
Mu Dan Pi	牡丹皮	Cortex Moutan Radicis
Chi Shao	赤勺	Radix Paeoniae Rubra

SEÇÃO V

QING XU RE YAO 清虚热药
Substâncias que eliminam calor deficiente

Qing Hao	青蒿	Herba Artemisiae Annuae
Bai Wei	白薇	Radix Cynanchi Atrati
Di Gu Pi	地骨皮	Cortex Lycii Radicis
Yin Chai Hu	银柴胡	Radix Stellariae
Hu Huang Lian	胡黄连	Rizoma Picrorhizae

CAPÍTULO III

泻下药 XIE XIA YAO
Substâncias purgativas

SEÇÃO I

攻下药 GONG XIA YAO
Substâncias catárticas

Da Huang	大黄	Radix et Rhizoma Rhei
Mang Xiao	芒硝	Natrii Sulfas, Mirabilitum
Lu Hui	芦荟	Herba Aloes, Babosa
Fan Xie Ye	番泻叶	Folium Sennae

SEÇÃO II

润下药 RUN XIA YAO
Substâncias lubrificantes e laxativas

| Huo Ma Ren | 火麻仁 | Fructus Cannabis Sativae |
| Yu Li Ren | 郁李仁 | Semen Pruni |

SEÇÃO III

峻下逐水药 JUN XIA ZHU SHUI YAO
Substâncias drásticas e drenadoras

| Gan Sui | 甘遂 | Radix Euphorbiae Kansui |
| Da Ji | 大戟 | Radix Euphorbiae seu Knoxiae |

Yuan Hua	芫花	Flos Daphnes Genkwa
Ba Dou	巴豆	Fructus Crotonis
Qian Niu Zi	牵牛子	Semen Pharbitidis

CAPÍTULO IV

祛风湿药 QU FENG SHI YAO
Substâncias antirreumáticas
(Substâncias que eliminam vento e umidade)

Du Huo	独活	Radix Angelica Pubescentis
Wei Ling Xian	威灵仙	Radix Clematidis
Fang Ji	防己	Radix Stephaniae Tetrandrae
Qin Jiao	秦艽	Radix Gentianae Macrophyllae
Mu Gua	木瓜	Fructus Chaenomelis Lagenariae
Luo Shi Teng	络石藤	Caulis Trachelospermi Jasminoidis

CAPÍTULO V

芳香化湿药 FANG XIANG HUA SHI YAO
Substâncias aromáticas que transformam umidade

| Cang Zhu | 苍术 | Rhizoma Atractyloidi |
| Hou Po | 厚朴 | Cortex Magnoliae Officinalis |

Huo Xiang	藿香	Herba Agastaches seu Pogostemi
Pei Lan	佩兰	Herba Eupatorii Fortunei
Sha Ren	砂仁	Fructus seu Semen Amomi
Bai Dou Kou	白豆蔻	Semen amomi Cardamoni
Cao Dou Kou	草豆蔻	Semen Alpinaiae Katsumadai
Cao Guo	草果	Fructus Amoni Tsao-ko

CAPÍTULO VI

利水渗湿药 LI SHUI SHEN SHI YAO
Substâncias diuréticas e exsudativas (drenam umidade)

Fu Ling	伏苓	Poriae Cocos
Zhu Ling	猪苓	Sclerotium Polypori Umbellati
Ze Xie	泽泻	Rhizoma Alismatis Plantago-aquaticae
Yi Yi Ren	薏苡仁	Semen Coicis Lachryma-jobi
Che Qian Zi	车前子	Semen Plantaginis
Hua Shi	滑石	Talcum – Silicato de Magnésio
Mu Tong	木通	Caulis Akebiae Trifoliatae
Tong Cao	通草	Medulla Tetrapanacis Papyferi
Jin Qian Cao	金钱草	Herba Glechomae Longitubae
Hai Jin Sha	海金沙	Spora Lygodii Japocini
Shi Wei	石韦	Folium Pyrrosiae
Bi Xie	萆薢	Rhizoma Dioscoreae Hypoglaucae
Yin Chen Hao	茵陈蒿	Herba Artemisiae Capillaris

CAPÍTULO VII

Wen Li Yao (温里药)
Substâncias que aquecem o interior

Fu Zi	附子	Radix Aconiti Carmichaeli Praeparata
Gan Jiang	干姜	Rhizoma Zingiberis Officinalis
Rou Gui	肉桂	Cortex Cinnamomi Cassiae
Wu Zhu Yu	吴茱萸	Fructus Evodiae Rutaecarpae
Xi Xin	细辛	Herba Asari cum Radice
Ding Xiang	丁香	Flos Caryophylli
Xiao Hui Xiang	小茴香	Fructus Foeniculi Vulgaris

CAPÍTULO VIII

LI QI YAO 理气药
Substâncias que regulam o Qi

Chen Pi	陈皮	Pericarpium Citri Reticulatae
Qing Pi	青皮	Pericarpium Citri Reticulatae Viride
Zhi Shi	枳实	Fructus Aurantii Immaturus
Zhi Qiao ou Zhi Ke	枳壳或枳壳	Fructus Aurantii
Fo Shou	佛手	Fructus Citri Sarcodactylis
Mu xiang	木香	Radix Saussureae seu Vladimiriae

Xiang Fu	香附	Rhizoma Cyperi Rotundi
Wu Yao	乌药	Radix Linderae Strychnifoliae
Chuan Lian Zi	川楝子	Fructus Meliae Toosendan
Xie Bai	薤白	Bulbus Allii Macrostemi
Shi Di	柿蒂	Calyx Diospyros Kaki
Mei Gui Hua	玫瑰花	Flos Rosae Rugosae
Lu e Mei	绿萼梅	Flos Mume

CAPÍTULO IX

消食药 XIAO SHI YAO
Substâncias que aliviam estagnação de alimentos
(substâncias digestivas)

Shan Zha	山楂	Fructus Crataegi
Shen Qu	神麯	Massa Fermentata Medicinalis
Mai Ya	麦芽	Fructus Hordei Vulgaris Germinatus
Gu Ya	谷芽	Fructus Setariae Germinatus
Lai Fu Zi	莱菔子	Semen Raphani Sativi
Ji Nei Jin	鸡内筋	Endothelium Corneum Gigeriae Galli

CAPÍTULO X

驱虫药 QU CHONG YAO
Substâncias anti-helmínticas

Shi Jun Zi	使君子	Fructus Quisqualis Indicae
Ku Lian Pi	苦楝皮	Cortex Meliae Radicis
Bin Lang	槟榔	Semen Arecae Catechu
Nan Gua Zi	南瓜子	Semen Cucurbitae Moschatae

CAPÍTULO XI

止血药 Zhi Xue Yao
Substâncias anti-hemorrágicas
(hemostáticas)

Da Ji	大蓟	Herba seu Radix Cirsii Japonici
Xiao Ji	小蓟	Herba Cirsii Setosi
Di Yu	地榆	Radix Sanguisorbae
Bai Mao Gen	白茅根	Rhizoma Imperatae
Huai Hua	槐花	Flos Sophorae Japonicae Immaturus
Ce Bai Ye	侧柏叶	Cacumen Biotae Orientalis
Xian He Cao	仙鹤草	Herba Agrimoniae Pilosae
Bai Ji	白给	Rhizoma Bletillae Striatae
San Qi	三七	Radix Pseudoginseng
Xue Yu Tan	血餘碳	Crinis Carbonisatus
Pu Huang	蒲黄	Pollen Typhae

Ou Jie	藕节	Nodus Nelumbinis Nuciferae Rhizomatis
Ai Ye	艾叶	Folium Artemisae Argyi

CAPÍTULO XII

活血去瘀药 HUO XUE QU YU YAO
Substâncias que ativam a circulação e removem estases de sangue

Chuan Xiong	川芎	Radix Ligustici Wallichii
Ru Xiang	乳香	Gummi Olibanum
Mo Yao	没药	Myrra
Yu Jin	郁金	Radix Curcumae
Yan Hu Suo	延胡索	Rhizoma Corydalis
Jiang Huang	姜黄	Rhizoma Curcumae
E Zhu	莪术	Rhizoma Curcumae Zedoariae
San Leng	三棱	Rhizoma Sparganii
Dan Shen	丹参	Radix Salviae Miltiorrhizae
Yi Mu Cao	益母草	Herba Leonuri
Ji Xue Teng	鸡血藤	Radix et Caulis Jixueteng
Tao Ren	桃仁	Semem Persicae
Hong Hua	红花	Flos Carthami Tinctorii
Niu Xi	牛膝	Radix Achyranthis Bidentatae

| Shui Zhi | 水蛭 | Hirudo seu Whitmaniae |
| Wang Bu Liu Xing | 王不留行 | Semen Vaccariae Segetalis |

CAPÍTULO XIII

ZHI KE YAO 止咳药
Substâncias antitosse

化痰止咳平喘药 HUA TAN ZHI KE PING CHUAN YAO
Substâncias que eliminam fleuma (expectorantes), antitosse e antiasmática

SEÇÃO I

HUA TAN ZHI KE YAO 化痰止渴药
Substâncias antitosse que eliminam fleuma

Ban Xia	半夏	Rhizoma Pinellae Ternatae
Tian Nan Xing	天南星	Rhizoma Arisaematis
Bai Jie Zi	白芥子	Semen Sinapsis Albae
Jie Geng	桔梗	Radix Platycodi Grandiflori
Xuan Fu Hua	旋覆花	Flos Inulae
Qian Hu	前胡	Radix Peucedani
Gua Lou	瓜蒌	Fructus Trichosanthis
Chuan Bei Mu	贝母	Bulbus Fritillariae Thunbergii
Zhu Ru	竹茹	Caulis Bambusae in Taeniis

Zhu Li	竹沥	Succus Bambusae
Hai Zao	海藻	Herba Sargassii
Kun Bu	昆布	Thalus Algae

SEÇÃO II

止咳平喘药 ZHI KE PING CHUAN YAO
Substâncias que aliviam tosse e dispneia

Ku Xing Ren	苦杏仁	Semen Pruni Armeniacae
Bai Bu	百部	Radix Stemonae
Zi Wan	紫菀	Radix Asteris Tatarici
Kuan Dong Hua	款冬花	Flos Tussilagi Farfarae
Su Zi	苏子	Fructus Perillae Frutescentis
Sang Bai Pi	桑白皮	Cortex Mori Albae Radicis
Ting Li Zi	葶苈子	Semen Lipidii
Pi Pa Ye	枇杷叶	Folium Eriobotryae Japonicae
Ma Dou Ling	马兜铃	Fructus Aristolochiae

CAPÍTULO XIV

安神药 AN SHEN YAO
Substâncias calmantes

SEÇÃO I

重镇安神药 ZHONG ZHEN AN SHEN YAO
Substâncias sedativas de ação pesada

Zhu Sha	珠砂	Cinnabaris
Ci Shi	慈石	Magnetitum
Long Gu	龙骨	Os Draconis

SEÇÃO II

养心安神药 YANG XIN AN SHEN YAO
Substâncias sedativas que nutrem o coração e acalmam a mente

Suan Zao Ren	酸枣仁	Semen Ziziphi Spinosae
Bai Zi Ren	柏子仁	Semen Biotae Orientalis
Yuan Zhi	远志	Radix Polygalae Tenuifoliae

CAPÍTULO XV

平肝熄风药 PING GAN XI FENG YAO
Substâncias que pacificam o fígado e dominam o vento

Shi Jue Ming	石决明	Concha Haliotidis
Mu Li	牡蛎	Concha Ostreae
Gou Teng	钩藤	Ramulus Uncariae Cum Uncis

Tian Ma	天麻	Rhizoma Gastrodiae Elatae
Bai Ji Li	白蒺藜	Fructus Tribuli Terristris
Jue Ming Zi	决明子	Semen Cassiae Torae
Quan Xie	全蝎	Buthus Martensi
Wu Gong	蜈蚣	Scolopendra Subspinipes
Bai Jiang Can	白僵蚕	Bombyx Batryticatus
Di Long	地龙	Lumbricus
Luo Bu Ma Ye	罗布麻	Folium Apocyni Veneti
Dai Zhe Shi	带赭石	Haematitum

CAPÍTULO XVI

KAI QIAO YAO 开窍药
Substâncias que abrem os orifícios

She Xiang	麝香	Secretio Moschus Moschiferi
Bing Pian	冰片	Borneolum
Su He Xiang	苏合香	Styrax Liquidis – bálsamo do Liquidambar orientalis
Shi Chang Pu	石菖蒲	Rhizoma Acori Graminei

CAPÍTULO XVII

补虚药 BU XU YAO
Substâncias tônicas

SEÇÃO I

补气药 BU QI YAO
Substâncias tônicas do Qi

Ren Shen	人参	Radix Ginseng
Xi Yang Shen	西洋参	Radix Panacis Quinquefolii
Dang Shen	党参	Radix Codonopsis Pilosulae
Huang Qi	黄芪	Radix Astragali
Bai Zhu	白术	Rhizoma Atractylodis Macrocephalae
Shan Yao	山药	Rhizoma Dioscoreae Oppositae
Bian Dou	扁豆	Semen Dolichoris Lablab
Gan Cao	甘草	Radix Glycyrrhizae Uralensis
Da Zao	大枣	Fructus Ziziphi Jujubae
Feng Mi	白蜜	Mel

SEÇÃO II

补养药 BU YANG YAO
Substâncias tônicas do Yang

Lu Rong	鹿茸	Cornu Cervi Parvum
Ba Ji Tian	巴戟天	Radix Morindae Officinalis
Rou Cong Rong	肉苁蓉	Herba Cistanches
Xian Mao	仙茅	Rhizoma Curculiginis Orchioidis
Yin Yang Huo	淫羊藿	Herba Epimedii
Xu Duan	续断	Radix Dipsaci
Du Zhong	杜仲	Cortex Eucommiae Ulmoidis
Gou Ji	狗脊	Rhizoma Cibotii Barometz
Bu Gu Zhi	补骨脂	Fructus Psoraleae
Yi Zhi Ren	益智仁	Fructus Alpiniae Oxyphyllae
Tu si zi	菟丝子	Semen Cuscutae

SEÇÃO III

补阴药 BU YIN YAO
Substâncias que tonificam (nutrem) o Yin

| Sha Shen | 沙参 | Radix Glehniae Littoralis |
| Mai Dong | 麦冬 | Radix Ophiopogonis Japonici |

Tian Men Dong	天门冬	Radix Asparagi Cochin Chinensis
Shi Hu	石斛	Herba Dendrobii
Yu Zhu	玉竹	Rhizoma Polygonati Odorati
Bai He	百合	Bulbus Lilli
Gou Qi Zi	枸杞子	Fructus Lycii Chinensis
Sang Shen	桑葚	Fructus Mori Albae
Mo Han Lian	墨旱莲	Herba Ecliptae Proestatae
Nu Zhen Zi	女贞子	Fructus Ligustri Lucidi
Gui Ban	龟板	Plastrum Testudinis
Bie Jia	鳖甲	Carapax Amydae Sinensis
Hei Zhi Ma	黑芝麻	Semen Sesami Indici

SEÇÃO IV

BU XUE YAO 补血药
Substâncias que tonificam (nutrem) o Sangue

Dang Gui	当归	Radix Angelicae Sinensis
Shu Di Huang	熟地黄	Radix Rehmanniae Preparata
He Shou Wu	合首乌	Radix Polygoni Multiflori
Bai Shao	白芍	Radix Paeoniae Alba
E Jiao	阿胶	Gelatinum Asini
Long Yan Rou	龙眼肉	Arillus Longanae

CAPÍTULO XVIII

收涩药 SHOU SE YAO
Substâncias adstringentes

SEÇÃO I

固标止汗药 GU BIAO ZHI HAN YAO
Substâncias de adstringência superficial e antissudorífera

| Fu Xiao Mai | 浮小麦 | Semen Tritici Aestivi Levis |
| Ma Huang Gen | 麻黄根 | Radix Ephedrae |

SEÇÃO II

敛肺涩肠药 LIAN FEI SE CHANG YAO
Substâncias de adstringência pulmonar e intestinal

Rou Dou Kou	肉豆蔻	Semen Myristicae Fraganticis
Wu Mei	乌梅	Fructus Pruni Mume
Wu Wei Zi	五味子	Fructus Schisandrae Chinensis
He Zi	诃子	Fructus Terminaliae Chebulae

SEÇÃO III

固精缩尿止带药 GU JING SUO NIAO ZHI DAI YAO
Substâncias que retêm esperma,
condensam a urina e retêm leucorreia

Shan Yu Rou	山萸肉	Fructus Corni Officinalis
Qian Shi	芡实	Semen Euryales Ferox
Sang Piao Xiao	桑螵蛸	Ootheca Mantidis
Wu Zei Gu	乌贼骨	Os Sepia seu Sepiellae

CAPÍTULO XIX

YONG TU YAO 涌吐药
Substâncias eméticas

Gua Di	瓜蒂	Pedicellus cucumeris
Chang Shan	常山	Radix Dichoae
Li Lu	藜芦	Radix et Rhizoma Veratri Nigri

Anexo 3

Revisão taxonômica
por MSc Jaciara de Cássia Souza Christiano*

Taxonomia

Taxonomia é a ciência da sistemática, o sistema de classificação em si, o procedimento de criar, modificar ou organizar os nomes científicos ou táxons (em Zoologia: Filo, Subfilo, divisão, superclasse, classe, subclasse, ordem, subordem, superfamília, família, subfamília, gênero, subgênero, espécie, subespécie e também alguma categorias intermediárias entre estas quando necessárias) e identificam plantas ou animais como pertencentes a um desses Táxons.

Táxon, portanto, é o nome dado a cada categoria Taxonômica, como as exemplificadas acima. Desta maneira, Taxonomia e Táxon são conceitos diferentes.

SEÇÃO I – Xin Wen Jie Biao Yao – Substâncias picantes e mornas que eliminam síndromes superficiais

I.   *Ephedra sinica* Stapf.
II.   *Cinnamomum cassia* Blume
III. *Perilla frutescens* (L.) Britt.

* Graduada em Ciências Biológicas pela UFMG, Mestre em Botânica pela USP, Professora de Botânica da Faculdade INCISA/IMAM – Belo Horizonte.

Anexo: *Perilla frutescens* (L.) Britt.

IV. *Zingiber officinale* Roscoe
V. *Elsholtzia splendens* Nakai ex Maekwa
VI. *Schizonepeta tenuifolia* Briq.
sinonímia: *Nepeta tenuifolia* Benth.
VII. *Ledebouriella sesloides* Wolff
VIII. *Notopterygium incisum* Ting Mss.
IX. *Angelica dahurica* Benth. et Hook.
X. *Asarum sieboldii* Miq.
XI. *Ligusticum sinense* Oliv.
XII. *Xanthium sibirium* Patr.
XIII. *Magnolia liliflora* Desr.

SEÇÃO II - Xin Liang Jie Biao Yao – Substâncias picantes e frescas que eliminam síndromes superficias

I. *Mentha haplocalyx* Briq.
II. *Arctium lappa* L.
III. *Cryptotympana atrata* Fabr.
IV. *Morus alba* L.
V. *Chrysanthemum morifolium* Ramat.
VI. *Vitex rotundifolia* L.
VII. *Glicine max* L. Merr.
VIII. *Pueraria lobata* (Willd.) Ohwi -
sinonímia: *Pueraria thunbergiana* (Sieb. & Zucc.) Benth.
IX. *Cimicifuga foetida* L.
X. *Bupleurum scorzonerifolium* Willd.

CAPÍTULO II – Qing Re Yao –
Substâncias que eliminam o calor

SEÇÃO I – Qing Re Xie Huo Yao – Substâncias antipiréticas e purgantes ao fogo

I. *Gypsum*
II. *Anemarrhena asphodeloides* Bunge.
III. *Phragmites communis* Trin.
IV. *Trichosanthes kirilowii* Maxim.
V. *Gardenia jasminoides* Ellis
VI. *Prunella vulgaris* L.
VII. *Cassia tora* L. Sinonímia: *Senna tora* (L.) Roxb.
VIII. *Phyllostachys nigra* (Lodd.)
Sinonímia: *Bambusa tuldoides* Munro.
Anexo: a - *Loptatherum gracile* Brongn.
b - *Phyllostachys nigra* (Lodd.)
Bambusa tuldoides Munro.

SEÇÃO II – Qing Re Zao Shi Yao – Substâncias que eliminam calor e secam umidade

I. *Scutellaria baicalensis* Georgi.
II. *Coptis chinensis* Franch
III. *Phellodendron amurense* Rupr.
IV. *Gentiana scabra* Bge. In
V. *Sophora flavescens* Ait.

SEÇÃO III – Qing Re Jie Du Yao - Substâncias que eliminam o calor e infecções

I. *Lonicera japonica* Thumb. L.

II. *Forsythia suspensa* (Thunb.) Vahl

III. *Taraxacum mongolicum* Hand. – Mazz.

IV. *Viola yedoensis* Makino

V. *Isatis tinctoria* L.

VI. *Baphicacanthus cusia* Bremek

VII *Matteuccia struthiopteris* L. Todaro

VIII. *Houttuynia cordata* Thunb.

IX. *Belamcanda chinensis* (L.) DC

X. *Sophora subprostrata* Chun et T. Chen
Anexo: *Menispermum dauricum* A. DC.

XI. *Lasiosphaera fenslii* Reich.

XII. *Pulsatilla chinensis* (Bunge) Regel

XIII. *Franxinus rhyncholphylla* Hance.

XIV. *Portulaca oleracea* L.

XV. *Dictamnus dasycarpus* Turcz. (Rutaceae)

XVI. *Smilax glabra* Roxb.

XVII. *Paris polyphylla* Smith

XVIII. *Bos taurus domesticus* L.

SEÇÃO IV – Qing Re Liang Xue Yao – Substâncias que eliminam calor e refrescam o Sangue

I. *Rhinocerus sinus* Burchell

II. *Rehmannia glutinosa* Libosch.

III. *Scrophularia ningpoensis* Hemsl.

IV. *Paeonia suffruticosa* Andr.

V. *Paeonia obovata* Maxim.

SEÇÃO V – Qing Xu Re Yao – Substâncias que eliminam calor deficiente

I. *Artemisia annua* L.
II. *Cynanchum atratum* Bunge
III. *Lycium chinense* Mill.
IV. *Stellaria dichotoma* L.
V. *Picrorhiza kurrooa* Royle et Benth

CAPÍTULO III – Xie Xia Yao
Substâncias purgativas

SEÇÃO I – Gong Xia Yao

I. *Rheum tanguticum* Maxim. (Balf.)
II. *Natrii sulfas*
III. *Aloe vera* (L.) Burm. F.
IV. *Cassia angustifolia* Vahl.

SEÇÃO II – Run Xia Yao – Substâncias lubrificantes e laxativas

I. *Cannabis sativa* L.
II. *Prunus japonica* Thunb.

SEÇÃO III – Jun Xia Zhu Shu Yao – Substâncias drásticas e drenadoras

I. *Euphorbia kansui* Liou.
II. *Euphorbia pekinensis* Rupr.

III. *Daphene genkwa* Sieb. et Zucc.
IV. *Croton tiglium* L.
V. *Pharbitis purpurea* L.

CAPÍTULO IV – Qu Feng Shi Yao
Substâncias que eliminam vento e umidade

I. *Angelica pubescens* Maxim.
II. *Clematis chinensis* Osbeck.
III. *Stephania tetrandra* S. Moore
IV. *Gentiana macrophylla* Pall
V. *Chaenomeles lagenaria* Loisel.
VI. *Trachelospermum jasminoides* (Lindl.) Lem.
Sinonímia: *Rhynchospermum jasminoides* Lindl.

CAPÍTULO V – Fang Xiang Hua Shi Yao
Substâncias aromáticas que transformam umidade

I. *Atractylodes lancea* Thunb.
II. *Magnolia officinalis* Rehder et Wilson
III. *Agastache rugosa* (Fisch. et Mey.) Kuntze.
IV. *Eupatorium fortunei* Turcz
V. *Amonum villosum* Lour.
VI. *Amonum cardamomum* L.
VII. *Alpinia katsumadai* Hayata
VIII. *Amomum tsao-ko* Crevost et Lemairs

CAPÍTULO VI – Li Shui Shen Shi Yao
Substâncias diuréticas e exsudativas

I. *Poria cocos* Wolf.
II. *Polyporus umbellatus* Fries
III. *Alisma plantago-aquatica* L.
IV. *Coix lachryma-jobi* L.
V. *Plantago asiatica* L.
VI. *Talcum* – Silicato de Magnesio
VII. *Akebia trifoliata* (Thunb.) Koidz.
VIII. *Tetrapanax papyriferus* Koch.
IX. *Glechoma longituba* (Nakai) Kupr. (província de Jiang Su) / *Lysimachia christinae* Hance (província de Si Chuan)
X. *Lygodium japonicum* (Thunb. ex Murr.) Sw.
XI. *Pyrrosia língua* (Thunb.) Farw.
XII. *Dioscorea hypoglauca* Palib.
XIII. *Artemisia capillaris* Thunb.
Sinonímia: *Artemisia scoparia* Waldst. Et Kit.

CAPÍTULO VII – Wen Li Yao
Substâncias que aquecem o interior

I. *Aconitum carmichaelii* Debx
II. *Zingiber officinale* Roscoe
III. *Cinnamomum cassia* Presl
IV *Evodia rutaecarpa* Benth.
V. *Asarum sieboldii* Miq.
VI. *Eugenia caryophyllata* Thunb.
VII. *Foeniculum vulgare* Mill.

CAPÍTULO VIII – Li Qi Yao –
Substâncias que regulam o Qi

I. *Citrus reticulata* Blanco

II. *Citrus reticulata* Blanco

III. *Citrus aurantium* L.
Sinonímia: *Poncirus trifoliata* (L.) Raf.
Apêndice   1. *Citrus aurantium* L.
2. *Citrus medica* L. var. sarcodactylis

IV. *Saussurea lappa* Clark

V. *Cyperus rotundus* L.

VI. *Lindera strychnifolia* (Siebold et Zucc.) Villar

VII. *Melia toosendan* (Siebold et Zucc.)

VIII. *Allium macrostemon* Bunge.
Sinonímia: *Allium grayi* Regel. ,
Allium nipponicum Franch. et Sav.

IX. *Diospyrus kaki* L.

X. *Rosa rugosa* Thunb.

XI. *Prunus mume* Sieb. et Zucc.

CAPÍTULO IX – Xiao Shi Yao - Substâncias que aliviam estagnação de alimentos – Substâncias digestivas

I. *Crataegus pinnatifida* Bunge.

II. *Massa fermentada medicinalis*

III. *Hordeum vulgare* L.

IV. *Setaria italica* L.
Apêndice: *Oryza sativa* L.

V. *Raphanus sativus* L.

VI. *Gallus gallus domesticus* Brisson

CAPÍTULO X – Qu Chong Yao
Substâncias anti-helmínticas

I. *Quisqualis indica* L.
II. *Melia azedarach* L.
III. *Areca catechu* L.
IV. *Cucurbita moschata* Duchesne et Poir.

CAPÍTULO XI -
Substâncias anti-hemorrágicas - Hemostáticas

I. *Cirsium japonicum* DC.
II. *Cirsium setosum* (Willd.) MB
III. *Sanguisorba officinalis* L.
Sinonímia: *Poterium officinale* (L.) A.Gray.
IV. *Imperata cylindrica* L.
V. *Sophora japonica* L.
Sinonímia: *Styphnolobium japonicum* (L.)Schott.
VI. *Biota orientalis* (L.) Endl.
VII. *Agrimonia pilosa* Ledeb.
VIII. *Bletilla striata* (Thunb.)Reichb.f.
IX. *Panax pseudoginseng* Wall. Var. *notoginseng* (Burkill) Hoo et Tseng
XI. *Crinis humanus*
XII. *Thypha latifolia* L.
XIII. *Nelumbo nucifera* Gaertn.
XIV. *Artemisia argyi* Levl. et Vant.

CAPÍTULO XII – Huo Xue Qu Yao –
Substâncias que ativam a circulação e removem estases de Sangue

I. *Ligusticum wallichii* Franch.
II. *Boswellia carterii* Birdw.
III. *Commiphora myrrha* (Nees) Engl.
IV. *Curcuma longa* L.
V. *Corydalis yanhusuo* Wang
VI. *Curcuma longa* L.
VII. *Curcuma zedoaria* (Berg.) Roscoe
VIII. *Sparganuim simplex* Huds.
IX. *Salvia miltiorrhiza* Bunge
X. *Leonurus heterophyllus* Sweet
XI. *Radix et Caulis Jixueteng* Harms
XII. *Prunus persica* L.
XIII. *Carthamus tinctorius* L.
XIV. *Achyranthes bidentata* Blume
XV. *Hirudo nipponia* Whitman
XVI. *Vaccaria segetalis* (Neck.) Garcke

CAPÍTULO XIII – Zhi Ke Yao
Substâncias antitosse

Hua Tan Zhi Ke Ping Chuan Yao – Substâncias que eliminam fleuma (expectorantes), antitosse e antiasmática

Seção I – **Hua Tan Zhi Ke Yao – Substâncias antitosse que eliminam fleuma**

I. *Pinellia ternata* (Thunb.) Breitenb.
II. *Arisaema amurense* Maxim.

III. *Brassica alba* (L.) Rabenh.
IV. *Platycodon grandiflorum* (Jacq.) A. DC.
V. *Inula brittanica* L. var chinesis (Rupr.)
VI. *Peucedanum praeruptorum* Dunn.
VII. *Trichosanthes kirilowii* Maxim.
VIII. *Fritillaria thunbergii* Miq.
IX. *Bambusa tuldoides* Munro.
X. *Bambusa tuldoides* Munro.
XI. *Sargassum fusiforme* (Harv.) Setch.
XII. *Laminaria japonica* Aresch.

Seção II – Zhi Ke Ping Chuan Yao – Substâncias que aliviam tosse e dispneia

I. *Prunus armeniaca* L.
II. *Stemona sessilifolia* Miq.
III. *Aster tataricus* L.
IV. *Tussilago farfara* L.
V. *Perilla frutescens* (L.) Britt.
VI. *Morus alba* L.
VII. *Lepidium apetalum* Willd.
VIII. *Eriobotrya japonica* Lindl.
Sinonímia: *Mespilus japonicus* Thunb.
IX. *Aristolochia debilis* Sieb. et Zucc.

CAPÍTULO XIV – An Shen Yao
Substâncias que acalmam a mente

SEÇÃO I -   Zhong Zhen An Shen Yao - Substâncias sedativas de ação pesada

I. *Cinnabaris*

II. *Magnetitum*

III. *Os draconis*

SEÇÃO II – Yang Xin An Shen Yao – Substâncias sedativas que nutrem o coração e acalmam a mente

I. *Ziziphus jujuba* var. spinosa Mill.

II. *Biota orientalis* (L.) Endl.

III. *Polygala tenuifolia* Willd.

CAPÍTULO XV – Ping Gan Xi Feng Yao
Substâncias que pacificam o fígado e dominam o Vento

I. *Haliotis diversicolor* Reeve

II. *Ostrea gigas* Thunb.

III. *Uncaria rhyncholphylla* (Miq.) Jack.

IV. *Gastrodia elata* Bl.

V. *Tribulus terrestris* L.

VI. *Cassia tora* L.
Sinonímia: *Senna tora* (L.) Roxb.

VII. *Buthus martensi* Karsch

VIII. *Scolopendra subspinipes mutilans* L. Koch.

IX. *Bombyx mori* L.

X. *Pheretima aspergillus* (E. Perrier)

XI. *Apocynum venetum* L.
Sinonímia: *Trachomitum venetum* (L.)Woodson.

XII. *Haematitum*

CAPÍTULO XVI – Kai Qiao Yao
Substâncias que abrem os orifícios

I. *Moschus moschiferus* L.
II. *Dryobalanops aromatica* Gaertn. F.
III. *Liquidambar orientalis* Mill.
IV. *Acorus gramineus* Sol. ex Aiton.

CAPÍTULO XVII - Bu Xu Yao - Substâncias tônicas

SEÇÃO I – Bu Qi Yao – Substâncias tônicas do Qi

I. *Panax ginseng* C.A.Mey.
   Sinonímia: *Panax schinseng* T. Nees.

II. *Panax quinquefolium* L.
   Sinonímia: *Aralia quinquefolia* Decne. et Planch.

III. *Codonopsis pilosula* (Franch.) Nannf.
   Sinonímia: *Campanumoea pilosula* Franch.

IV. *Astragalus membranaceus* (Fisch. et Link.)Bunge.
   Sinonímia: *Astragalus mongholicus dahuricus* (DC.) Podlech.,
   Astragalus penduliflorus membranaceus Glehn.

V. *Atractylodes macrocephala* Koidz.

VI. *Dioscorea opposita* Thunb.

VII. *Dolichos lablab* L.
   Sinonímia: *Lablab niger* Medik.,
   Lablab vulgaris Savi.
   Lablab purpurea (L.) Sweet.

VIII. *Glycyrrhiza uralensis* Fisch

IX. *Ziziphus jujuba* Miller

X. *Apis mellifera* Linnaeus

SEÇÃO II – Bu Yang Yao - Substâncias tônicas do Yang

I. *Cervus nippom* Temminck
    Apêndice: a - *Cornu Cervi*
                b - *Colla Cornu Cervi*
                c - *Cornu Cervi Degelatinatum*
II. *Morinda officinalis* How
III. *Cistanche salsa* (Mey) G.Beck.
IV. *Curculigo orchioides* Gaertn.
V. *Epimedium grandiflorum* Morr.
VI. *Dipsacus japonica* Miq.
VII. *Eucommia ulmoides* Oliver
VIII. *Cibotium barometz* (L.) J. Sm.
IX. *Psoralea corylifolia* L.
X. *Alpinia oxyphylla* Miquel
XI. *Cuscuta chinensis* Lam.

SEÇÃO III – Bu Yin Yao – Substâncias que tonificam (nutrem) o Yin

I. *Glehnia littoralis* F. Schmidt ex sMiq.
II. *Ophiopogon japonicus* (L.) Ker Gawl.
III. *Asparagus cochinchinensis* Loureio Merrill
IV. *Dendrobium nobile* Lindl.
V. *Polygonatum odoratum* (Mill.) Druce.
VI. *Lilium brownii* Brown
VII. *Lycium chinense* Miller
VIII. *Morus alba* L.
IX. *Eclipta prostrata* L
X. *Ligustrum lucidum* Ait.

XI.   *Chinemys reevesii* (Gray)
XII. *Amyda sinensis* (Wiegmann)
XIII. *Sesamum indicum* L.

SEÇÃO IV – Bu Xue Yao – Substâncias que tonificam o Sangue

I.   *Angelica sinensis* (Oliv.) Diels
II. *Rehmannia glutinosa* Libosch.
III. *Polygonum multiflorum* Thunb.
IV. *Paeonia lactiflora* Pall.
V.   *Equs asinus* L.
VI. *Euphoria longan* (Lour.) Steud.

CAPÍTULO XVIII – *Shou Se Yao*
Substâncias adstringentes

Seção I - Gu Biao Zhi Han Yao - Substâncias de adstringência superficial e antissudorífera

I. *Triticum aestivum* L.
II. *Ephedra sinica* Stapf.

Seção II – Lian Fei Se Chang Yao - Substâncias de adstringência pulmonar e intestinal

I.   *Myristica fragans* Houtt.
II. *Prunus mume* Sieb et Zucc.
III. *Schisandra chinensis* (Turcz.)
IV. *Terminalia chebula* Retz.

Seção III – Gu Jing Suo Niao Zhi Dai Yao – Substâncias que retêm esperma, condensam a urina e retêm a leucorreia

I.   *Cornus officinalis* Sieb. et Zucc.
II. *Euryale ferox* Salisb.
III. *Statilia maculata* Thunb.
IV. *Sepia esculenta* Hoyle

Capítulo XIX – Yong Tu Yao – Substâncias eméticas

I.   *Cucurbita moschata* Duchesne et Poir.
II. *Dichora febrifuga* Lour.
III. *Veratrum nigra* L.

Anexo 4

Substâncias tóxicas:

As substâncias classificadas nesta categoria devem ser utilizadas com extrema precaução e especial consideração, levando em conta a constituição de cada paciente. Definiu-se a listagem abaixo de acordo com as pesquisas fitoquímicas modernas e o conhecimento ancestral dos médicos tradicionais chineses.

A Wei	Da Feng Zi
Ai Ye	Da Ji
Ba Dou	Dan Fan
Bai Fu Zi	Fan Xie Ye
Bai Guo	Fu Zi
Ban Mao	Gan Sui
Ban Xia	Gou Wen
Bi Ma Zi	Gua Di
Cang Er Zi	Guan Zhong
Cao Wu	He Shi
Chan Su	Hong Sheng Dan
Chang Chun Hua	Hu Er Cao
Chang Shan	Hua Jiao
Chong Lou	Ji Xing Zi
Chuan Lian Zi	Jiao Mu
Chuan Wu	Jin Qian Bai Hua She

Ku Lian Pi	Shang Lu
Ku Xing Ren	Shi Di
Lei Gong Teng	Shi Jun Zi
Lei Wan	Shou Gong
Li Lu	Shui Yin
Liu Huang	Shui Zhi
Long Kui	Teng Huang
Lu Feng Fang	Tian Nan Xing
Lu Hui	Tian Xian Zi
Ma Bo	Tian Xiong
Ma Qian Zi	Tu Jing Pi
Mang Chong	Wei Ling Xian
Mi Tuo Seng	Wu Bei Zi
Mu Bie Zi	Wu Gong
Mu Tong	Wu Zhu Yu
Nao Yang Hua	Xi Xian Cao
Pi Shi	Xi Xin
Pi Shuang	Xian Mao
Qi She	Xiong Huang
Qian Dan	Ya Dan Zi
Qian Jin Zi	Yang Jin Hua
Qian Niu Zi	Zao Jia
Qing Fen	Zao Jiao Ci
Quan Xie	Ze Qi
Rou Dou Kou	Zhang Nao
Shan Ci Gu	Zhe Chong
Shan Dou Gen	Zhu Sha

Substâncias contraindicadas durante a gravidez:

As substâncias descritas nesta categoria não devem ser utilizadas durante a gravidez ou quando ocorrer a possibilidade da paciente engravidar.

Ba Dou	Meng Chong
Bai Fu Zi	Mu Dan Pi
Bai Mao Gen	Niu Huang
Ban Mao	Qing Fen
Chan Su	Qu Mai
Che Qian Zi	San Leng
Chong Lou	Shang Lu
Chuan Niu Xi	She Gan
Da Ji	She Xiang
Di Bie Chong	Shui Zhi
E Wei	Tao Ren
E Zhu	Wei Ling Xian
Fan Xie Ye	Wu Gong
Fu Zi	Wu Tou
Gan Sui	Xi Xin
Guan Zhong	Xiong Huang
Hai Long	Xuan Ming Fen
Hai Ma	Yan Hu Suo
Hong Hua	Yi Mu Cao
Huai Hua	Yu Li Hua
Liu Huang	Yuan Hua
Ma Chi Xian	Qian Niu Zi
Ma Qian Zi	Zao Jiao
Mang Xiao	Zhang Não

Substâncias que exigem cautela durante a gravidez:

As substâncias listadas abaixo devem ser utilizadas com extrema precaução durante a gravidez.

Bai Fu Zi	Lou Lu
Ban Xia	Lu Hui
Bing Pian	Lu Lu Tong
Chan Tui	Rou Gui
Chang Shan	Ru Xiang
Mo Yao	San Qi
Mu Tong	Su He Xiang
Pu Huang	Su Mu
Quan Xie	Tian Nan Xing
Chuan Jiao	Tong Cao
Chuan Sha Jia	Wan Bu Liu Xing
Da Huang	Xue Jie
Dai Zhe Shi	Yi Yi Ren
Dong Kui Zi	Yu Jin
Gan Jiang	Yu Li Ren
Hou Po	Ze Lan
Huai Niu Xi	Zhi Ke
Hua Shi	Zhi Shi

Referências bibliográficas:

Weed, Susan, Wise Woman Herbal for Childbearing Year, 1986 Woodstock New York, Ash Tree Publishing.

Et al, Natural Medicines Comprehensive Database, 2003 Stockton California, Published by Therapeutic Research Faculty.

Benskey & Gamble, Chinese Herbal Medicine Materia Medica revised edition, 1993 Seatle Washington, Eastland Press Inc.

Maclean & Lytleton, Clinical Handbook of Internal Medicine vol. I second edition, 2000 Sydney Australia, University of Western Sydney.

Chung, Michael, Cautions Using TCM Herbs (Canadian Traditional Chinese Medicine Association safety course), 2002 Vancouver Canada, CTCMA.

Substâncias que direcionam a ação terapêutica para determinada área do corpo.

Topo da cabeça – Qiang Huo

Cabeça – Gao Ben

Cérebro - Gao Ben, Tian Ma

Cabelo – Chuan Xiong

Região frontal – Bai Zhu

Tórax (peito) – Jie Geng

Pescoço – Xia Ku Cao

Queixo – Xiong Huang, Ge Gen

Mama – Pu Gong Yin

Nariz – Cang Er Zi, Xi Xin

Ouvido interno – Shi Chang Pu

Hipocôndrios – Chai Hu, Qin Pi

Abdome – Xiang Fu

Região lombar – Du Huo, Du Zhong

Membros superiores – Gui Zhi

Dedos – Sang Zhi

Membros inferiores – Niu Xi

Tornozelos e joelhos – Niu Xi

Testículos – Ju He

Ânus – Zhi Ke , Zhi Qiao

Substâncias para aplicação externa:

Estas substâncias são principalmente usadas em aplicações externas. Elas podem ser aplicadas nos casos de sangramento, prurido, inchaços, inflamações e lesões doloridas.

Estas substâncias podem ser preparadas em forma de pó, pomadas, gel, cremes banhos, fumegação (vaporização) ou compressas dependendo da necessidades individuais de aplicação.

Algumas destas substâncias podem ser utilizadas internamente em específicas situações se combinadas com outras substâncias. A maioria das substâncias descritas nesta categoria necessita prescrição cautelosa devido a possíveis efeitos adversos decorrentes de suas propriedades tóxicas.

I - Liu Huang – Sulphur – enxofre
Natureza – Sabor – Correspondência ao canal: Re (quente), Suan (azeda). Co-canal: Shen (Rins) e Da Chang (intestino grosso).

Funções:

Alivia toxidade, mata parasitas, cessa coceira.

Aplicações:

Tópica: escabiose, larva migras, inchaços úmidos, úlceras, carbúnculos.
Tonifica o Ming Men (portão da vitalidade), fortalece o Yang: usado nos sintomas de frio interior.
Deficiência de Yang dos rins: frio na região lombar e nos joelhos, impotência.
Deficiência e frio no baço: asma e constipação. Em pessoas idosas utiliza-se junto com Ban Xia.

Dosagem: 1,5 a 6g

II – Xiong Huang – Realgar
Natureza – Sabor – Correspondência ao canal: Wen (morna), Xin (picante), Ku (amargo). Co-canal: Xin (coração), Gan (fígado) e Wei (estômago).

Funções:

Alivia toxidade, mata parasitas, prurido de pele, inflamações e abscessos.

Aplicações:

Tópica: escabiose, larva migras, erupções cutâneas incubadas.
Mata parasitas: sintomas de acumulação de vermes redondos.
Seca umidade e expele fleuma: mucosidade respiratória e malária.

Dosagem: 0,15 a 0,6 g

III - Lu Gan Shi - Calamina - Carbonato de zinco ($ZnCO_3$)

Natureza - Sabor - Correspondência ao canal: Ping (neutra), Gan (doce). Co-canal: Gan (fígado) e Wei (estômago).

Funções:

Clareia os olhos: obstrução visual superficial, inchaço e vermelhidão dos olhos. Seca umidade, gera tecidos: drena pus em feridas abertas. Uso externo, dosagem tópica.

IV - Ming Fan, Sinonímia Bai Fan - Alum - Sulfato do mineral Alum - [$KAL(SO_4)_2 \cdot 12 H_2O$)

Natureza - Sabor - Correspondência ao canal: Han (fria), Suan (azeda), Se (adstringente). Co-canal: Da Chang (intestino grosso), Gan (fígado), Fei (pulmões), Pi (baço).

Funções:

Alivia toxidade, mata parasitas, seca umidade e alivia coceira.

Aplicações:

Lavagem tópica para escabiose, parasitas externos, umidade e lesões por umidade calor (eczema otite média purulenta).
Inchaço doloroso dos olhos e garganta e icterícia.
Para sangramentos, alivia diarreia: Crônico sangramento nas fezes ou urina, sangramento de hemorroidas, nasal e de gengivas e em sangramentos externos.

Elimina calor e expele fleuma e vento fleuma: irritabilidade, delírio, convulsões, tosse com catarro grosso e pegajoso.

Dosagem: 0,6 a 3 g.

V – Ban Mao – Cantharides – Mylabris – Inseto – *Mylabris phalerata* Pallas ou *Mylabris cichorii* Linaeus (Fam. Meloidae)

Natureza – Sabor – Correspondência ao canal: Han (fria), Du (tóxica), Xin (picante). Co-canal: Da Chang (intestino grosso), Gan (fígado), Xiao Chang (intestino delgado).

Funções:

Elimina estase de sangue e massas, induz tecidos de granulação e cauteriza úlceras.

Aplicações:

Massas abdominais, câncer, tinea crônica, escrófula e feridas abertas.

Dosagem: 0,03 a 0,06g

VI – She Chaung Zi – Fructus Cnidii – *Cnidium monnieri* (L.) Cuss.

Natureza – Sabor – Correspondência ao canal: Wen (morna), Xin (picante), Ku (amarga). Co-canal: Shen (rins).

Funções:

Seca umidade, mata parasitas, elimina coceira. Aquece os rins e fortalece o Yang. Dispersa o frio e expele o vento, seda umidade.

Aplicações:

Topicamente é utilizada nas lesões de pele com prurido, escabiose e parasitas externos.
Impotência, infertilidade e útero frio.
Leucorreia e dor lombar.

Dosagem: 3 a 12 g.

VII – Ma Qian Zi – Semen Strychni – *Strychnos nux vomica* L. - nux vomica

Natureza – Sabor – Correspondência ao canal: Ping (neutra), Du (tóxica), Ku (amarga). Co-canal: Gan (fígado) e Pi (baço).

Funções:

Promove o livre fluxo do Qi (desbloqueia os canais), alivia a dor e reduz inchaço.

Aplicações:

Artrites incapacitantes, artralgias reumáticas, parestesias e paralisias. Abscessos, úlceras do tipo Yin, dor devido a trauma, obstrução por vento umidade.

Dosagem: 0,3 a 0,6 g.

VIII – Lu Feng Fang – Nidus Vespae – *Polistes mandarinus* Saussure – Ninho de marimbondo.

Natureza – Sabor – Correspondência ao canal: Ping (neutra) e Du (tóxico), Gan (doce). Co-canal: Fei (pulmões).

Funções:

Alivia toxidade, expele vento e alivia dor.
Expele vento umidade, seca umidade.

Aplicações:

Usado topicamente como pomada ou como banho para lesões de pele, coceiras, escabiose, parasitas externos e feridas.
Pode ser utilizado em gargarejos mornos para dor de dente.
Utilizado para obstruções dolorosas devido a vento umidade.

Dosagem: 1,5 a 3 g. em decocto.

IX - Xue Jie – Sanguis Draconis – *Daemonorops draco* Bl.

Natureza – Sabor – Correspondência ao canal: Ping (neutra), Gan (doce), Xian (salgada). Co-canal: Xin (coração) e Gan (fígado).

Funções:

Dispersa estase de sangue e alivia dor.
Cessa sangramentos
Protege a superfície de úlceras, previne degenerações e promove recuperação de tecidos.

Aplicações:

Traumas que causam fraturas, lesões por contusões e hematomas.
Regenera tecidos e protege as lesões de recaídas.

Dosagem: 0,3 a 1,5 g.

X – Si Gua Luo – Fructus Retinervus Luffae – *Luffa cylindrica* (L.) Roem.

Natureza – Sabor – Correspondência ao canal: Ping (neutra), Gan (doce). Co-canal: Fei (pulmões), Wei (estômago), Gan (fígado).

Funções:

Expele vento e obstrução dos canais por umidade calor.
Expele fleuma.
Beneficia a mama.

Aplicações:

Feridas no tórax e flanco.
Febre alta, dor no peito e catarro espesso devido a fleuma nos pulmões.
Inflamação e dor nas mamas e insuficiente lactação.

Dosagem: 6 a 12 g.

XI – Er Cha – Sinonímia **Hai Er Cha** – Catechu – *Acacia seu* Uncaria – *Acacia catechu* (L.) Willd.

Natureza – Sabor – Correspondência ao canal: Ping (Neutra), Ku (amarga) e Se (adstringente). Co-canal: Fei (pulmões).

Funções:

Drena umidade.
Cessa sangramentos.
Cessa diarreia.

Aplicações:

Absorve umidade nas feridas crônicas de difícil cicatrização, promovendo nascimento de novos tecidos e trata lesões da cavidade oral.
Aplicada topicamente cessa sangramentos.
Usado internamente para diarreia, disenteria e sangue nas fezes.

Dosagem: 1 a 3 g.

XII – Wa Leng Zi – Concha Arcae – *Arca subcrenata* Lischke

Natureza – Sabor – Correspondência ao canal: Ping (neutra), Gan (doce), Xian (salgado). Co-canal: Gan (fígado) e Pi (baço).

Funções:

Dissolve fleuma.
Remove estase de sangue.
Absorve acidez e alivia dor.

Aplicações:

Dissipa nódulos e todo o tipo de massas abdominais.
Trata gastralgia, úlceras estomacais e duodenais e vômitos ácidos.

Dosagem: 9 a 15 g.

Impresso nas oficinas da
SERMOGRAF - ARTES GRÁFICAS E EDITORA LTDA.
Rua São Sebastião, 199 - Petrópolis - RJ
Tel.: (24)2237-3769